小さきものの近代 1

小さきものの近代 1

渡辺京二

弦書房

装丁＝水崎真奈美
〈カバー・表紙・本扉・本文〉
装画＝中村賢次

緒言

本書の趣向については、第一章に尽してあるので、ここでは繰り返さない。ただ小さきものと言っても、無名の民衆は文章など書き残さぬのが通例であるから、自伝を残すような高名な人物が多出せざるを得ないが、要するに上から日本近代国家を創った人物たちではなく、その創られた「近代」に適応してゆかざるをえない者たちのことを、「小さきもの」と形容してみたのである。

私はいろいろと長い歴史物語を書いて来たが、最後はいわゆる明治維新について書こうと思っていて、文献も四〇年間にわたって蒐め続けた。その大部分がいわゆる積読《つんどく》であったが、『バテレンの世紀』の連載が終って、やっと所蔵の文献と本格的に取り組み始めた。

昨年（二〇二一年）の一月から書き始め、四月から『熊本日日新聞』に週一回の連載が始まった。その時点で私は九〇歳に達していたのである。執筆は吾ながら意外なほど迅速に進んで、もう今年の九月分まで書きあげている。というのも、年齢からしていつ死んでもおかしくないのだから、生きている裡に書けるだけ書かなくちゃと心急がれたのである。

白状すると、『小さきものの近代』と言ったって、どういう物語の構図になるのやら、書いてみないとわからない。これはこれまでの『逝きし世の面影』『黒船前夜』『バテレンの世紀』の場合、書き始めの時点で全体の構成が出来ていたのと全く違う点であるが、終点だけは大逆事件あたりにしようかと思い定めている。関東大震災までとも考えたが、とてもそれまで生きてはいまい。もっともそれを言えば、大逆事件までも怪しいものだ。昭和前期のファシズム的動乱期については、若い頃散々書いているので、改めて言うこともない。

文献の読破には苦労する。前掲三著の場合、読むべき文献の数は多数でも冊数はほぼ一定数に収まる。ところが今度のテーマでは文献は厖大、しかも読むほどに読まねばならぬものが増えてくるのだ。おまけに読書力はガタ落ち。昔読んだものを読み返すと、誤植がみんな赤で訂正されている。それだけ精読していた訳だ。ところが今は、ちょっとややこしい所に出会うと斜め読みしてしまう。とにかく老衰して、体中痛いししんどいし、何よりも気力が衰えている。漢字も忘れつつあるし、字もちゃんと書けず、活字化して下さる方は判読に苦労なさることだろう。だが、書くしかない。死んで中断ということになるのも覚悟のうちである。悔まれるのは『バテレンの世紀』の連載に日時を費しすぎて、念願の維新史のための時間が僅かになってしまったことだ。

『熊日』さんには、こんなややこしい話を週一回、一面つぶして載せて下さってありがとうと言いたい。さらに担当の浪床敬子記者は、拙文中の様々な書き誤り（人名、年月等）を全部チェックして下さり、感謝の言葉もない。そもそもこの人の叱咤激励がなければ、ぐずぐずして書き出さなかったことだろう。また、熊本県立図書館の木下優子司書は、文献閲覧の便を計らって下され、これまた厚く御礼申上げる。このお二方には、このあともずっとお世話になることであろう。さらにまた毎号素晴らしい挿画を描いて下さる中村賢次画伯にもお礼申し上げたい。この方とは『黒船前夜』以来のご縁である。連載開始後、友人たちの便りは拙文は措いて、中村さんの挿画ばかりほめて来て、私はいささかひがんだくらいだ。

著者識

二〇二二年三月二八日

小さきものの近代 1

目次

第一章　緊急避難

「人類の近代が経験した最大級の革命」、日本近代史家三谷博がいわゆる明治維新についてこう書いたのは二〇一八年である（『維新史再考』ＮＨＫブックス）。「近代」どころか「人類史上稀に見る大規模な社会変革」とさえ彼は言う。

ここまで来たかと、私は感に堪えなかった。明治維新が革命の名に値せぬ封建的遺制をとどめた「絶対主義」的変革にすぎぬとは、戦後のいわば常識であった。むろん戦後全盛を極めたマルクス主義史学の見解であり、敗戦によって維新以来の天皇制国家が崩壊し、民主国家として更生せねばならぬという世論を背景とした「明治国家」の全否定であったが、そのような維新観はすでに戦前から存在していたのである。

もちろん、明治も二〇年代までは徳富蘇峰が吉田松陰を革命家と称したように、維新を革命視する者はいた。しかし、大正末期以来勃興したマルクス主義史学は言うまでもなく、明治も後期になれば、社会主義者あるいはリベラリストさえ維新を「革命」とは考えていなかった。なぜなら、彼らが直面し闘っていたのは、維新が創出した天皇制国家だったからである。「革命」は禁句であって、出版物においては「××」と伏字にされるのが、少なくとも大逆事件以降、敗戦までの常態であった。ということは国家権力自体、維新を革命とは断じて認めなかったのである。

維新を不十分な社会改革、たとえ「革命」であるにせよ挫折した革命と見たのは左翼やリベラリストだけではない。右翼もまたそう見た。北一輝は維新を「公民国家」の理念化とし、その実質化のために第二革命を唱えた（『国体論及び純正社会主義』）。中野正剛も維新創業当時の「純民党的」方向がわずか三年で忘れ去られ、藩閥全盛となった経過を糾弾し、大正維新を呼号した（『明治民権史論』）。

三谷のような観方は、敗戦によって崩壊した天皇制国家を、左翼的通説の言うような反動的半封建的なものと見なさず、議会制に基づく立憲国家と評価する、一九八〇年代の史学界の潮流にすでに胎まれていた。鳥海靖は明治一〇年代に政府側より憲法制定・議会制創設のイニシャティヴがとられており、この実態を見ずに「『専制政府』に対する民権派の非妥協的な闘争に、絶対的正義を求めるかのような見解は、歴史内在的理解にいささか欠けるものではあるまいか」と言う（『日本近代史講義』東京大学出版会、一九八八年）。

「いささか」とはまた遠慮したものだが、真意は「甚だ」であるのは明白だろう。言うまでもなく、一九八〇年代は「ジャパン・アズ・ナンバーワン」の掛け声のもとに、国家的自尊心回復の潮流が頂点に達した時期であった。かくして明治天皇制国家は偉大な変革者とされるに到った。しかし、三谷のような維新観は、従来の否定的な維新観からすればいかに突飛に感じられようとも、維新が幕府以下諸藩を解体し、身分制を撤廃し、士族の俸禄停止、地租改正、徴兵制、国民皆教育制を次々と実現したその急激さ・徹底性は、たしかに世界史に稀に見る壮観であることは否めない。それが「革命」の名に値するものであるかは、「革命」の理解によって異論がありえても、少なくとも大変革であったことは間違いなく、トマス・C・スミスが「これらの何十年かは、一七八九年の大革命がフランスにもたらした変化より、大きな変化を日本にもたらした」(『日本社会史における伝統と創造』)と言うのは事実に照らせば正しい。

四〇年間、教師として在日したチェンバレンは、著書『日本事物誌』において古き日本は滅んだと書いた。維新は一個の文明、少なくとも二七〇年持続した文明を滅ぼす変革だったのである。

しかし、そのような維新変革の徹底性・急激性は、あくまで中央集権的近代的な国民国家(ネイション・ステート)を創出する上での徹底性・急激性だったのである。そして、なぜそのように徹底的であり急激であらねばならなかったかと言うと、言うまでもなく開国によって「万国対峙」の状況の中に曳きずり出されたからである。

ナポレオン戦争が作り出した「近代国民国家」が併立・競合する国際状況は、実を言えば今日なお継続している。しかし、第一次大戦、その結果としての国際連盟成立以前においては、すなわち日本が開国し、維新新国家が成立する時代においては、その競合の実情はまさに遠慮会釈ない弱肉強食であった。そのことは端的に、阿片戦争（一八四〇〜四二）後の中国の成り行き、セポイの乱（一八五七〜五八）後のインドの運命に表れている。幕末において、理性的に考える限り唯一の対応であった開国通商にあれほど激昂して、攘夷の狂気沙汰が世を風靡したのは、そのような実情を抜きにしてはおよそ理解しがたい。

だから、維新革命は徹底して外圧の所産であって、西洋外交団がいったいこの国の主権はどこにあるのか、幕府にか朝廷にか雄藩にかと首をかしげるような状態、生麦事件で幕府に責任を問うても、結局は薩摩にまで出かけて交渉せねばならず（結果は薩英戦争）、馬関海峡を通る外国船を長州が攻撃しても、幕府は賠償金を出すだけで、海峡安全通行の保障を与えることができず、結局は四国艦隊が馬関に出動せざるを得ないような状態で、ネイション・ステートの喰い合う国際社会に到底首出し出来るものではなかった。

このことは幕府の当局者にも、薩長を代表とする反幕雄藩の指導者たちにも、浪士・庄屋層農民にも明らかだった。幕府主導にせよ、薩長主導にせよ、強力な中央集権国家を形成する以外、ペリー来航以後の局面に対応する途はなかった。その中央集権国家の任務はまず強力な近代的兵力を養うことである。しかし、兵力を養うには国富が必要である。かくして富国強兵が維新変革の至上唯一の目的となったのは当然である。

要するに、維新革命とは日本が国際社会に再登場するための緊急避難的措置だったのである。それは徳川社会が劣悪であるが故に、その改革のために起こったのではない。一六・七世紀に生じたヨーロッパとのファースト・コンタクトがもたらした危機を、「鎖国」によって切り抜けたこの国が、否応なく強いられたセカンド・コンタクトを何とか乗り切るための緊急避難として、国家構造の変革を目指したものにほかならなかった。ひとりひとりの小さきものの幸・不幸など、問題ではなかった。このことをよく知っていたのは明治人漱石である。

漱石は『朝日新聞』明治四四年三月一六、一七日号に、『マードック先生の日本歴史』という一文を書いた。ジェイムズ・マードックは明治二二年来日して、第一高等学校の英語教師となったスコットランド人で、漱石は一高生のとき学殖深く辺幅を飾らぬこの人に親しみ、教えられる所もまた多かった。以来縁が切れていたが、漱石が博士号を辞退した時、彼から突然賞讃の手紙が来た。マードックはこの時七高（鹿児島）にいた。

続いてマードックは『A History of Japan vol. 1』と題する七百ページ余の大冊を贈って来た。明治四三年五月の発行であるが、実は彼は七年前にまず第二巻を刊行しており、これはポルトガル人の日本発見から島原の乱に至る時期を叙述したものであって、この度贈って来た第一巻は上代からの通史だったのである。マードックはその後シドニー大学へ移り、一七世紀以降を扱う第三巻は彼の没後一九二六年に刊行された。

漱石はとりあえず贈られた第一巻の『緒言』だけ読んで感想を書いた。「維新以前は殆んど欧州の十四世紀頃のカルチュアーにしか達しなかった国民が、急に過去五十年間に於いて、二十世紀の西洋と比較すべき程度に発展したのを不思議がる」マードックへの漱石の所感は、木で鼻を括ったとでも評すべきそっけないものだった。

「維新の革命と同時に生れた余から見ると、明治の歴史は即ち余の歴史であ」って、「たゞ斯《かく》の如く生れ、斯の如く成長し、斯の如き社会の感化を受けて、斯の如き人間に片付いた迄と自覚する丈で、其自覚以上に何等の驚くべき点がないから、従つて何等の好奇心も起らない」。

なぜそうなのか。「必竟《ひっきょう》吾等は一種の潮流の中に生息してゐるので、其潮流に押し流されてゐる自覚はありながら、斯う流されるのが本当だと、筋肉も神経も脳髄も、凡てが矛盾なく一致して、承知するから、妙だとか変だとかいふ疑の起る余地が天で起らないのである」。こう言って次に重大な一言が来る。「丁度葉裏に隠れる虫が、鳥の眼を晦《くら》ます為めに青くなるのと一般で、虫自身はたとひ青くならうとも赤くならうとも、そんな事に頓着すべき所以がない」。

すなわち漱石は、維新以来の変化は望んでそうなったのではなくて、そうせねば生存できなかったのでそうなったまでだと言っているのだ。「財力、脳力、体力、道徳力、の非常に懸け隔った国民が、鼻と鼻とを突き合せた時、低い方は急に自己の過去を失って仕舞ふ。過去など何《ど》うでもよい。只此高いものと同程度にならなければ、わが現在の存在をも失うに至るべしとの恐ろしさが彼等を真向《まとも》に圧迫するからである」。

だから「吾等は渾身の気力を挙げて、吾等が過去を破壊しつゝ、斃れる迄前進するのである」。これはもちろん彼の有名な講演、日本の開化は外発的で内発的でないという悲しみにみちた講演につながって行く論旨である。

そうせねば生存できないからそうしたまでだというこの言表は、漱石が維新変革を「鼻の高いもの」すなわち西欧列強と対応するために採らねばならなかった緊急避難と捉えたということであり、従ってその変革のうちに、よりよき個人と社会の在りかたを求めるような動機を何ら認めることができなかったことを意味する。だからこそ彼は、ペリー来航以来五〇年にして西欧列強と肩を並べたというような国家レヴェルの話について行けず、よりよき個人と社会とは何であるのかという課題を、数々の小説を書いて、追求せねばならなかったのである。

私はまた池辺三山の例を引くこともできよう。吉太郎三山は池辺吉十郎の長男。吉十郎は明治一〇年、熊本士族隊を率いて西郷の反乱に与し、投降後首を切られた男である。『朝日新聞』の主筆として筆名高く、漱石の『朝日』入社の際尽力し、漱石から深い信頼を得た。漱石は三山に初めて会った時、西郷隆盛というのはかくの如き人ではなかったかと感じた。

三山は言う。「日本の御維新以来のこれまでのエライ政治家というものには、日本のため、皇室のためには、深切に考えもし、また血も流し骨を折った。が、日本人全体のために、日本を善くして、日本人全体でもって、世界における日本の地位を高めようということを主としてやった政治家は、存外少ないようである。或いは一人もいなかったかもしれない」（『明治維新三大政治家』）。

三山は若いとき、一世を風靡した『佳人之奇遇』の作者たる東海散士に協力して、『経世評論』という雑誌を出した。その創刊号の論説にいわく。「我兄弟姉妹の純質粋性なる脳中に存在せる我に楽しき生活を与へたる日本国、我が愛すべき日本国」。見よ。三山にとって日本という国家が愛すべきであるのは、「我」を含む「我兄弟姉妹」に「楽しき生活」を与えるゆえなのである。国家を絶対化し物神化する視点はいささかもない。維新革命はこのような国民の脳中にある「楽しき生活」を目指すものではなかった。ただただ虎狼の群れに等しい国際社会に参入するための、強力な国家機構を作りあげるためのものにほかならなかった。

三山はさらに中江兆民の評に対して答える。「島国内に生々せる青人草は……永く島国の春に、安く、平けく、その生を楽まんと欲するものなり」。三山といえども虎狼の群れの如き国際社会の中に身を投ずる危うさを知っていた。だが彼が護らんとするのは、国家という幻想的構築物ではなく、「生々せる青人草」だったのである。

ずっと後年、大正元年に石橋湛山は論じた。「多くの人は明治時代の特色を以て、その帝国主義的発展であるというかも知れない。……しかし僕は明治年代をこう見たくない。而してその最大事業は……デモクラティックの改革を行ったことに在ると考える」。帝国主義的発展は「日本を駆って已《や》むを得ず採らしめた処の偶然の出来事である」（『湛山回想』）。湛山は私が述べ来たったのと逆を主張しているかに見える。しかし、彼もまた維新が帝国主義的発展の途を辿ったのを「已むを得ずして採らしめた処」と認めている。結局、そうせねば生きのびられなかったと、漱石と同じことを言っているのだ。

維新が開いた近代国民国家建設の過程が、ほとんど無血の革命だったとはよく耳にする評語である。むろん戊辰戦争では血は流れた。それにしても、英国の清教徒革命、フランス革命、イタリア統一戦争、ロシア革命に較らべれば、流血の程度は物の数に入らぬという。

だが、維新が開いた近代国民国家建設の過程が、いつゴールにたどりついたかと言えば、結局は一九四五年の敗戦だったというのが私の考えである。むろん私のこの考えは、正統な講壇歴史研究者からすれば途方もないものであろう。だが、一応私の言い分を聞いてもらうとして、ペリー来航以来この約一〇〇年の歴史の血腥さと言ったら、到底無血革命などと言えたものではなかった。四度にわたった戦争のことは措く。井伊大老による安政の大獄、文久期における主として京都での天誅の名に借りた殺人、王政復古前後の各藩の内部闘争の死者たち。刑殺や殺人だけではなかった。この頃の侍は実にあっさり腹を切った。いや切らされた。航海遠略策を引っ提げて華やかに登場した長州の長井雅楽が、藩論の急転によって腹を切らされたなど、ほんの一例にすぎない。

端的な話、初代内閣総理大臣伊藤博文、最近講壇史学者たちから、知性と開明性の聖者のように持ちあげられる伊藤は、殺人犯であり放火犯であった。江戸御殿山の英国大使館を高杉、久坂らと焼き打ちし、塙《はなわ》保己一の息子塙次郎が幕府の依頼で廃帝の事例を調べているという噂を盲信して、これを斬殺した。そして彼自身暗殺された。

皇帝や大統領が暗殺されるのは、フランスにもアメリカにも、むろんロシアにもあったことである。アレクサンドル二世の場合など、妃は「夫は兎のように追い廻され殺された」と嘆いた。ヴィクトリア女王についても企てはあった。しかし明治初年以来、わが国の政府要人、実業家の暗殺リストを見よ。

明治二年横井小楠（太政官参与）、大村益次郎（兵部大輔）、明治四年広沢真臣（参議）、明治七年岩倉具視（右大臣、未遂）、明治一一年大久保利通（内務卿）、明治一五年板垣退助（自由党総理、未遂）、明治二二年森有礼（文相）、大隈重信（外相、未遂）、明治三四年星亨（政友会院内総務）、明治四二年伊藤博文（元総理）、大正二年阿部守太郎（外務省政務局長）、大正一〇年原敬（総理大臣）、安田善次郎（安田財閥）、昭和五年浜口雄幸（総理大臣、死亡は翌年）、昭和七年井上準之助（前蔵相）、団琢磨（三井理事長）、犬養毅（総理大臣）、昭和一〇年永田鉄山（陸軍省軍務局長）、昭和一一年高橋是清（元総理、蔵相）、斎藤実（前総理・内大臣）、渡辺錠太郎（陸軍教育総監）。現職・元総理七名（大久保は実質総理）を含む。これほど総理もしくは総理経験者が殺された国がどこにあるか。壮観と言わねばならぬ。

これだけの要人暗殺が行われねばならなかったのは、維新以来の近代国民国家建設の過程が、深刻な矛盾葛藤を含むものだったことの反映である。その矛盾の最大なるものは、明治国家が天皇制国家として設計されたことにある。維新革命は別名王政復古と呼ばれたように、徳川将軍に代わって古色蒼然たる天皇を、万世一系の主権者として担ぎ出したところに、忘るべからざる特徴があった。その一面から言えば、日本という国は鎌倉幕府の成立以来、いくつかの武家政権が、天皇を形式的権威として祭りあげ続けたあと、何と七世紀ぶりに天皇の国家に逆戻りしたのである。これも世界史上かつて見ざる珍現象といわざるを得ない。

むろん、ほかに仕方がなかったのである。幕府を倒して将軍を廃したあと、まさか島津久光や毛利敬親が将軍になる訳にはいくまい。大久保、岩倉、木戸といった維新革命の本当の企画者たちが、ロベスピエールのようにレーニンのように独裁者の地位についたら、それこそ人心は収まるものではない。最も無難な方策は、革命が直接は土佐藩主唱の「大政奉還」から始まったように、また五箇条の御誓文が「広ク会議ヲ興シ」とうたうように、列藩会議であったろうが、それでは天領を有する幕府が最有力の藩として残ることになり、慶喜が会議の主宰者になりかねず、真の倒幕にはならない。天皇を担ぎ出すしか、幕府を完全に廃絶する途はなかったのである。

大久保や岩倉が天皇を現人神と崇敬したとはとても考えられない。岩倉には孝明天皇毒殺の疑いすらかけられている。しかし、彼らは創成すべき中央集権国家を共和国として構想することは不可能だった。なぜなら革命は尊王攘夷のスローガンのもとに進行したからである。

政権を掌握したとき、彼らは「攘夷」の仮面はたやすく脱ぎ棄てることができた。当たり前である。すでに西欧列強と通商条約を結んでいるのに、それを破棄して戦争を始める馬鹿はいないからである。井上馨と伊藤博文は文久三年に訪英したが、わかりの早い井上は上海まで来た途端、攘夷は不可能だと言い出して、博文は腹を立てた。しかし、その博文も井上に同意するには時間は掛からなかったのである。

攘夷は幕府を苦しめる方策にすぎなかった。むろんまともにそれを信じる人々はいて、維新新政府が慶応四年三月、外国公使を参内謁見させた時、かつて文久二年島津久光に伴われて東下し、幕府に改革を迫った大原重徳卿は「これでは幕府に対してひたすら攘夷を迫ったのは、徳川家を潰すための方策ということになり、徳川家に対してあまりにも不義理だ」と語った（松平慶永『逸事史補』）。

だがたとえまともに信じたにせよ一度列強と戦えば、憑いた狐が落ちるようにたちまちにして攘夷を放棄するのは、あの四国艦隊来襲の際の長州藩の対応で明らかであった。長州攘夷主義者はそれまでたとえ国土を灰にするとも、徹底抗戦せよと叫んでいたのに、砲台を占拠されただけであっさり降を乞い、海峡通過の保障どころか、下関での通商さえ承認した。しかし「尊皇」の方はそうはゆかない。

尊皇のいわれを、江戸後期から幕末までたどる気などない。真木和泉やら平野国臣など、恋闕《れんけつ》の士にも関心がない。かわいらしい人とは思うが、困った人たちでもある。というのは、維新新政府の要人にとっての天皇とは、国民国家創設のための政治手段であって、崇敬や憧れの対象ではなかったからである。

なるほど伊藤博文にせよ山縣有朋にせよ、明治天皇には敬愛の情を寄せ、その言葉に感激にむせぶことがあった。昭和天皇（当時皇太子）の妃に久邇宮良子女王が内定したとき、もう老人になっていた山縣は、同家に色盲の血統があるというので猛反対し、逆に世論から叩かれて、「勤皇に出て勤皇で討死した」と世迷い言を吐いた。だがその晩年の山縣は、一夜宮中の廊下で明治天皇の娘婿たる北白川宮とばったり出会い、大尉か少佐の宮が路を譲って敬礼するのに対して、「ジロリと鋭い一瞥をあたえただけで」答礼もせずに通り過ぎた（小川金男『宮廷』）。

幕末、彼らは天皇を「玉《ぎょく》」（むろん将棋用語である）と呼び、間違っても幕府にとられまいとした。実際どちらが天皇を取り込むかが、鳥羽・伏見の戦いの鍵であって、薩長軍に錦旗が飜るのを知って慶喜の戦意は一気に萎え、まだ大坂城に一万数千の無傷の兵を擁するのに、彼らを置き去りにして船で江戸へ逃げ帰った。慶喜の父烈公（斉昭）は、まだ部屋住みの頃、父治紀から、将軍と天皇の間に争いが起こった場合、絶対に天皇に弓引くなと教えられており、それは烈公から慶喜にも伝えられていたのである。

天皇を取り込むのがそれほどの急所となったのはなぜか。徳川時代、長崎通詞が蘭人から天皇の名を問われ、答えられずに呆れられたという程に、一般国民と無縁の存在になっていた天皇が、なぜ幕末になって、にわかに重大な政治的ファクターになったのか、いまは問わない。それは天皇制の世界史上比類のない特性と関わり、研究書もそれなりに在る。

とにかく尊皇のかけ声は、幕末政局の帰趨を決する要因であった。しかし維新の演出家は、最初から神聖不可侵絶対的権威として天皇を演出したのではなかった。大久保利通は明治二年に、宮中深く隠れる神秘的存在としての天皇を、もっと国民に親しく接する開放的な存在にすべきだと主張していた。

天皇の絶対化・神聖化は明治一〇年代の政府の民権派との闘争の中で浮上した現象のように見える。明治二三年公布の教育勅語がその仕上げと言ってよい。大日本帝国憲法は「大日本帝国ハ万世一系ノ天皇之ヲ統治ス」としながら、天皇の統治権を「憲法ノ条規ニ依リ之ヲ行フ」とし、「凡テ法律勅令其ノ他国務ニ関ル詔勅ハ国務大臣ノ副署ヲ要ス」とすることによって制限していた。教育勅語に大臣の副署はなかった。

学校の規律が厳しくされ雰囲気が窮屈になったのも、明治一八年内閣制度が発足し、森有礼が文部大臣に就任してからだと田岡嶺雲は言う。後年『嶺雲揺曳』によって一躍評論家として盛名を得ることになる彼はこの時一六歳で、生国の土佐から大阪に出て来て、官立中学校の生徒となって三年目であった。

「卿（森）の学政に対する施設はすこぶる高手的なものであった、学校を軍隊視し、学生を兵卒視して、学生の取締りに圧制主義を採った。兵式体操は学校の課程となった。寄宿舎は軍営組織となった。朝夕の点呼が行われるようになった……寄宿舎生の自由は甚だ束縛された、舎監は舎生の細故瑣事にまで立入って干渉した」（田岡嶺雲『数奇伝』）。おなじことは長谷川如是閑の『ある心の自叙伝』にも書かれている。嶺雲はこの変化のお蔭で体をこわし、帰郷を余儀なくされた。

明治憲法が天皇大権をうたいながら、実際にそれが無制限に行使されることはなく、国家諸機関の「輔弼《ほひつ》」と「協賛」により制限されていたこと、それが天皇不親政の長い伝統を反映したものであることは、いまでは定説と言ってよい。「天皇ハ神聖ニシテ侵スヘカラス」という第三条は、ヨーロッパの帝政諸国の憲法における帝王無答責、すなわち帝王が法に問われることはないという規定事項を、憲法作成の最終段階でドイツ人顧問ロエスレルが挿入したものにすぎず、天皇は神に等しい絶対的存在であると主張したものではなかった。

しかし、新政権は、実際の憲法運用に当たっては、天皇を一個の国家機関としてその統治権を制限しつつ、一般国民に対してはひたすら天皇の神聖化に努めたのである。久野収が「機関説」的天皇を支配者間の密教、現人神《あらひとがみ》的天皇を民衆向けの顕教としたのは（鶴見俊輔との共著『現代日本の思想』）、その間の事情をうがったものである。

しかも何よりもこの憲法は「欽定」、すなわち天皇が国民に恵与したものであるとされ、事実その作成は政府内部によって行われ、国民の審議を全く経ずに公布されたのである。中江兆民や植木枝盛がこの「欽定憲法」を見て、何をか言わんやと失笑したのも当然であった。

しかもこの憲法は陸海軍の統帥については天皇専権と認め、内閣の容喙を許さなかった。軍部が伊藤、山縣ら、強力な指導者の権威によって統制されているうちはそれでよかった。日清、日露の役は彼ら政治家の統制下に戦われた。山縣はむろん軍人であるが、それ以前に政治家であった。しかし軍部中に、この統帥権の独立をとっこにとって、国家をわが意に従わせようとする者が現れたとき、それに対抗するのが不可能であったのは、現に昭和前期の狂乱の歴史が証明する通りである。

緊急避難として始まった国民国家の形成・展開こそ、わが近代のビッグ・ストーリーである。だが私は老いて最早九〇歳、いまさらそういう国家次元のストーリーには心動かない。私は支配される人びと、あえて言えば小さき人びとが、維新以来の大変動をどう受けとめ、自分自身の「近代」を創り出すために、どのように心を尽くしたかを語りたい。

長谷川如是閑は明治の庶民は「生活文化の破天荒の変革に協力して、五体をもって、生活そのものの近代化に順応した」と言う。これは生活文化だけのことではあるまい。精神上の近代の受け止めも、政治家や学者の御託とは別に、ひとりひとりの庶民がやり遂げねばならぬ課題だった。如是閑は言う。「歴史の語っているような日本は、太洋の表に浮いている油のような、上層の一と皮だけの日本だったのである」。では中味の歴史とは何か。「ぼうふら」扱いされて来た名もなき人びとの希求と努力こそ、日本近代史の「中味」だと彼は言う。そういう「中味」の歴史が果たして書けるものだろうか。とにかく私は試みてみたい。

第二章　徳川社会

維新革命はいかなる社会、いかなる国家を打倒したのだろうか。打倒された徳川国家は、たとえば長崎出島の蘭人の眼には次のように映っていた。

G・F・メイランは一八二六年、出島蘭館長として来日した蘭人であるが、一八三〇年刊の『日本』において、哲学的に見れば、見張りと強制の下にある生活が西欧人にとってどのように感じられるにせよ、「おそらく世界のどこにも、これ以上安心して眠りにつくことのできる国はなく、そして全体的に人々と品物の安全が保証されているところはないことを、素直に承認せねばならぬ」と言い、さらに「全アジアの民族のうちで、たしかに日本国民は、教育の最高段階にあるとしなければならない」、またそれに応じて、「東洋の国民のうちで最大の進歩を、美術工芸と産業のあらゆる部門で、また技術学問のあらゆる分野で遂げた」と述べた。

また、安政四年、オランダの海軍教育派遣隊付きの医官として来日し、長崎養生所を建てて明治の医学界指導者たちを育てたポンペ・ファン・メーデルフォールトは言う（『日本における五年間』）。

「一体ある国が国内政治は十分に調和がとれており、かつ満足しているのに、それにわざわざ割り込んでとやかく強制する権利がどの程度あるものだろうか、はなはだ疑問に思う。また産物は十分以上あって、日常生活に必要なものは何でも手に入る国柄であり、その国民は特に日々の生活を幸福に感じており、確かに名前は一応専制国だとはいわれているものの、事実、政治は公平であり、慈父のごとき温情があり、また自由である国、…そのような国に対して圧力をかけて通商条約を結ぼうとしたり、その国の政治を混乱に追い込むような権利があるものだろうか」。

現代のアメリカ人日本研究者スーザン・ハンレーは、一八五〇年頃の日本の生活水準は、同時代のヨーロッパのそれより「比較的高かった」と言う（『江戸時代の遺産』）。さすがにこの点については、わが国の史家にも異論はあるが、「住宅といったような資本のストックを物差しとするなら、一八五〇年の日本人は、早くに工業化した国々にくらべて、高い水準にあったわけではない。しかし、生活の質―健康、福祉、寿命―を判断の基準とするなら、生活水準は決して劣っていなかった」と言い、さらに「一七世紀中頃から一九世紀中頃にかけて、首都の公衆衛生は、給水の量についても、ゴミ処理についても、日本のほうが西洋より上であっ」たと言われれば、目が醒めるような気がする。

まず人口の動態について言うなら、一六〇〇年当時の全国人口は一二〇〇万程度と推定されるが、一七三〇年には三二〇〇万余とピークに達している。これは耕地の拡大に見合うもので、一六〇〇年には二〇六万五千町歩であったものが、一七〇〇年には二八四万町歩、一八〇〇年には三〇三万町歩に達する。

つとに説かれるように、徳川期初期に第一級の河川に対する大土木工事が集中的に行われ、従来放置されていた沖積層原野が肥沃な美田に変わった。人口増大がそれに見合った結果であったのは言うまでもない。大石慎三郎は徳川社会における領主の年貢徴収権は、このような領主たちによる大規模な用水土木工事、それに伴う新田開発にもとづくとさえ主張する（大石慎三郎『江戸時代』）。

人口は一七三〇年をピークとして、一九世紀初頭まで停滞、むしろわずかながら減少の傾向を見せる。これは耕地開発が限界に達し、森林の荒廃が目立つなど、エネルギー供給にも壁が生じた上に、環境が小氷期と言われるような寒冷期に入ったことと関係がある。

しかしそれは、人びとの意識的な人口調節の結果でもあったのである。晩婚・産児制限がそれで、いわゆる間引き、つまりは産児殺害も、かつて言われていたような搾取された農民の貧困を意味するものではなく、却って庶民がおのれの生活を向上させるために、家族数を自主的に調整したものと、今日では解されている。なぜなら、それは富裕な大農にも見られる現象だからだ。つまりそれは今日一般化している避妊・中絶と同様の意味合いのものなのである。平均余命は徳川初期と後期を比べれば、五年ないし一〇年延長している。

徳川時代の農家の苦難を象徴するものとされて来た年貢について言えば、検地を行い年貢負担を決定した時点においては、田地の生産する米については種籾を除いて全量徴収、農民は畑地の生産する雑穀によって命を繋ぐという趣旨であったという。しかし、その後農民の抵抗により新たな検地が困難になった以上、生産性の向上とともに、固定化された年貢の収穫に対する割合は年々低下し、俗に言われる五公五民どころか、幕末には三割を切り二割台まで下落する状況に至った。

これは単に田地の生産性向上のみでなく、綿作をはじめ商業作物の生産が多様化し、しかも非農業生産の比重が増大したからである。長州藩が天保年間に作成した「防長風土注進案」によると、総生産のうち農業生産が銀換算六万四千貫、すなわち五二パーセントに対し、非農業生産は五万八千貫、すなわち四八パーセントに達している。そして年貢は前者は四七パーセントに対して、後者には二五パーセントしか掛けられていない。非農業生産とは製造業、林産土石、漁労海産、運輸、商業、サービスであって、農家の副業として行われたものである。年貢負担は実質三割ということになる。

上野国原之郷村の船津家の年収を見ると、嘉永元年の十両が文久二年には百両に上昇している。これは開港による養蚕・生糸業の繁昌のせいと見られるが、年貢といえば文久二年には五両、すなわちわずか五パーセントにすぎなかった（高橋敏『近世村落生活文化史序説』）。さらに今は兵庫県になる西昆陽村の氏田家の例を見ても、一八世紀末以来年貢は二〇パーセントを切っている。同家は傭人を使う綿作農家であった（井上勝生『開国と幕末変革』）。

徳川社会の基本的構造は、領主＝家臣団が農民から年貢を徴収し、領国の統治を行うことにある。家臣団は城下町に集住させられ、旧来の土地私有貴族の性格を失い、藩庁から俸禄を支給される官僚となる。もちろん建て前は第一義的に軍団であるが、二七〇年の平和はその建て前を無意義たらしめた。

そもそも問題の発端は、家康の天下獲得が戦国時代以来のおのれの競争者を一掃せず、彼らの領国を藩として残す連合政権の形をとったことにあった。つまり大名たちは戦国時代だからこそ必要で、いまや無用の軍勢を保持したまま、それぞれの領国に居座ったのである。高木昭作が徳川初期体制を「兵営国家《ギャリソン・ステート》」と呼んだのも無理はなかった。

しかも、軍事的出動の必要はない訳だから、彼らは領国統治に従事する官僚たらねばならず、そのためには常に人員過剰だった。徳川時代を通じる武士の貧困の理由の根本はここにあった。お役はなかなか廻って来ない。無聊をかこって無頼化する者が出るのは、勝海舟の父小吉の事例がよく示すところである。

一方農村は、一五、一六世紀の変動を通じて、自治団体としての性格を強めた。徳川時代、村には侍はいなかった。年貢は個々の農民が負わされたのではなく、村請けだった。払えない農民がいたら村が代わって払い、耕作者がいなくなった田畑は村が預かった。盗みがあれば村で裁いた。

水本邦彦は享保一七年、近江国の今堀村が他村と取り交わした約定書において、各村の名の下に花押が据えられている事実を指摘し、村が法的に独立した人格であった証拠とする（『近世の郷村自治と行政』）。花押はもともと個人が記すものである。だから農民は、裸の個人として幕府や藩の公権力と対峙したのではなく、必ず村という集団の一員としてそうしたのである。藩や幕府に対して農民がものを言えたのは、この村の法的な独立人格性による。徳川時代は村々による各種の訴願が広く行われた時代である。

その代表的なものは文政六年の畿内農民の一〇〇七カ村による「国訴」である。農民が生産した綿花を自由に販売することを大坂奉行に訴え出た。訴訟の相手は大坂肥料商である。村々はまず郡中で集会し代表を選ぶ。各郡の代表はさらに大坂で集まって代表を選ぶ。つまり、代議制の萌芽がすでに見られるのだ。注目すべきなのは大坂奉行所の対応である。訴願が百カ村のレベルでは、総意ではないとして斥けた。数百のレベルになると受けつけるが、その場合も畿内農民の要求は地域エゴイズムを含むので、他の地域の利害と見合わせて裁定を下した。幕府は様々な地域利害の調整という公的機能を担っているのだ。

一八世紀後半から、政治を領主の専断事項とする観念は空洞化し、領主が民衆に政策提言を求めるようになる。各藩が特産を産業化するに当たっても、民衆知が求められたのである。幕府も藩当局もこの時代になれば、広く世論政治ともいうべき状況に置かれる。訴願は世論とみなされたのである（平川新『紛争と世論』）。

訴願のみならず訴訟も頻繁に役所へ持ち出された。その際、文書作成の指導やら奉行所への取りつぎやらで、江戸には公事宿《くじやど》、大坂では郷宿《ごうじゅく》が繁昌した。公事宿は二百軒あった。一八世紀になると訴訟は激増し、幕府は「濫訴健訟」に悲鳴をあげて、寛永元年から天保一四年に至る二百年間に十一回も「相対済令《あいたいすましれい》」を出した。これは金銭貸借に関する訴えは受理しないとするものである。「百姓は公事は上手成る者と相こころえ油断仕るまじきものなり」と言われ、天保の頃には子どもの裁判ごっこが流行した。

大木雅夫は言う。「これだけの歴史的事実に徴するならば、百姓にせよ町人にせよ、江戸時代の民衆が強烈な権利意識をもっていたことは、とうてい否定できないであろう」(『日本人の法観念』)。以上を明治時代の政府と民衆の関係に比較して見よ。明治時代には、農民を初め民衆が役所に向かってこのように訴願し、政府がそれを容いれて政策を立案したことなど一度もなかったのである。

徳川時代の領主・武士団を西洋の貴族と較べるならば、私的土地所有という点で全く異なっているのは先述の通りだが、所領のパブリックな統治という面でさらに異なる。つまり大名領国は一個の小国家であり、そこでは行政が必要とされ、そのためには官僚が要る。家臣団は官僚に充当されたのであって、統治のための心がけと技術を習得した。幕末、二七八の藩校が設立されていた事実は雄弁である。つまり徳川時代は、近代的国民国家に必須な、一定の知的レベルをもった官僚群をすでに育成、用意していたのだ。

公的な国家観念はいわゆる仁政の観念を生む。仁政と言えば搾取を隠蔽する美辞麗句とみなす向きが多いが、これは統治者の被統治者に対する責任感の表現であり、民のために立てた君主であって、君主のために立てた民ではないと言表する大名が数々あったのは、偽善と評すべきではなく、領主権は私的土地・人身所有権ではなく、公共善を実現すべき「公儀」だという観念が建て前としては成立していたことを意味する。

徳川時代は一面を見れば諸藩の連合政権の趣きがあり、その意味で地域分権的でもあるが、一領国つまり一藩内を見ると、それぞれが小さな中央集権国家であった。廃藩置県がスムーズに行われたのはこのためである。つまりパブリックな統治という観念に領主、武士団は習熟していた。

いわゆる士農工商という身分制について言うなら、それぞれの身分が異なる社会的機能を、家として世襲的に分担したものであって、その世襲的な機能を「役」として、誇りをもって納得したのが、徳川社会の組織原理であった（尾藤正英『江戸時代とはなにか』）。石田梅岩は商人が利を得るのは、生活に必要な物品を流通する働きへの正当な報酬であって、武士が主君に奉公して俸禄を得るのと同等だと説いた。彼の教えは石門心学として広く世に行われ、商人の自覚・自尊を促したのである。

農民が己れこそ食料生産を担う国の基だという自尊の念を持っていたのは、百姓一揆における彼らの言動の数々が明示している。一八五三年盛岡藩領での一揆において、百姓たちは役人にこう言っている。「汝等百姓抔《など》と軽しむるは心得違ひなり。天下の諸民皆百姓なり。其命を養ふ故に農民ばかりを百姓と云ふなり。汝等も百姓に養はるゝなり。此道理を知らずして百姓抔と罵るは不届者なり」

福沢諭吉は「門閥制度は親の仇でござる」という有名な言葉を吐いた。上士は上士、下士は下士と身分がきまっていて、上士同士の間、下士同士の間では地位の変化はあっても、下士が上士に昇ることはなかったというのだ。これは諭吉の父が学問をした人で、能力十分だったのに、遂に出世できなかったことへの強い恨みの言わせた言葉だった。

しかし、諭吉自身幕府の直臣となり、蕃所取調所で一定の立身をなし遂げたことを思えば、徳川社会が門閥制度で、固定された身分からの上昇は不可能だったというのが、全くの謬論なのは明らかと言わねばならない。そもそも諭吉はずっと大坂で育った人で、中津に帰ってからも周りに溶けこめぬ少年時代を送っている。いわゆる「藩情」についての批判は相当割引かねばならない。

事実は幕臣においても、身分上の流動性は相当なもので、旗本・御家人の株を買って、民間から幕臣に登った例は非常に多い。勝家がそうで、海舟の曽祖父は越後国出身の盲人であった。幕末の代表的能吏川路聖謨《としあきら》の父は、九州日田の代官所手代で、御家人株を買って幕臣となった。一九世紀初頭の能吏根岸鎮衛《やすもり》は「がえん」の出とさえ噂された。「がえん」とは火消人足のことである。間宮林蔵、最上徳内、伊能忠敬らスペシャリストが農民出だったことも良く知られた事実である。

各藩の場合、家老は固定的な権威だが、藩政実務にはタッチしなかった。奉行ら実質の執行部には、しばしば下級藩士が登用された。長州藩の場合、一九世紀には祐筆、手許役が、重臣を措《お》いて藩政を主宰する体制が出来上がっている。

大名家は領主でなく、家臣団の持ち物なのである。なぜなら、領国はそもそも家臣団が奮闘して主君のものとしたからである。従って、家臣団の意向を無視して専制を行おうとする君主が現れると、家臣団一同によって押し込められた。身持ちの収まらぬ道楽藩主だけでなく、改革を行おうとする真面目な藩主も押し込められた（笠谷和比古『主君「押込」の構造』）。

幕藩時代を通じ、それも後期になればなるほど、幕府と各藩の財政逼迫は深刻化するが、それは基本的には、貢租を農民にのみ、それも主として米穀の形で課し、株仲間に冥加金を課すくらいで、商・工業を放置したからで、全国的に市場が成立し、米価下落・諸色高値の状況下で、財政が逼迫するのは当然だった。とくに諸藩の財政を困難ならしめたのは、江戸滞在の費用である。それに参勤交代の旅費を加えると、収入の六割が飛んだ。諸侯全体の江戸経費は五百万両に達した。

そもそも家臣団と商人・職人を城下町に集住させ、農村と分離したことが、必然的に貨幣取引きと市場を発達させる。その場合、城下町と農村が直接取引きしたのではない。間にはいわゆる在町があり、定期的に市が開催されたのである。徴収した年貢米は売らねばならぬのであるが、領国内で販売し尽くすほどの非農業人口はない。各藩が大量の米を持ちこみ、大坂が天下の台所となった所以である。

特に注目すべきなのは、中国・朝鮮から輸入されていた綿・生糸の国産化に成功したことである。生糸の場合、輸入したものを京都の西陣で織ったのであるが、一七世紀末から一八世紀初期に生糸輸入が制限され、一七世紀初頭の一三万斤から一万斤以下に激減したため、各地で養蚕・製糸が盛行し、関東に有力な機業マニュファクチャーが成立するに至った。

綿の影響はさらに大きい。従来日本人は主として、麻の一種である紵麻《ちょま》（からむし）から麻布を織っていた。これはまず紵麻の殻を剥いて皮にし、それから繊維を取り出して糸に紡ぐ。この工程だけで布一反分ふた月くらいかかる。それを織るのだが、一反織り上げるのに、一日食事外立たないで織り続けても四〇日かかった。これは女の仕事だが、家族中の着物を間に合わせるのに精一杯、とても田畑の手伝いなどする暇がなかった。

しかも、麻布はごわごわして肌ざわりが悪い上に、保温性が乏しい。染色もままならない。それに反して綿布は肌にぴったり馴染み、染色も容易である。柳田国男が木綿の普及以後、人びとの姿が柔らかくあでやかになったと言ったのはよく知られている。しかし肝心なのは木綿の場合、製糸・織布の工程が麻の十分の一ですむことである。女たちは田畑に立つことが出来るようになった。

木綿は一六世紀から本格的に国産化されるが、爆発的に普及したのは徳川時代である。一八世紀初頭の大坂平野郷では、田畑の六三パーセントに木綿が植えられていた。木綿が国内経済上重要なのは、それ自体有力な商品となって市場化を促すだけではない。波及的に関連産業を成立させる点が重要である。藍は室町時代から阿波が特産地として知られていたが、染めやすい木綿の普及とともに阿波の藍生産は飛躍する。

また、木綿は自給を越えて商品化するのだから、高価な肥料を投入しても採算がとれる。従って関東の干鰯《ほしか》の生産が増大し、後には北海道の鰊《にしん》が干鰯の名でもたらされることになる。以上は永原慶二の叙述によるが、彼の言うように「木綿の導入が日本の社会・経済の全体にもたらしたインパクトとしては、連鎖的に商品経済を発展させ、経済の在り方そのものを大きく構造的に転換させたことこそ、決定的に重要だと考えられる」(『新・木綿以前のこと』)。

また、輸入が制限された生糸に代わって、一七世紀末から砂糖の輸入が急増し、一八世紀中葉には三百万斤に達するが、一九世紀初頭には讃岐・阿波を中心に白砂糖が国産化し、天保期には輸入の必要はなくなるのである(速水融・宮本又郎編『日本経済史1』所収。新保博・長谷川彰論文)。

農家の副業としては菜種の栽培も重要であった。絞った油が燈油になるのである。大坂周辺の農村が大生産地帯で、江戸へ輸出された。製紙も有力な農家副業だった。長州藩の輸出品「防長三白」は米と紙と蠟である。蠟はむろん櫨《はぜ》の実を加工する手工業の産物である。英国公使オールコックはおのれが見聞した幕末日本について言う。「かれらの文明は高度の物質文明であり、すべての産業技術は蒸気の力や機械の助けによらず到達することのできるかぎりの完成度を見せている」。徳川社会の経済の到達度はこの一言に集約されていると言ってよかろう。

徳川社会が文化的に爛熟した社会であったことは誰の目にも明らかである。歌舞伎、人形浄瑠璃など演劇の隆盛、琴・三味線などを伴う音曲や踊り・生花・茶道など芸事の普及、人情本・黄表紙・読本など俗文学の発達、社寺参詣・名所見物など旅の盛行。飲食店と食道楽の出現、固いところで言えば、反朱子の日本儒学・国学・経世論・蘭学の勃興、そしてそれらすべての基礎として、教育の普及と交通の発達。

豊かで楽しい現世だった。全国を旅して廻った橘南谿は、「堯舜の御代」とさえ言っている。しかも肝心なのは、そのような文化的享楽が、一部の特権的上流社会に限られるのではなく、広く底辺の大衆にまで及んだことである。

大衆の文化的水準となれば、まず問題にされるのは識字率である。一時は同時代のヨーロッパと較べても最高水準にあると言われたが、実際は四割くらいで、同時代（一八五〇年頃）のイングランドの六割台に及ばない。それでもイタリアの二割台よりずっと高い。

識字率とあれば、次は寺小屋と来るのが定石だが、寺子屋は一八世紀末から増加し、天保期には一万を越えていたと見られる。だが、問題は文化的向上心である。日向国佐土原の修験野田泉光院は三年がかりで旅をした人であるが、その『日本九峰修行日記』には、美濃国の関所を通った時、関守がここの関は一句作らずしては通し申さずと言うので、やむを得ず作ったとある。

俳句熱が村々に及んでいた一証だが、それは村の旦那衆の趣味で、百姓一般が俳句をひねった訳ではない。だが泉光院の日記には、美作国の大百姓の家に滞在中頼まれて、「孝経」と「大学」の講義を村人にしてやったことが記録されている。講釈中、タバコは吸うし足は伸ばすし、不作法なことであったが、とにかく百姓たちは、「孝経」とはどんな本なのかという関心は抱いていたのだ。

歌舞伎はもともと「傾《かぶ》く」から出た言葉であり、社会的規範から逸脱して強烈に自己を顕示する「かぶき者」を起原とするもので、夢幻性とともに悪への凝視が独特の魅力だった。しかも脚本自体ではなく、それを演ずる役者の形姿・演技が見どころであったから、俳優の比重が大きく、名優が輩出した。一方、名優がいれば、見巧者《みごうしゃ》がいて、その間の緊張感が芝居見物の魅力でもあった。

市川海老蔵（二代目団十郎）は寛保二年（一七四二）、大坂に下って佐渡島座で演じた。演目は「外郎売《ういろう》」。大坂人の江戸への反感もあって半畳が飛ぶ。「外郎売」の言い立てのせりふを、海老蔵が語る前に客席から全部述べ立てる者さえ現れた。彼はその客が言い終わるまで舞台に手をついて聴いていた。そして、半畳を沢山下されありがたく存じます、お慰みにと前置きして、「外郎売」の早口ぜりふを後ろの方から逆に全部唱えあげた。客席は水を打ったように静まり返ったという（渡辺保『江戸演劇史』上巻）。

歌舞伎見物は一日がかりの大層なもので、俳人内藤鳴雪（一八四七－一九二六）は松山藩江戸屋敷で生まれ、六歳の時初めて浅草猿若町の河原崎座で芝居を観た。一一歳の時、家族連れで松山へ帰ったが、内藤家の江戸滞在一一年の間、芝居見物はこの一度だけだった。入場料は高価で、下層の庶民が気安く観られるものでは決してなかった。しかしこれは大芝居の話で、江戸には方々に小芝居があって、これはいつでも観られた。いわゆる緞帳《どんちょう》芝居で、引幕を許されず垂幕を用いたのでこの名がある。鳴雪はこの小芝居で切られ与三を観た。大芝居を観れば故郷への土産話になるが、小芝居を観ても何の自慢にもならなかった（『鳴雪自叙伝』）。

中流以上の江戸の商家では、娘たちに音曲・踊りなどの芸事を仕込んだ。弘化年間、江戸には常磐津の名取が六四〇人いて、その弟子は一万五千余人に上った。これは親が娘に、行儀見習のため大名旗本家に奉公させるのを望み、一方大名・旗本家では、芸事に心得のある者を優先的に採用したからである。

出版について言えば、「書物の登場と普及は、一七世紀から現代までを書物の時代として括ることができるほどの変革だった」（若尾政希）。大人の漫画とも言うべき黄表紙は、一七七五年から一八〇六年の間に二千種が刊行され、それぞれ初刷り一万部が標準だった。馬琴など高価な読本《よみほん》は貸本屋で借りて読む。文化年間、江戸には六五六軒の貸本屋があった。明治の文人淡島寒月は「浮世草紙の類は一万巻は読んでいると思う」と語っている（『梵雲庵雑話』）。写本も交じっているかも知れぬが、それだけのものが出ていたのだ。稿料・印税で飯が食える作家の出現も、フランスではユゴー、デュマを待つけれども、日本でははるかに早い。

出島のオランダ人は参府旅行の折、街道を歩く人びとの多さに深く印象づけられている。これは著名な神社仏閣にお詣りするのを、一生に一度の念願とする人びとが多かったせいで、むろん信仰のなせる業ではあるが、実態は物見遊山であった。

お伊勢詣りは代表的な例で、日頃神社の御師達が受け持ちの地域に暦や御礼を配って廻り、参詣者は講を作って旅費を積立て、集団で物々しく出で立ち、到着すれば所縁の御師の家に泊まる。この御伊勢詣りが何らかの機縁で、何百万という集団参詣にふくれ上るのが「おかげ参り」である。一七〇五年、一七七一年、一八三〇年と三度のピークが記録されている。

しかし、このような宗教的熱狂現象とは別に、人びとは神社仏閣巡りにかこつけて旅をした。むろん京やお江戸も見物する。一九世紀になると女性だけのグループで、博多から江戸まで巡り遊ぶケースも見られる。人びとは列島を動き廻っていた。

宗教に関しては、徳川時代は堕落の時期として評判が悪い。葬式仏教という悪名が生じる所以であるが、門徒の死をちゃんと葬い、死後も供養する寺のあり方は、逝く者にも残される者にも大いなる慰めであった。しかも、このような菩提寺を持つ点では、上は将軍から下は農民・町人まで同様で、仏教は国民宗教としての平等性を獲得したと言える。一方、神社は地域社会の現世の幸福を守護するものとして普遍性を持つ。今日まで伝わる日本人の信仰の形が作られたのであって、その意義は非常に大きい。以上は尾藤正英の説く所である（『江戸時代とはなにか』）。

徳川社会を概観する上で、百姓一揆について触れぬ訳にはいくまい。柳田国男は左翼史学の飢饉と一揆ばかりのような江戸時代のとらえ方を嫌ったが、何しろこの時代に起こった一揆件数は三千件を越えているのだ。

保坂智の『百姓一揆とその作法』（吉川弘文館・二〇〇二年）は、百姓一揆に関する今日的知見を確立した業績と言ってよい。それに従って概観すれば、幕府の定義する一揆とは逃散《ちょうさん》・徒党・強訴を意味し、いずれも禁じられ処罰される行為とされた。

保坂によれば、従来禁令のうちに越訴を含めていたのは誤りで、幕府は将軍に対する民衆の直訴を認めていたぐらいで、越訴自体が罪とされたことはなかった。そもそも幕府は民衆の訴願行為は受けつけていたのであるから、訴えるべき下級機関を飛び越して上級機関に訴えるのは好ましいことではないが、容認せざるを得なかったのである。

逃散は一応非法とされたが、年貢皆済の上のことならば、大目に見られる場合が多かった。文句なしに禁じられたのは徒党と強訴である。徒党とは一味神水することを言う。つまり村中あるいは村々が集まって、連判状を作成し、それを焼いた灰を水にとかして廻し飲みするのである。連判状には蜂起の趣旨と誓言が書かれ、それに車連判と言って円型に署名捺印する。これは頭取の名を匿すためというより、参加者の平等性を示すものである。

こうして徒党を組むと、要求相手の役所なり城下へ押し寄せる。これが強訴である。村の一五歳から六〇歳の男手が参加する。出発に際しては鐘を鳴らしほら貝を吹く。俗に言うようなむしろ旗を立てたり、竹槍を持ったりはしない。旗は布か紙であり、村名が書いてある。いで立ちは蓑笠姿であり、鎌や鋤を腰に差す。これは武器ではない。蓑と同様百姓身分を誇示するのである。斧や鳶口などを携帯するのは、憎むべき豪商屋敷を打ち壊すためである。

行進の途中、村々に参加を呼びかける。参加しないと焼打ちするぞと脅すので、参加強制と呼ばれるが、これは参加した村があとで言い訳できるためである。こうして大群衆にふくれ上がった一揆勢は、統制がよく届いていて、打ち壊しの際盗みを働いた者は厳しく処罰される。

一揆の要求は全体そっくりとはいかずとも、大部分認められることが多い。何ひとつ通らなかったという例は稀である。ただし代償がつく。指導者と認められた者は処罰される。死罪が数十名に上る場合もある。一揆側もそれはよく承知していて、連判状には犠牲者の遺族への補償が明記されていた。

一揆は幕藩体制に反抗するものではなかった。幕府は仁政を建て前にしているのだから、その建て前に乗っかって、百姓身分の存続を求めたのである。年貢増徴とか新しい負担の発生、つまり新儀に対して旧法への復帰を求めた。効果は明らかだった。幕府収入は享保十年代には一五〇万石であったが、神尾春央が勘定奉行になって増徴策を推進し、一七四四年には一八〇万石を超えた。しかしそれがピークで、一揆の多発によって、一七七〇年代にはもとの一五〇万石に押し戻された。

徳川時代の農民一揆が百姓身分の打破ではなく、その存続を求めるものだったのはその本質に関わる事実だ。藩財政の逼迫に迫られ、藩が財政家を雇って新儀の事業を起こし、それが農民の一揆を招いた例は多い。有名なのは一八世紀初頭の水戸藩の松波勘十郎であるが、この男は前にいた藩でも同じ騒動を引き起こしていた。

天草の銀主騒動もその好例である。寛政年間から一揆が多発するが、それはみな銀主すなわち金貸しに対するものであった。天草は痩せ地でしかも人口過多であったから、百姓は銀主に借金し、挙句は土地を取られて小作人に転落していた。天草は天領である。百姓は代官所に要求して、遂に寛政五(一七九三)年、「百姓相続方仕法」を出させた。これは過去五三年間に溯り、その間銀主に渡った土地を元値で請け戻すことが出来、その償還も長期の年賦で、その間の小作料は半分にするというのである。注目すべきは代官所が農民に好意的で、むしろ銀主を敵視していたことだ。

仕法の期限が切れた文化年間には、また騒擾が始まった。弘化四(一八四七)年に至ると、古江村(現天草市栖本町)の永田隆三郎を首領として、銀主宅の烈しい打ちこわしが起こり、さすがに永田は死罪になった。だが幕府代官の反銀主、農民への好意という姿勢は変わっていない。百姓の方も、敵は幕府代官ではなく銀主と考えていた。

この例で分かるように幕藩が新興ブルジョワジーをせいぜい金納郷士に取り立てる位で、自己の権力に参与させず、むしろ疎外したのは、ブルジョワに貴族身分を買い取らせたブルボン王権と大いに異なる点である。つまり日本の領主階級は百姓を無事「相続」させねば、自分たちも存続できぬと承知していたのだ。イワン雷帝は自らを農民の慈悲深い味方に擬し、農民の直接支配者たる大貴族を弾圧した。徳川政府にここまで徹底した発想はなかった。だが、「公儀」には個々の直接収奪者たる領主・武士階級を超えた、民衆の救い主のイメージが固着していた。維新革命において天皇はまさに慈悲深い「公儀」の顔貌で出現したのである。

安丸良夫は百姓一揆を自主独立的な民衆意識と関連して深く考察した（『日本の近代化と民衆思想』青木書店）。結論的には、一揆がそのような民衆意識を生まなかったことを嘆きつつ、彼は重大な論点を提起している。

一揆は幕末に近づくにつれ、訴願を伴わず、米屋・酒屋など豪商の倉・屋敷を打ち壊す暴動型をとるケースが増える。その場合「世直し」のスローガンが掲げられることが多い。一揆の勢いは天魔鬼神や天狗の仕業にたとえられる猛烈さで、豪商たちは裃姿で一揆勢を迎え「一揆様」と唱えてもてなす。役人に対しても罵りどっと笑うなど、彼らは「権威と威力にみちたもの」として現れるのである。彼らは「仕置が悪しくば年貢はせぬぞ」と言い、「百姓程強きものはあらじ」とうそぶく。「幕藩制支配をそのまま受容しているのに、そこにこめられている実質的な意味からすれば、より根源的な解放が願望されている」。

このような「根源的な解放」への願望は、非日常的な祭礼におけるオルギー（乱痴気騒ぎ）現象と通底する。慶応年間の奥州信達地方や武州の一揆では、華美ないでたちが目立ち、中には女装するものもあった。一農民は取調べに対してこう答えている。

方々打破りしことの「面白きこと譬《たと》へんやうなく、中にも伝之助宅を打破りし時は」、白無垢黄無垢の下着、上には緋縮緬の惣模様、唐繻子の丸帯を締め、娘鬘《かつら》を冠り、三味線引きながら家を出ると、仲間が十四、五人同様の装束で、笛・太鼓にて踊り舞って続いた。「其時、我心は天上界に生まれし如く、一生涯にあるまじと思ふ楽みをなしました。最早此世に望みなし、思い置くことございません。早速首は差し上げます」。

まさに安丸の言う「根源的解放」への欲望の現れたものであるが、これはまた「おかげ参り」や「ええじゃないか」と同様のオルギーの発露でもある。民衆反乱に祭礼的オルギーが伴うのは西洋も同様である。むろん「おかげ参り」や「ええじゃないか」は反乱ではないが、百姓一揆が最も高揚した時に、それと共通するオルギーが現れるのは重要である。また、衣類の盗用が、一揆が厳しく禁じた盗みには当たらないと考えられている点も興味深い。

一揆について私たちが最も深い印象を得るのは、頭取死罪（斬首）とわかっているのに、あえて一揆を思い立ち導いた人びとが、あのように多数いたことである。彼らは覚悟して事を起こしたのであって、処刑に当たっても潔く、ほとんど思い残すことがなかったように見える。安丸はその「淡泊ないさぎよさをささえるものは、浄土教系の信仰であったらしい」と言う。それにしても、現代人たるわれわれにとって、溜息の出る胆のすわり様だった。

これはやはり、百姓一揆とは何だったかという問いにとって、重要な一点だと思う。一揆があくまで幕藩体制を肯定した上での行動である以上、今日の春闘みたいな条件闘争さと言ってしまいたい一面はある。だが、誰が春闘で斬首されるだろうか。死罪を覚悟して事を起こす以上、徒党・強訴は百姓の生存の最低線を防衛する命を賭けた行動としか言いようがない。これが最近バラ色で描かれがちな徳川社会のもつ一面である。

第三章　自覚の底流

徳川社会の基本構造が、領主・武士団が統治を担い、農民は統治されるものとして年貢を差し出すという形をとる以上、その構図に対する疑念・批判が、何よりも農民自身のうちに生じるのは当然の道筋である。廃藩置県の頃、頻用された表現を借りると、武士が「抗顔坐食」して農民に養われるおかしさに、一揆する農民が気づかなかったはずはない。

さいわいなことに深谷克己が、八右衛門・兵助・伴助・命助という四人の農民のうちに芽生えたそのような自覚をみごとに彫り上げてくれている（『八右衛門・兵助・伴助』『南部百姓命助の生涯』）。

八右衛門は上野国那波郡東善養寺村（現群馬県前橋市）の百姓である。東善養寺村は川越藩の前橋分領に属する。五歳の時父が死に、九歳の時寺に預けられ五年間過ごした。この間、読み書きを学んだのは確かだ。寺を出ても母の再婚先には帰らず、本家の林家に寄食し、娘の菊と結婚した。東善養寺村の名主になったのは二五歳の若さである。だが四二歳のとき破産して、江戸へ働きに出

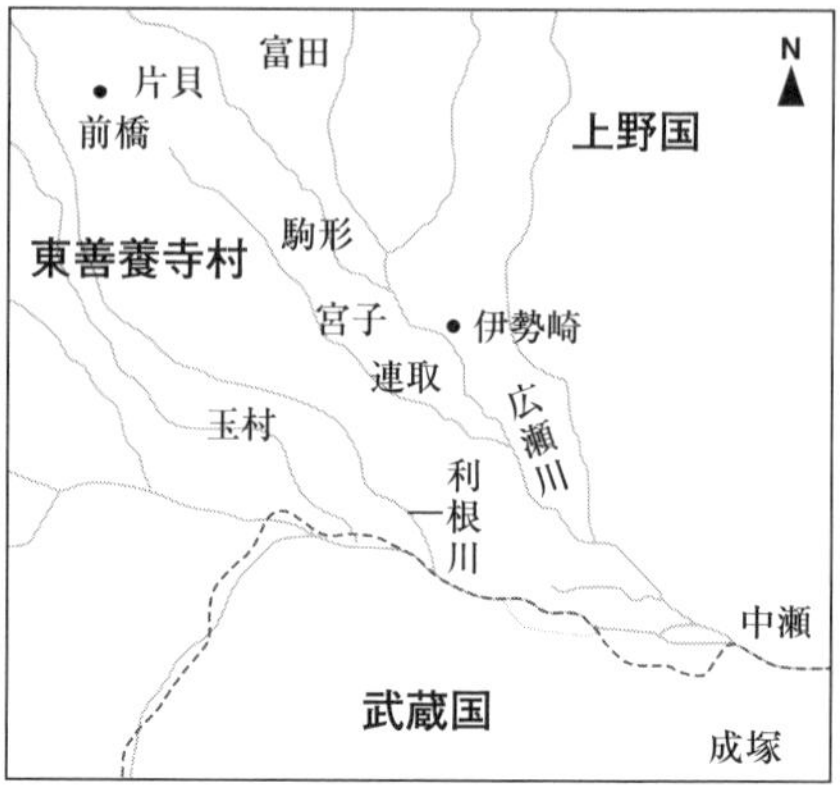

上野国那波郡東善養寺村

た。それでも数年で家を再興した。「四十余歳にしてようやく農業の味を知りて油断なく出精しける」と、後年の著述『勧農教訓録』（『日本庶民生活史料集成』第六巻）にある。五三歳の時には名主に復帰した。

文政四（一八二一）年は天候不順で、田畑とも不作の上、養蚕に必要な桑もやられた。そこに藩庁から年貢増徴の達しが出た。川越藩は相州海岸の警備を命じられていて、その負担に応ずる増徴であった。東善養寺村の年貢は三四八石、それから九七石を「引石」して二五一石が近年の負担だった。それを「引石」廃止の上、検見を行って六公四民にするというのだ。二五一石の年貢の場合、三公七民にしかならない。それを一挙に引き上げようというのだから、村中騒然となり、名主の八右衛門のもとに訴えが殺到した。

八右衛門は前橋の陣屋へ願書を提出したが、返事は来ない。そのうち村々は騒ぎ立て、江戸の川越藩邸に出訴する運びとなった。八右衛門は出訴する百姓たちを追いかけ、説得してやっと思い止まらせた。

ところが、この一件に対する藩庁の取り調べの結果が奇怪だった。文政五年一月に入牢させられたのは十数名であったが、八右衛門一人が永牢を申し渡されたのである。その間の事情は明白ではないが、藩庁側では誰か頭取を指名する必要があり、無理を承知して八右衛門に罪をかぶせたのであったらしい。そもそも願書を提出したのが騒ぎの元だというのだから無法な話である。

八右衛門が永牢の判決を受けたのは文政五年一二月であるが、子孫に伝わる話では、永牢といっても座敷牢のようなもので、筆墨も入手できた。さすがに藩庁も手心を加えたらしい。彼が『勧農教訓録』を書き出したのは早くて文政六年のことになる。書き上げたのは文政九年、文政一三年に六四歳で病死した。同書はその前に家族へ渡ったのか、縄打ちされた遺骸とともに引き渡されたのか、それはわからない。この『勧農教訓録』こそ問題の書であった。

同書には騒動に至るまでの自分の閲歴、騒動の委細が詳しく述べられ、「さて此度愚老永牢難儀の事誠に不思議と思ふなり」、「身分不相応の名を弘めし事我身に取りては有りがたく大慶」といったふうに、処刑の不当をなじる文言もあるが、本旨は百姓はいかに生きるべきか、子孫に説くことにあった。

まず序文に言う。「ソレ人ハ則チ天下ノ霊ナリト、天照皇大神モノタマワク。然レバ上御一人ヨリ下方人ニ至ルマデ、人ハ人ニシテ、人ト云フ字ニハ別ハナカルベシ。モットモ貴賤上下ノ差別有リトイエドモ、是《これ》政道ノ道具ニシテ、天下ヲ平ラカニ成サシメンガ為ナルベシ」。こう言って、士農工商の家業を守り、生得の家業を替わってはならぬと結語する。

結局は身分制を是認するように聞こえるが、真意は逆にたどらねばならない。農という家業から脱け出そうと思うな。しかし、そういう家業は政道の便宜として存在するにすぎず、人は何の家業に従おうと平等である。百姓は侍と平等とはっきり言っているのだ。つまり身分とは社会的分業にすぎず、各身分間に上下はなく平等なのだ。お上を恐れることは何もないのである。露骨にそう言っている。

しかも農民は、四つの身分中、最も自由で好ましい人の在り方だと八右衛門は主張する。武士は器量身持も難しく、謹んでいても不首尾のことあって、人に辱められたりする。つまり窮屈である。商工は人が品物を用いてくれねば渡世が出来ず、他人に手をつかねばならない。僧・神職・医師も同様である。

「そもそも百姓の家業をつらつら案ずるに、農家程この上に安楽の者はあるまじ」。百姓は「貧乏さえ防ぎたらば一存にて何事も自由成るべし、云う中にも平百姓が然るべし」。何となれば、上下の格式がなく、人に手をつかねばならぬこともない。年貢をちゃんと早々に納めてしまえば、他に役所に顔出すこともない。「我が田畑に入りて渡世すれば困ることはあるまじく、ただ我が家に居りて云いたいままの事を云いてすむ者は百姓ばかりなり」。

問題は貧乏だが、これは幼いときから油断ないよう言い聞かせ、また自身「廿五歳より油断なく出精すれば、四十歳に及べば必らず自身農業をせず共一生安穏にて万事満足なり」という次第。このような若いうちに苦労して老後を楽しむという処世観は、実は西鶴が作品中しばしば述べたところだった。高尾一彦はこれは庶民が身分的制約の下で、主体的に選択した処世訓だと言う（『近世の庶民文化』）。八右衛門の考えの由来は深いのである。

これはなるだけお上との接触を断って、村共同体の中での平等な暮らしを楽しもうとするもので、権力から逃亡する自由、あるいは権力を疎外する自由と言ってよい。とは言っても現実に、領主からの難題があり、そのため彼自身獄中に打ち込められているではないか。

私はこの点についても、八右衛門には考えるところが必ずあったものと思う。彼は人には不運というものがあり、自分はたまたまそれに当たっただけだと考えていたようだ。しかし、そう自分を納得させようとしても、しきれぬものは必ず残ったはずだ。しかし、それは書けなかった。書かなくては思想は伝統にはならぬのである。

甲斐国都留郡犬目村（現山梨県）は甲州街道の宿場町で、兵助は水田屋という、まずは宿場中上層の家に生まれた。代々村の組頭となる家柄である。天保三（一八三二）年に三六歳で妻りんをめとったが、家は父の代から没落の傾きを示していた。

都留郡は郡内地方に属する。郡内は甲州のうちでも別国のように思われていた地方で、人びとは郡内絹の生産を主なりわいとし、米は他国より買い入れていた。天保四年に始まった飢饉は、天保七年には極点に達し、郡内でも米価が急騰した。米を買い溜めしている酒屋・米屋に対する打ち壊しが始まったのは八月である。

一揆の頭取は下和田村の武七と兵助であったとされる。下和田村は犬目村に隣接しており、武七は平生公事訴訟を好む男伊達《おとこだて》で、近くの猿橋宿に寄り集う博徒や若者の親方と目されていた。兵助は武七と親しく、その取り巻きだったと伝えられる。兵助は武七に頼まれて一揆に合力したというが、その覚悟の程は妻りんに離縁状を渡したことで知れる。むろん連座を防いだのである。

しかし、打ち壊しは武七や兵助の思惑を越えて過激化した。武七ら郡内勢の目的はあくまで豪商から米を放出させるところにあったが、国中《くになか》地方の熊野堂村に至ると、様々な流れ者や貧農が加わって世直し一揆的な騒乱の相を示し始めた。ここに至って郡内勢は引き揚げて帰村したのであるが、村々にはすでに役人が出廻っている。七〇歳の武七は罪は自分が引き受けると言い、兵助は逃亡することになった。

一揆参加者への裁決は天保九年に出された。武七、兵助はともに磔刑である。だが、武七はすでに牢死しており、兵助は行方不明だった。兵助は越後から越前を抜けて、中国・四国方面に巡礼姿で逃亡したのであるが、その間日記を書き続けた。前後に欠損があるが、天保七年九月から翌年八月までの分が現存している。

逃走資金はむろん用意したがすぐに尽き、あとは喜謝に頼った。宿泊はまず庄屋を訪れ、そこに泊るか、あるいは別な農家を紹介してもらう。むろん野宿もした。彼の強味は算盤と算術の知識があったことだ。郡内という商品経済に深く浸潤された地域で育ったので、この知識があったのである。泊り先ではそれを教えて重宝がられた。長期の逃亡生活は辛くはあったろうが、あとでは諸国廻りの道楽に近くなって来る。追手の心配など要らぬのである。むろんお伊勢にも詣った。

そしていつのことか、上総の木更津に住みついた。瞠目すべきはそれからである。三年ほどして犬目宿に現われ、妻りん、娘たきを木更津に連れ帰った。木更津では寺子屋の師匠をしていたという。天保一一年に次女のきせが生まれ、その後何年かして家族を連れ犬目宿に戻った。そして慶応三年まで生きた。

犬目宿は幕領である。代官所が兵助の帰村を知っていたのは、娘たつの婿の名で提出された宗門人別帳に「永尋兵助」と付記されているので明らかだ。改めて処罰しようなどとは思わなかったのだ。幕末の混乱期ゆえの取り紛れかも知れない。しかし、こういった抜け穴が存在していたのが徳川社会なのだ。逃亡し了せた兵助にどういう自覚が生じたか、それは分からない。ともかく彼は生き通したのである。

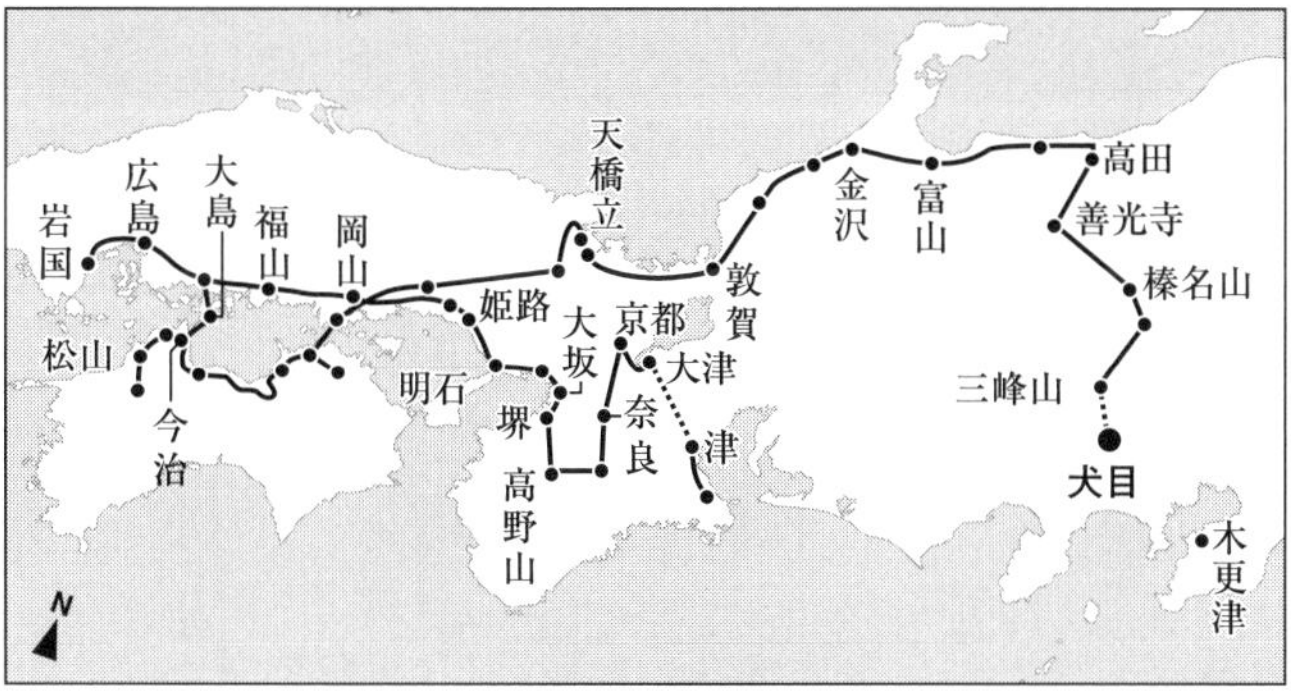

兵助逃走経路略図

信州伊那郡米川村（現長野県）は南山《みなみやま》郷と呼ばれる三六カ村のひとつ

で、伴助はこの地域に広く分布する北沢姓のひとつ北沢友右衛門家の分家に生まれた。寛政八（一七九六）年である。長兄の佐次右衛門は二三歳のとき、村の年番名主に選ばれている。無高から十石余の高持になっているから、北沢分家は村でも有力な成功者だった。

しかし、伴助が一七歳の文化九年、次兄が恋仲の娘を傷つけて自殺した。続いて文化一一年、佐次右衛門が首をくくって死んだ。伴助は一九歳にして北沢分家を嗣いだのである。文政五、六年頃から酒造を許され、田地を売り始めた。村方以外の者が出入りし、中には流れ者もいた。そのようにして、伴助は、己れを言い立てる「無双の強情者」と評判されるような男になった。

その「強情」が発揮されたのは天保六年、村役人の不正を糾弾する村方騒動の際である。頭取の一人となったのはいいが、話し合いの結果、和談と決まったのに伴助一人承服せず、とうとう代官所のお役人に説諭してもらう始末だった。この時、伴助の頭取仲間を惣代とする村人の願書に、伴助の数々の強情ぶりが暴き立てられている。

博奕で五、六度縄目を受けたとか、木楮《こうぞ》買取り一件で、償金二両取り立てたとか、伝右衛門家の被官が伴助の家の屋根板数枚を盗み取ったというので、伝右衛門に三両払わせ、屋根板を買い取った者からも二両取り立てたとか、仲間二人と白木山の材木を伐り出し始めたが、結局失敗に帰した時、損害を仲間二人にかぶせ、二人はそのため没落したとか、源左衛門から一五両で、田地を十カ年賦で譲り受け、年季が来たのに返さず、他人に六〇両で売ったとか、伴助の家を定宿にしていた越中の薬売りと妻がおかしいと言いがかりをつけ、金を脅し取ろうとしたとか、とにかくすさまじい告発状だった。

この妻というのが天保五年に死んだ妻なのか、その後再婚した増右衛門の後家きんのことなのかわからない。死んだ妻との間には男子が二人あり、きんには男子二人の連れ子があった。この再婚についても、願書は増右衛門家を絶家にしたと非難している。

酒造業はすでに長男俊吉が継いでいたが、天保九年ついに破産した。「無高水呑」になった北沢分家は「橋場の下へ家を建て引越」したが、隠居の伴助夫妻はおなじ南山郷の唐笠村に移った。伴助ときに四三歳。しかし落ち着かない。まもなく南山郷の今田村へ移った。三百軒に近い大村である。のちのちの関わりからすれば、今田村にはかなりの間居住したらしい。土地を持たぬから、暮らしは小商いでもして立てたものか。次いで中山道の宿場和田に移住したのも、不安定な暮らしぶりを語っているだろう。

伴助の出身地米川村を含む南山郷三六カ村は、弘化三（一八四六）年に公領から奥州白河藩の領分に変わった。当分はそれで収まっていたけれど、嘉永六年のペリー艦隊来航以来の物入りを口実に、藩は年貢を米納にすると言い出した。ただし、三年の猶予を置く。その間藩役所の置かれた市田原町の米市場での石代金納額を上げ、各村は年間五百両の負担増となった。

南山郷のような山がちの村では、農民は様々な副業で生きていて、飯米は買って補う。石代金納

信州伊那郡南山郷

だからこそやって行けるので、米納になれば暮らす途が立たない。いよいよ期限の安政二年が来た。村々は市田役所に「石代金納永久に仰せ付け下され置きたく」と訴願した。結果は散々だった。四人の代表のうち二人は入牢、二人は手鎖、とうとう「かさねて御歎願毛頭申間敷」と請書までとられてしまった。ただし藩庁側も現物米納をさらに安政六年まで延期した。

今田村は安政二年以来、訴願の発頭村である。この村には松尾亭庵という学者がいて塾を開いていた。彼は大塩の乱に深い関心を持ち、情報を集めて筆記していた。村が飢饉に襲われた時、蔵書三千巻を売って救恤に当てたのも、大塩にならったのである。安政二年の素願の頭取小木曽猪兵衛は、亭庵の代請を務めるほどの高弟だから、亭庵の大塩傾倒に影響を受けなかったはずはない。後に江戸に出て浅田宗伯に医学を学び、村に戻って塾を聞き庄屋も務めた。

猪兵衛と仲間たちは今回の敗北に懲りて、周到な準備を始めた。ひとつには安政四年から公儀への越訴を企てた。井伊大老以下老中、諸奉行宛の願文を作り、伝手《つて》を求めて提出しようとした。訴願の趣きは白河領ではとても暮らしが立ち行かぬので、元の通り幕領にしてほしいというのである。このような内願の他、張訴《はりそ》・箱訴《はこそ》という無名の出訴も繰り返した。内願に使った金は二五〇両、猪兵衛が借り主となり、講を起こして一七年かけて返済している。

一方、南山郷の村人の闘志も維持しなければならない。猪兵衛は佐倉宗五郎伝を領内に語り歩いたという。ここで彼の頭に浮かんだのが、無双の強情者として鳴った伴助の存在である。この口利き上手を交渉の先頭に立てたらどうか。伴助は今田村に居住していたことがあったから知った仲だったのだ。

猪兵衛が伴助を説いて、今田村に近い茶屋町に移住させ時を待たせたというのは、安政六年をそれほど溯らぬ頃であったろう。ある記録は「其の身一合の地租を上納せず、十数年他郷にありて一向様子も知らず、一通りの噺を聞きたるのみ。無学文盲にて、願書等も人の読みたるを聞くのみにて、すぐ様高呑込《たかのみこみ》、己が一命を捨ると云向ふ見ずなり。かかる者を先立にと見込みたる今田の小木曽猪兵衛といふ人は実に感心の至り也」と記している。

安政六年は四月頃から市田役所への訴願が活発化し、同年も年貢金納が認められたが、問題は市田役所の米価操作により、払米相場が下落させられたことにあった。これは実質上年貢増徴であるから、要求はこの点に集中する。すでに村役層だけでなく、小前を含めた村一同嘆願の形になっている。

一二月二七日の真夜中、今田村上組船渡に千六百人が集まり、六四歳の伴助は四人の惣代の一人に選ばれた。二九日には飯田藩領八幡原に、白河藩奉行務川忠兵衛を引き出し、激しいやりとりになった。ここで伴助の口達者が物を言う。ついに伴助は忠兵衛に組みつき、仲間が忠兵衛の両刀を取り上げた。深谷克己は一揆史上、百姓が奉行に組みついて両刀を取り上げたのはこの一例だけだろうと言う。天領並石代金納の要求は遂に認められた。

伴助は強訴の咎で万延元年三月入牢し、ひと月で出獄した。しかし、南山郷では小作層の地主に対する小作米減免の動きが強まっていて、その年の一〇月に入ると集会を開き、不穏の形勢となった。伴助はその発頭人であった。この動きは市田役所の役人によってすぐに潰され、伴助は一一月九日永牢を命じられた。

伴助は例によって様々な苦情を申し立て、村役人層を悩ませていたらしいが、米川村は入牢中の伴助を賄わねばならず、出費を避けるために伴助の出獄を願い出た。この際にも伴助は願いようが悪いから出獄できぬと、村役人に文句をつける有様だった。そのうち脱獄を計って、牢の板を切るという事件も仕出かしている。

文久三年一一月、伜の伊十郎宅に座敷牢を設け、そこへ移された。そのうち抜け歩きなど始め、明治維新に至ってやっと放免された。だが伴助の家はやはり村の揉め事の元だった。伊十郎は天保年間に他家に手渡した酒株を、譲ったのではなく預けただけと言い張り、訴訟に持ちこんだ。むろん伴助の知恵であろう。結局示談となり伊十郎は一五〇両を得た。明治二年のことである。

伴助が死んだのは明治一七年三月二二日。前夜つねのごとく就寝したが、翌朝そのまま死んでいるのが見つかった。八九歳である。明治になっての歳月、伴助には必ず思うところがあったはずである。それは胸にしまったまま死んだ。

ペリー来航の嘉永六年、南部藩三閉伊《さんへい》地方の住民一万八千が、苛政を厭うて仙台領に逃散しようとした事件は、大佛次郎が『天皇の世紀』第一巻に、もしかしたらペリー来航よりも重大な事件として叙べているように、数ある一揆の中でも特に注目され論じられて来た。三浦命助はこの一揆の頭取の一人である。

三閉伊地方とは南部領海岸沿いの、北から野田通、宮古通、大槌通を言い、命助は大槌通の山中に入った栗林村の住人であった。村の草分大百姓の家柄であるが、父が分家したので（本家とは同居）、分家の子として文政三（一八二〇）年に生まれた。父定助は村の肝煎役であった。一一歳上の姉に、まつよがあり、本家の跡取りの嫁になった。

命助は幼少の頃から学問が好きで、遠野町へ出て塾に入り、四書五経を学んだという。遠野は南部氏の分家にして最大の重臣南部弥六郎の城下町で、栗林村より西へ六里入ったところにある。期間は分からないが、四書五経を習うのは普通一〇歳になってからであり、全部学んだとすれば二、三年では利くまい。

一七歳になると（天保七年）、秋田領の院内銀山へ働きに出た。南部領ではいわゆる天保飢饉が猖獗を極めた時期である。院内銀山は一七世紀初頭に開かれ隆盛を極めたが、排水に悩み一八世紀後半には秋田藩は一旦放棄、しかし天保飢饉によって安価な労働力が確保でき、排水も解決して、文化一四年藩営再開、命助が入山した頃はすっかり繁栄を取り戻していた。院内町には江戸・大坂から、講談師、浄瑠璃語り、手品師などが来て興行した。命助はここで江戸・大坂文化に触れたのである。

天保九年、命助はわが家へ戻った。おそらく父定助が六月に死んだからであろう。帰るとすぐに一つ歳上のまきと結婚した。命助一九歳である。命助は遠野などで米を買い付け、海岸の三閉伊地方へ売り捌く商売を始めた。逆に海浜で魚を仕入れ、山方の村へ持って行く。

もともと栗林村は田は一〇町六反しかなく、畑が一三〇町、切替畑が三町七反という土地柄で、稲作で喰っていくことなどできない。命助のような暮らしの立て振りは村人一般のものであった。

命助は身長一七四センチ、体重一一二キロという堂々たる体格で、馬を追い立てての運輸業には

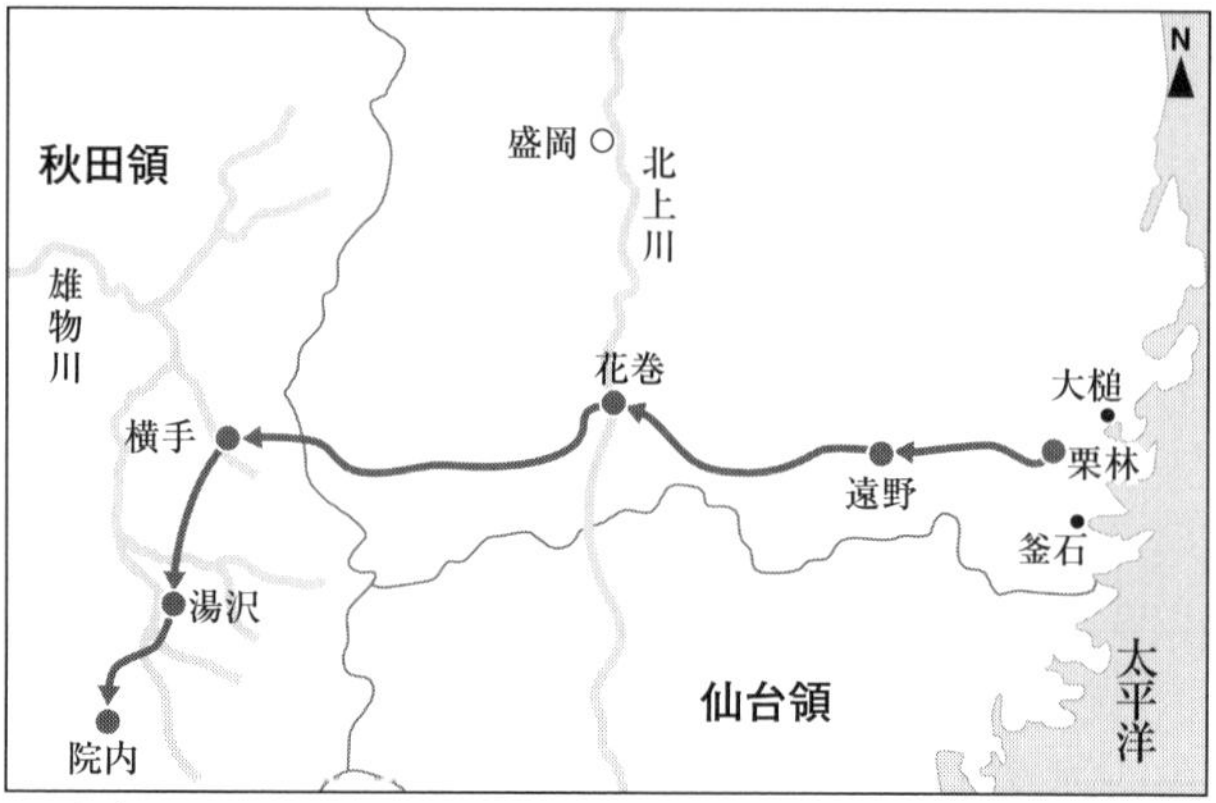

三浦命助が三閉伊地方の栗林村から秋田領院内町へ働きに出たときの道程

もって来いだった。一七〇センチ超というのは、徳川時代では並はずれた長身である。

弘化四（一八四七）年、本家の当主が死んだ。後嗣も嘉永六（一八五三）年に死に、あとには妻まつよ（命助の姉）と子が二人、一方命助家には母、命助夫婦、三男三女がいた。本家と同居していたのだから、当然命助が三浦家の当主となった。まつよの子はまだ成人していない。

当時の南部藩の内情は乱脈を極め、領民への課税も年々加重される有様だった。これは蝦夷地警備の軍役を課されたこともあったが、藩主南部利済《としただ》の専横な性格がもたらした藩政の紊乱によるところが大きい。利済は長男利義《としとも》が諫言したのを憎んで暗殺しようとし、暗殺を拒んだ江幡春庵を殺した。

弘化四年、御用金五万二千五百両を課されるに及んで、三閉伊地方の百姓が蹶起した。盛岡南方の水田地帯はこれ以上の収奪が困難であったので、特に三閉伊地方に重く課税されたからである。一揆勢は北の野田通から下って、狼を打ち殺せと叫びつつ、大槌から遠野へ向かった。狼とは利済の寵臣横沢兵庫のことである。

遠野へ向かったのは、遠野南部家に訴えを聴いてもらえると考えたからである。遠野の川原に五日野宿した。粛々たるものであったという。遠野南部家は願書をよろしく取り計らうと、一揆衆をうまくなだめて引き取らせた。しかし何ひとつ実現されず、頭取は投獄された。この時の苦い経験が嘉永六（一八五三）年の大逃散に繋がる。

藩主利済は弘化の一揆の翌年幕府から隠居を命じられ、長男利義があとを嗣いだ。だが利済は実権を手放さず、翌嘉永二年、利義を隠居せしめ、弟利剛《としひさ》を立てて己れの傀儡とした。その実があるか否かはわからぬが、利義には仁君という百姓の期待がかけられており、彼らの藩政への反感は募った。来る嘉永の一揆は、利義派の家臣の煽動も預かるといわれる。

弘化の一揆の指導者は宮古通小木の弥五兵衛である。南部藩の密偵が書いた文書には、「当六十七歳筋骨強健にして、弁舌能、百姓斯て（無之）曲者、何程肝太き者やら、けしからぬ強悪人也」とある。彼は一七年間廻村して一揆を説き続けたと言われるが、嘉永二年一月、上子根村を遊説中逮捕され、三月盛岡で牢死した。実は斬首と言われる。

弘化の一揆には栗林村は参加していないので、命助も関わらなかったと思われるが、弥五兵衛のことはむろん知っていただろう。弘化の一揆の挫折以後、弥五兵衛は仙台藩への直訴、さらに公儀への直訴を考えていた。彼の遺志が命助に引き継がれたのは確かである。

嘉永五年になると、弘化の一揆以来鬱積した不満が表に出始める。今回も北の野田通に不穏の形勢が現れるが、それと共に仙台領気仙沼を訪れ、家族連れで移住を申し込む者が現れた。最初は栗林村の孫吉という者で、野田通の頭人たちがそれに続き、気仙沼の方も受け入れを承諾したと言われる。海辺の集落では、舟で江戸を目指すという風聞もあった。

嘉永六年五月、野田通の田野畑村から押出しが始まった。門村の佐藤儀助が藩から請負って経営する鉄山を襲い、役所を叩き壊した。儀助は数百両を差し出し、わが家の打ち壊しは免れた。人数はこの段階では数百人だった。

その後一揆勢は陣容を整えて南下し、栗林村に近い山田町に入った時は一万を超えていた。一行は女・子ども連れで、食料を入れた袋を背負い、腰に椀を提げていた。移住の構えなのである。山田町では態勢を整え直し、老人・女・子どもは家へ帰した。これは六月三日のことで、女・子連れの行進が半月続いたのだ。こんなことは一揆史上希有だと深谷克己は指摘する。彼らが通過したあと、大槌代官所の調べでは、六百石の米が喰い尽くされたという。昼は辛抱強く行進する代わり、夜は乱痴気騒ぎになる。酒はむろん酒屋が提供させられた。

六月五日、釜石着。この時人数は一万八千を超えていた。ここで半分を村へ帰し、残り半分で藩境を越えた。通常の街道が閉ざされて通れないという偽の情報をつかまされて、道なき道を辿って笹倉山を越え、唐丹《とうに》川原に陣を張った。仙台藩が提供した飯米は八五六五人分。

ここで彼らが仙台藩に提出した願書には、四九カ条の要求が列挙されている。いずれも諸負担への苦情であり細かい。ほかに三カ条があって、隠居させられた前藩主利義の復帰を求めたのが第一条、あと二条は三閉伊地方を仙台領に編入するか、公儀領にしてくれと求めた。

越境して居坐った八千人超の農民は漸次帰郷して、六月一七日には三千人になっていた。それでも彼らを養うのは、仙台藩としても大変だった。交渉の結果、四五人の代表を残して帰国ときまった。三浦命助の名がその中の一人として初めて現れる。

四五人の頭領と目されたのは、野田通田野畑村の太助である。弘化の一揆の際、すでに頭人の一人だった。命助より四つ歳上、命助はこの時三四歳で、太助を補佐する頭領の一人として台頭した。彼らは仙台城下町へ移されて、交渉を続けた。出願四九カ条の大部分が通り、処罰者を出さぬという南部藩との約束も出来、一〇月二九日、一行は迎えに来た遠野領主に率いられておのおの帰村した。彼らが望んだ藩主交替は行われなかったが、利済は謹慎に処せられ、役人たちも大幅に入れ替えられた。

だが、帰村してからの命助は意外な騒ぎに巻きこまれ、村からの逃亡を余儀なくさせられるのである。村内に生じた村役人排撃騒動を取り静めようとするうちに、藩役人から一揆当時の金銭預りなどについて突っ込まれ、藩が一揆頭人の自分をわなにかけようとしているのではという疑いが生じたのである。嘉永七（一八五四）年七月二三日の深夜、彼は家を出た。

仙台領気仙郡にかくれ、いくつかの寺に入り、安政三年二月になって、遠田郡南小牛《こご》田村の修験当山派東寿院の院主を継いで、明英と名乗った。山伏になったのである。そして同年一〇月には京都に上って、本山醍醐三宝院より院号・錦地の免許を受け、翌四年には再上京して、五摂家のひとつ二条家の家来の資格を得た。

何のため金を積んで公家侍になったのか。その後の彼の行動を見ればわかる。彼は二条家家来の資格を手に入れると、ただちに南部藩領へ向かったのである。七月一四日、栗林村に近い平田番所に現れたときの様子は次のように記録されている。「二条殿内三浦命助と名乗、二条殿御用衛府《えふ》を立、大小を帯し、家来を召連、横平に平田村御番所へ差懸り」云々。番所は通ったが、その夜泊まった宿で召し取られた。彼を見知った者が番所にいたのである。命助はこの時服毒しようとして妨げられたという。

命助は何をしようとしたのか。彼の荷の中に挟箱《はさみばこ》があり、表には二条殿御内より盛岡城内御役人中と書かれていた。中の書状にはおそらく「仁君」利義の藩主復帰や三閉伊地方公儀領化についての申渡しが書かれていたものと思われる。彼は何と二条家の権威のもとに、南部藩政の転換が行われると信じていたのだ。

三閉伊地方

今日の我々には、馬鹿げた企みのように思える。しかし、深谷克己は京の朝廷を通して訴願を実現しようとする例は、天保以降いくつも見られると言う。いずれにせよ、命助は盛岡で入獄した。そして獄中で四冊の心覚えを書いた。この四冊は彼の存命中獄外に持ち出され、家族のもとに届いた。獄中で筆墨紙が入手出来、家族とも通信出来たのは、獄卒に賂《まいない》したからであるが、深谷克己によると、そもそもは獄囚を彼の出身村と家族に賄わせるという当時の方式がそれを可能にした。

命助の生涯に今日の私たちに深く訴えるものがあるとすれば、それはこの獄中記あるが故と言ってよい。それは林八右衛門の『勧農教訓録』と並んで、徳川期農民が到達した人間的自覚を示すものである。

獄中記はまず、いくら借金があろうとも田地を渡しさえすればよい、「田地なくとも、日びニ働バしのぐものニテ御座候」と言い、次いで「人間ト田畑ヲくらぶれバ、人間ハ三千年ニ一度さくうとん花《げ》なり。田畑ハ石川らの如し」という瞠目の一句が来る。

人間が三千年に一度咲く優曇華《うどんげ》の花だというのは、武士・農民・町人・学者僧侶など、徳川期の人間たちの誰でもが言い得た言葉ではない。だが、そう聞かされたとき、彼らの心は震えたであろう。なぜかと言うと、これは人間の一般論をしているのではなく、己れがそういう貴重な存在だと主張するものだからだ。命助は「まいあさ、我玉しいを拝し奉るべく候」とさえ言っている。この自覚は深い。

田畑が石礫とおなじだというのは、先に見たように田畑に頼ることの少ない命助たち、山間の農民の生態が言わせた文句だろう。だが、この場合、命助が自分の生活は自分で設計できると考えていることが重要である。

具体的に言えば、彼は家族に屋敷廻りに野菜を植えてそれを売りひろめよとすすめ、七つの品目をあげている。それだけで富貴に暮せると言う。さらに醤油・酢・味噌・豆腐・餅・団子等一一品目を断やさずに作り、両石（現釜石市）に出店して毎日売れ、人より安くすれば浜々の人が集まる、焚火を欠かすな、人は火のよき所に集まるものだと、細かい注意も忘れない。それらの製法も伝授している。

家は小さく作れ。そして廻りに漆の木、楮の木を植えよ、と言う。漆と紙を作れと言うのだ。ほかに柿・栗・梨・桃と果樹を植えよ。しかも、菊・牡丹・芍薬など花も家廻りに一杯植えろと言う。三食ごとに魚を喰え、酒も飲め、それが体によいとある。節約などは説かないのである。そして薬の作り方を綿々と説く。杉浦明平が『維新前夜の文学』で呆れたくらいである。

子供を養子に出したり、働きに出してはならぬと言う。子は宝である。しかも労働力である。小さい時から蕨を掘らせよ。一家ともども仲良く働けば家は立つものであるから、外に出してはならない。

命助に社会の有り様そのものを変革する発想はない。権力は上部に外在するものであって、それとは別に自分は自分を主人とする生活を構築できると信じているのだ。二条家の力を借りて藩政をどうこうしようとする命助の姿を、獄中記の中に見ることはできない。人間は昼三五文、夜三〇文稼げ、合わせて六五文稼げば安楽に暮せると言う。あくまで自力を信じているのだ。

それでも南部藩政下に生きることへの嫌悪はあった。自分が殺されたら江戸に出て豆腐屋になれと言う。江戸ほどよい所はない。そしてまた松前へ移住せよ、松前ほどよい所はないと言う。いずれも権力とのじかの関わりが薄いと感じたのだろう。権力となるだけ関わらぬ、それを上方に疎外するというのが、命助の思考の到達点であって、それは八右衛門の場合とよく似ていた。命助は元治元年二月、牢死した。四五歳であった。

安藤昌益は一七〇三年に生まれ、一七六二年に死んだ人である。成人としては享保から宝暦にかけて生きた。私が描こうとしている時代からはずれた人物であり、かつ私は社会思想史や政治思想史上、頂点に位置する人物たちの流れを書こうというのではないから、強いてこの人を取り上げることはないかとも思う。

さらにこの人の著作は問題である。すらすら読んで全部判ったという人がいたら、手を挙げてもらいたい。時代の拘束的な思考に逆らって、自力でものを考えようとする人は造語する。昌益の文章は基本概念がほとんど造語によっており（例えば天地が転定）、しかもそれに五行説という厄介なしろものが絡みついているから、研究者の特別な忍耐がなければ、とても読み通せたものではない。

その上困ったことに、ここ二〇年ばかりの昌益研究は、ノーマンが孤立的で奇蹟的な思想家と書いたのに対して、経歴を明らかにし、明らかでない所は、彼の文章を精査して彼がいかなる書物を読んで考えを形成したかという、いわば昌益思想形成の経過を跡づける方向に向かっていて、彼の思想の全貌を判り易く概説したものとしては、昌益の専門家ならぬ渡辺浩が名著『日本政治思想史』中に一項を設けて説いたのぐらいしか見当たらない。

ノーマンの『忘れられた思想家』は七〇年前の本だから古いと言えば古いが、昌益の考えの大事な点を広く紹介している点で、今もって有益である。しかも昌益に無神論者とか社会主義者とか、安易な言葉を冠せないよう注意している点もよい。その後はやった昌益をマオイストやエコロジストに見立てる傾向に、いち早く警告を発しているのだ。

経歴に関して言うと、三宅正彦や地元の研究家によって、かなりのことが分かって来た。彼が生まれた出羽国秋田郡二井田村は、美田の連なる豊かな米作地帯である。昌益が米を重んじ、人間は米から生まれたと言うのには、生まれ育った地域の特徴が反映しているのだ。

彼が生まれた孫左衛門家は村の草分けの富農であり、村役人の家柄だった。後嗣ではなかったから家を出たのであろうが、当時二井田村が家数の減少するような苦境にあったことも分かっている。

若いうち家を出たらしいが、足取りは一切不明だ。延享元（一七四四）年になって初めて陸奥国の八戸町に医師を開業していた記録が現れる。文人たちの集まりで講話して好評を得た記録もあり、また有力な弟子十数名がいて会を作っていた。家は男二人、女三人という記録もある。宝暦三（一七五三）年に京都の本屋から、刊本『自然真営道』三巻を出した。

宝暦六年、孫左衛門家の当主が死んだので、妻子を八戸に残して単身帰郷、家を継いだ。宝暦一二年に死んだ時には、二井田村の十数名の有力農民が弟子になっていた。

昌益の主著は稿本『自然真営道』百一巻九三冊である。他にも『統道真伝』などいろいろとある。稿本『自然真営道』は明治三二年頃、狩野亨吉によって発見され、東大図書館に収められたが、関東大震災で焼失した。幸い一二冊が借り出されていて残り、のち新たに三冊分が発見され、現存一五冊である。

若尾政希は昌益の著作・ノートの超人的な精査に基づいて、彼の知識の出所が通俗書、特に『太平記評判秘伝理尽鈔』であることを明らかにした。これは一七世紀初頭の著作で、太平記本文に評論を付したものであり、楠木正成を武略にたけた名将にとどまらぬ、民心を掌握した統治者として描き出している。若尾によるとこの『理尽鈔』を講釈する「太平記読み」が、徳川初期の大名家へ入りこみ、仁君思想の源流になったという。

しかも若尾によれば、『暦大意』という一文を書いた延享二年の昌益は、仁君思想の信奉者であり幕藩体制の擁護者だった。ところが宝暦年間になると、彼は仁君思想の激烈な批判者として現れ、この間深刻な思想転換があったとされる。そのような転換が何に促されてなされたのか。

宗教者の政治介入への嫌悪や、宗教者・学者が道を説くのは、名声と利益を欲するためだとする非難の仕方において、昌益は『理尽鈔』から大きな示唆を得ている。このような道を説く者への嫌悪が、自然世では万人が直耕して幸せであったのに、聖人が現れて、道を説く者と直耕してそれを養うものに別れた法政となったという独自の考えに展開したのは、当然の道筋と言えないことはない。直耕とは大地を相手に力耕する在り方で、土を耕すことはなく言葉をもてあそぶ在り方の反対概念である。

だが、論者たちが説くように、その変化には当時の八戸領を襲った深刻な冷害が関わっているだろう。庶民困窮の状況を彼はつぶさに目にしたであろうし、特に彼は医者であった。仁政などという理念の虚偽性は、現実の指し示すところであった。

昌益の説く所は、音韻論、暦学、本草学など広汎な分野に及んでいる。だがその中核は、直耕する民が統治者を養っているのに、その養われる者が民に対して仁を施すとされる倒錯への容赦ない批判である。

「聖人は仁を以て下民を仁《いつくし》むと云ふ。聖人は不耕にして、衆人の直耕、転業の穀を貪り食ひ、己れの手より一粒一銭をも出すこと無く、然るに何を施して民を仁むべけんや。故に笑ふべきなり」。「己れ民に養はれて民の子で有りながら民は吾が子と云へり。只狂人なり」。こういう言葉を林八右衛門や三浦命助が聞いたら、膝を搏ち開悟するところがあっただろう。私が昌益を取り上げたのは、ただこの一点の関わりゆえである。

昌益は尊皇論者であり、伏義、堯舜の時代を法世の始まりとするのに対して、仏教渡来以前の神道時代を自然世とする。近年の研究者には、昌益を竹内式部や山県大弐の流れの中に置こうとする人が多い。大家族主義者であったとも言う。

また昌益は単なるユートピストではなく、自然世再現の困難を知っていて、各身分をそのままにして全員に直耕させるという方策を講じていた由である。しかし、大工が一方、米を作って何になるのか、武士が身分はそのまま土着して自ら耕作すれば、かつての在地領主が再現することにならないか、疑問はつきない。

そもそもは昌益の推考・論断の手法には、極めて独断的で請け難いところが多い。例えば伏義がなぜ「高偏知」になったかというと、彼は母が妊娠中辛いものを食べすぎたからだと言う。笑い話にもなるまい。

しかし、偉大な萌芽を秘めた思想家であった。私が驚くのは、彼が天地自身が直耕しており、それ故にこそ人間の直耕が成り立つと考えていたことだ。素晴らしい思想のひらめきだと思う。実はこれは、儒学の基本概念「天」のうちに、潜在的に含まれている考えかも知れない。しかし「天」概念をここまで拡大した者は、「ガイア」仮説の出現まで、彼のほかにはいなかったのである。

大原幽学という男は、まず関西方面を放浪する易者・人相見として、われわれの前に現れる。後年弟子の間に伝えられたところでは、尾張藩家老大道寺氏の次男で、一八歳のとき決闘で人を殺めて勘当された。寛政九(一七九七)年の生まれである。

弟子たちはそう信じて、後半彼の墓を大道寺家の墓地に建てた。だが大道寺家の家譜を精査しても、幽学の存在を証しするものはない。幽学は己れの出自について一切語らなかった。ということは、思い出すのも辛い心の傷か、あるいは口に出せぬ事情があったのだろう。

しかし、武家の出であったことは間違いない。弟子に洩らした思い出話では、それも相当の格式を持った武家であったようだ。著作においても人の理想を武士に求めた。自殺した時残した両刀と三両は、勘当の際父から与えられたものであったという。

勘当されたのち、九条家の家臣田島主膳のもとに二年ばかり寄食した。この間儒学を学んだほかに、易学者の伝授も受けたらしい。大坂の商人の保護を受けたり、高野山に登って仏道修業をしたり、四国・中国を旅したりした挙句、文政七(一八二四)年、近江国伊吹山の松尾寺に入り、提宗和尚に学んだ。松尾寺は黄檗山の末寺で、提宗は易学・観相の心得があった。

その後も放浪は続くが、幽学は売卜を業としつつ、和歌・俳句も作り、大商人のお伽衆のような立場で渡世したらしい。転機は文政一三年に来た。松尾寺を再訪した夜、提宗から「汝明けぬれば早々出立して、道を施すべし、外に語るべき言句も無し」と告げられた。あとは口を閉じて、ひと言も語らない。

「道を施せ」。この道とは幽学自身の表現では「性理学」ということになる。この「性理学」という代物は石田梅岩の「心学」にも似ているようであるが、元来幽学が文章で自分の思想を明確に述べる能力のなかった人であるから、和を尊しとし、人を一切差別せずに誠を尽くせといった程度の考えという以上、明確にしにくい。

もともと彼は人格、というより人柄で相手を信服させる人であったようだ。後年弟子が言っている。「大原うし、人を導くに、初一とせ二年の中は、必ず先づ情を施して、其情の能く通る時に至りて後ち理を学ばしむるなり。しかして専ら理ばかり学ぶこと亦二年三年、其のうちになほなほ情を施されて、先生にあふ時は一時々々心ゆたかに快く、唯そのあふ度に理の知れること、真の闇夜に足元手元にともし火をかかげたるが如くなり」。

世に道を伝えよという提宗和尚の言葉に奮起した幽学が、まず向かったのは信州上田である。呉服商小野沢家の息子の世話を頼まれたのが縁で、ここを根拠に弟子を取るようになった。人の息子の教育を預かるというのはいわば幽学の特技で、この先房州でも上総でも、不良息子を預かって仕立て直す特技で信用をかち得ている。

上田を根拠に小諸にも出かけて講席を開くようになった。その教説は「孝を先として分相応の道をもて、家内一つに和する時は、自ら作るわざわいなく、富める事疑ひあるべからず」という平凡なものであったが、流動化しつつある世相の中で生き残ろうとする中流以上の町人たちには、それ

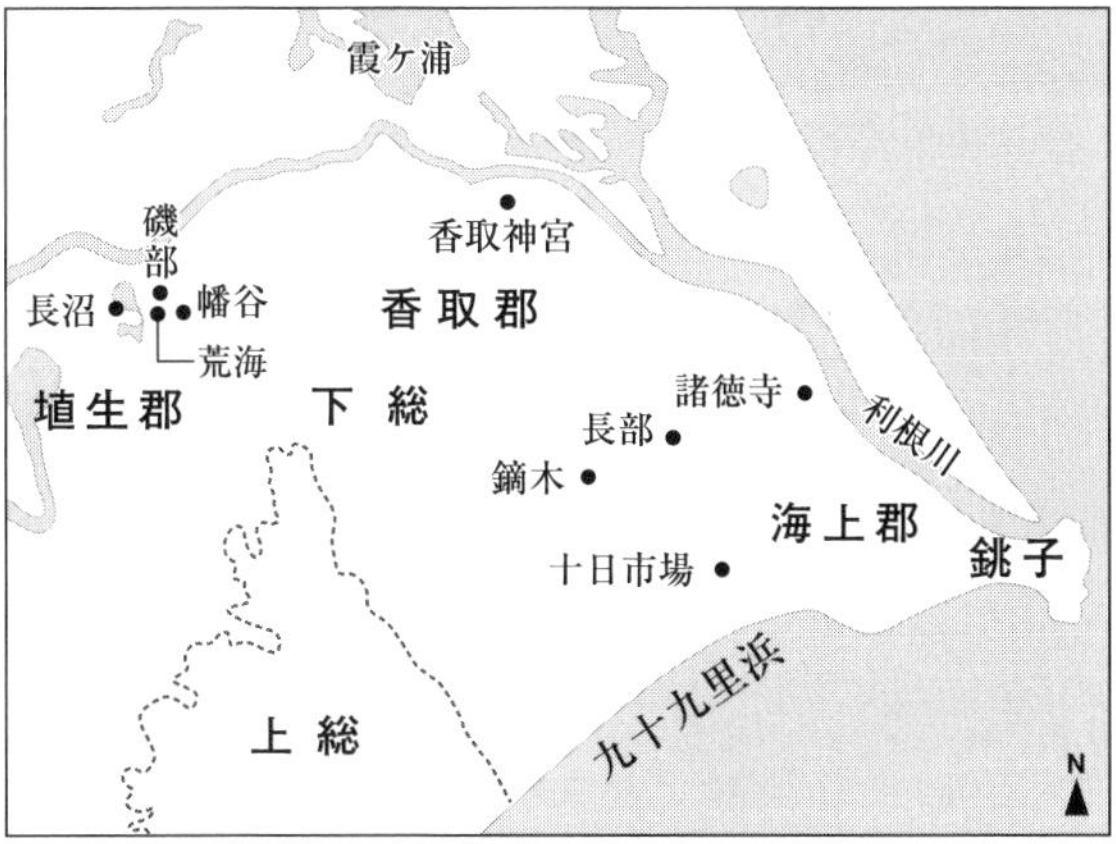

幽学に関連した下総周辺図

なりに説得的であったのだろう。

しかし、幽学の存在はやがて藩庁の知るところとなり、陰に陽に圧迫が加えられるようになった。そもそも幽学は無宿人であって、無宿人が講席を開いて人びとを集めるということ自体が怪しげな所業なのである。天保二（一八三二）年八月、幽学は江戸へ旅立った。

江戸に出ても手がかりはなく、房州に渡ってパトロンが出来たが、それでも落ち着けず、しきりに下総東部を往来した。下総には享保年間から山崎闇斎の学統があったし、文化文政には平田篤胤が、文政から天保初年にはその子鉄胤が来て、海上・香取郡には百人に及ぶ門弟がいた。

そこで道を説こうとしても、幽学は学者ではなく、和歌・俳諧を作るといっても、土地の旦那衆とやりとりする程度で、その道で先生面は出来ない。後年、当時の自分を「馬鹿先生」と自嘲する。闇斎派篤胤派の地方文人たちから、そう見えただろうというのだ。

彼がこの地方に定着できたのは、天保五年、香取郡長部村の名主遠藤伊兵衛の入門を得てからである。伊兵衛は持高三四石、村内随一の地主であったが、幽学の講義を聴き、身の修まらぬ息子本蔵の教育を委ねたのである。この本蔵こそ、良左衛門と名を変え、幽学の後継者となる人物である。

幽学は入門に際して「神文」を徴しているが、文政一〇年から天保三年に至るまでの「神文」は、いずれも易・人相に関わるもので、「性学」に関するそれは天保四年に始まる。天保五、六年の二年間の入門者は百四〇名を超えた。一方、香取・海上二郡の平田派の入門者は、天保三年以降同一四年まで一名にすぎない。幽学は平田学の地盤を喰ったのである。

幽学の弟子たちの訓育の特徴は、大幅に討論を取り入れたことである。その記録『義論集』の冒頭を見ると、長沼村本多元俊（医師）が「我天下に敵無きことを願ふ。然れども今十人にして凡六、七人の外は和し難し」と言うと、幽学が「小きかな、天下に敵無き事を願ふ者、何ぞかの人この人と数ふるや」と答えるといった風である。テーマを出して、出席者に考えを書かせることもあった。熱気の籠る討論であり、このような共同学習こそ入門者にとって何にも替え難い魅力であったろう。

しかし幽学の伝道は言葉の上のことではなかった。彼は理想的なムラを作るべく具体的な事業に着手したのであって、その第一が先祖株組合の設立である。これは加入者が五両に相当する耕地を提供し、その耕地が生む利益を無期限に積み立てるというもので、その目的は「親先祖を楽しましむるため」とある。

天保九年に長部村、諸徳寺村、幡谷村、荒海村に設立され、結局九カ村に及んだという。前文に博奕、音曲、奢侈、女郎買の禁止等があり、子孫滅亡が戒められているから、当時の貨幣経済の浸透に伴う農家没落の危機に対処しようとするものであるのは明らかだ。加入者は当初上層農民のみだったが、次第に中層下層に及んだ。幽学の本拠長部村では全村が加入するに至ったが、これには十日市場村の富豪林伊兵衛が六五〇両融通してくれたお蔭だった。伊兵衛は因業金貨で鳴っていたのが、幽学に接して改心した人である。

先祖株組合の結末は必ずしも香しいものではなかった。擄出した土地が利を生むには、それを小作に出さねばならない。それは当時としても法外に高い小作料だったという。結局積み立てた金は、領主からの借入金返済や、大原幽学の裁判沙汰に費消された。

幽学はまた農事を指導した。侍が百姓に農事を教えるというのは破天荒なことである。侍といっても出身がそうだというので、下総言葉を使いこなす点で農民と変わらなかったのではあるが。農事は関西放浪中に見聞したのだろう。実際に作男をやったのかも知れぬ。関西は農業技術の先進地である。

まず年間の農事を計画すべきこと、特に植付けを早くすることを説き、正条植を教えた。肥料は緑肥より堆肥を用いるよう指導した。その反面、ごく近くに干鰯の産地九十九里浜があるのに、金肥を用いることを忌んだ。桑など商用作物も禁じた。

長部村は「村方見渡し候ところ、百姓一方にこれなく、余業、木びき渡世の者ばかり」という状況だったが、「幽学へ入門仕り、木びき渡世相止め、村中農業一派に」なったという。幽学が目指したのは、こういう商業の侵食力に抗する自給農村であった。

遠藤伊兵衛は天保一三（一八四二）年、自宅の裏山に幽学の居宅を作った。二八年間の放浪生活に終止符が打たれたのである。幽学時に四六歳。この年彼は長部村八石の谷田で耕地整理を行った。台地上に集居していた農家を、二戸ずつ分散配地し、入り組んで散らばっていた耕地も交換させて整理した。そもそも耕地の分散錯圃はわが国の農業の弱点とされていたにも関わらず、各農家の執心によってその是正は困難であったことを思えば、幽学の指導力は驚くべきものがある。

しかもこの二軒の組み合わせには、親族関係にあるものを避けた。これはムラの基盤として一族支配関係を弱めようとするもので、換子《かえご》も同じ動機に発する。換子というのは、他家と子どもの一人を交換して育てるのである。一族という利己的関係から解き放れて、村人一門が同朋になろうという次第だ。これが幽学が目指すコミューンであった。幽学が教えた全村に渉って行われたのではなく、お膝元の長部村で専ら行われた試行であったらしい。

悲喜劇も生じた。遠藤良左衛門は妻えつが「やはり人の子よりわが子が可愛い」と洩らしたのを聞きつけ、えつを里へ帰した。妊娠しているのに縁を切ると言う。さすがに幽学が取りなして元の鞘に戻した。つけ加えておくと、幽学の門人には女性も多数いた。これも幽学門下の特徴である。

幽学は嘉永三（一八五〇）年から翌年にかけて、長部村の隣村鏑木村の宿内に、門人六人によるモデル村を造った。八石の例にならったのだが、今回は居宅も耕地も規模を同じくしたのが画期的である。出来るなら家財道具も均等にしたいのが彼の理想であった。「同門の子弟、来り工を助くる者また二百余人」という。領主からすれば、この宿内の新田は高入れしない隠し田ということになる。

良左衛門は自宅の傍らに設けていた教場を裏山へ移し、新たに「改心楼」を設けた。丘陵に新築するのだから、土地を開き道をつけ土堤を築かねばならず、思いがけぬ大工事となって、中世の土豪の城郭の外見を呈した。完成は嘉永三年である。

翌年四月この改心楼に常州牛渡村の博徒ら五人が、先生に会わせろと乱入し、飲み食いの挙句金を取った。その際の出入りを口実に、関東取締出役の取り調べが始まったのは、そのまた翌年嘉永五年二月である。実は前年四月の五人の乱入も、関東取締出役の使嗾によるものであった。改心楼の建設と宿内の耕地造成が彼らの注意を惹いていたのだ。

六月、申し渡しがあった。五人乱入の件は奉行所へ伺いを出す。幽学の教えの筋も門人の学び方もよろしい。幽学に関しては子細はあるまいと思うが、一応奉行所へ差し出す云々。

この取り調べ中注目すべきなのは、幽学の兄と称する人物が出現したことである。御小人目付を勤める幕臣高松彦七郎である。実は彼は幽学門人たる長部村の百姓幸八郎の親類であった。取り調べ中幽学の無宿という身分が問題になるのは必至だから、門人たちが彦七郎を説いて兄と称させたのだろうと当然推測される。

ところが、江戸に取り調べが移された後、彦七郎は弟幽学は尾張殿元家来大原左近へ養子に行ったと述べていて、これが妙に実感がある。その後の調べでは、左近は名古屋で学問の師範をしていたが、やがて幽学を連れて諸国遍歴の旅に出た。幽学は一八の時父と相談づくで別れたというのだ。名古屋では東出来町に住んでいたという。こんな町名を彦七郎が知るはずはなく、幽学の口から出たのであろう。有力な出生説であり、だとすると幽学は、最初から縁あって長部村を訪ねたことになると木村礎は言う（『大原幽学とその周辺』）。

幽学は嘉永五年一〇月に江戸の勘定所へ召喚され、安政四（一八五七）年一〇月に申し渡しがあった。満五年かかったのである。この間の出費は千両を超えたと言われる。先祖株組合の積立金が流用されたばかりではない。門弟は辻番所に勤め、彼らの子弟は奉公して、その給金を裁判出費に当てたという。人心が彼から離れなかった一点をもってしても、彼の人徳が忍ばれよう。しかし、このように門人たち、特に年齢も行かぬ少年少女にまで重荷を背負わせたことは、彼の心を沈ませずには置かなかった。

安政四年一〇月、評定所は判決を申し渡した。幽学については、人別に加わらず長部村に滞在、しかも改心楼という農民不似合いの家を建て、百姓株、田畑の儀、同人の関わるべきことでないのに議定取極めなど、不埒につき押込め仰せつくというのであり、各村については教導所を取りこわし、先祖株を割り戻せと命じる。

押込めは百日間である。幽学はその期間を彦七郎宅で過ごし、安政五年二月一五日帰宅した。自殺したのは三月八日未明である。作法に従った切腹であった。遺書には「門人のうち埒も無く眼前のことに迷ひ、元の不孝に帰る者あらあら相見え」て、「一身置くところなく」、さらに「僕が教をなせし故」、門人に大金を使わせ心苦しいと述べられていた。判決に無宿の身分と念を押されていたのも、この先活動の余地がないと感じさせたのであろう（幽学の生涯については中井信彦『大原幽学』が基準的であり、主として同書に拠った）。

大原幽学というのは不思議な人で、ほかに類型がない。幕藩制に何の批判も持たず、徳川家・大名家を重んじ、武士の出身を誇りとし、それでいながら武士とは交わらず、主取りを試みたこともなく、ひたすら百姓を愛し、その中に入って世話を焼いた。いわゆる御政道に関心がなく、ペリー来航に一言の言及もない。ちょうど裁判に付せられていた最中ということもあろうが、大塩の乱にも阿片戦争にも関心を示していないから、そもそも天下国家の事に心が向かなかったのであろう。

そして専ら心掛けたのは、上はどうであろうと、それには関係がなく、村は村として建てて行く方向であった。それも商業に浸潤され副業によって賑わう村ではなく、自己完結的な主穀生産の村をして、自主平等、村人和楽のコミューンたらしめようとした。すなわち道というものの貫通、徳というものの顕現を、村人の共同労働、共同学習のうちに求めた。行うところは、二宮尊徳の弟子、あるいは丸山教が模範村を作ったのに似ているが、村を平等のコミューンたらしめようとした点で決定的に違った。

守田志郎によれば尊徳は、何よりも金銭を稼ぐことを百姓に教えようとした人で、自分で田を耕すことはなく、父が喪った土地を買い戻しても全部小作に出し、村随一の地主になりながら村に関わろうとせず、小田原城下町に出て家老家の家政を建て直したのを皮切りに、大名家の領地管理に手腕を発揮した。みな金の運用の話である（守田志郎『二宮尊徳』）。むろん、幽学より時世に適応していた。

村には幽学をしてそうせしめるものが在ったのである。彼は村人たちに魅せられたのだ。百姓は愚鈍で狡く利己的だと俗に言う。だが、下総で幽学の許に集った百姓たちの姿は、記録で見る限り、知的で真摯、誠実かつ向上心にみちている。これは幽学の愛と誠意に、百姓たちの内包する資質が輝き出たものとしか言いようがない。

そもそも彼は関西で村々を放浪して廻るうちに、彼らの中に素朴な仁心があるのを、少なくともその芽生えがあるのを看取したに違いない。だからこそ、彼らが非行に陥るのが看過ごせなかった。彼らに道を説かねばと思った。

彼は林伊兵衛の子正太郎を預かった。伊兵衛は前記したように十日市場村の豪商である。正太郎はどうしようもない不良児だったが、母が継母で彼を愛さず、父も正太郎を措いて養子を迎えたところからぐれたのである。幽学は預かった正太郎にひと言の説教もせず、心から憐れんで側に置いた。正太郎には自ずと改心の糸口が生じた（木村礎『大原幽学とその周辺』）。これはテクニックではない。幽学は真実人を愛することが出来る人で、その人を愛する心は、放浪のうちに接した農民や商人の人となりから生じたに違いない。

彼が天下国家の事に関心がなく、幕藩権力を是認したのは、むしろお上を敬し遠ざけることによって、村の自主的なコミューン化が可能になると信じたからではなかろうか。だとすると奇しくも、三浦命助・林八右衛門の権力を上方に疎外する心構えと符合する。

幽学が自刃した時、門弟は五〇人ばかりに減少していたというが、次いで指導者に推された遠藤良左衛門のもとで、入門者は再び増加の一途を辿り、万延元（一八六〇）年は三九二名、文久元（一八六一）・二年は一九三名に上り、明治に入っても絶えることがなかった。明治五年には神道教会所管の教団となり、良左衛門は教部省から教道職に任ぜられた。「黙々として懇誠篤実無類のもの」と評せられる人柄だった。

彼の指導のもと、「性学」に集う人々の在り方は、個々人の修養を厳しく切磋琢磨し合う信仰集団の様相を呈して来たようだ。集会で厳しく咎め合い、水垢離中に死亡する女性もあった。

明治六年四月、良左衛門は背中に腫物が出来るなど体調悪く、箱根へ赴いて湯治した。三〇日、所用あって小田原に出ようとしたところ司法省役人に逮捕された。東京の司法省に移され、六月二四日まで留置された。この件で逮捕されたのは九十余名に及ぶと言う。嫌疑は朝廷への不逞であった。

維新以来、旧幕臣の道友が増え、彼らは書簡で新政府への不満を洩らすことがあった。司法省はスパイを入れて、書簡中不穏の言辞をチェックしていた。たとえば次のような言辞である。「大神君（むろん家康を指す）ノ思召ヲ継、天下ニ道ヲ押貫キ候時節ト楽シク修業仕り」、あるいは「今世ノ中悪気ハゲシク娘子供呑事ノ咄、古ハ八ツ頭ノ大蛇ト云シガ此度ノ十六頭デモ有り大名旗本ノ高ヲ呑ミ、其余アルカギリ呑込候テモヒダルイト言有様ノ咄、是皆世ノ中ノ悪気成ベシ」、あるいは「タトエ朝廷ヨリ県ヲ被差置藩士一同御扶助被為在候トモ、三百年来御恩沢ニ浴シ候者何迚《なんとて》他禄ヲ甘ジ一日モ安逸ニ過スベキヤ」。

幽学は幕府取り調べ中公事宿に滞在し、押込めの判決があっても、「兄」宅で謹慎しただけで入獄はしていない。しかし明治政府は、六三歳の良左衛門を二カ月近く獄に投じ、拷問も行ったらしい。これが島崎藤村の言う「夜明け」であった。

良左衛門は八石へ戻ったが、病状進み食事も喉を通らぬ状態なのに、七月一三日駕籠に乗って家を出た。江戸から東海道を通り、伊勢参宮をして、八月二二日石部宿で絶命した。病が重いのに、なぜこんな無理な旅をしたのか。木村礎は「精神を傷めつけられ、平常心を失っていたのではないか。明治政府は単なる風聞によって、一人の善良な老人を殺した。むごいことであった」と言う。

良左衛門の没後、教団は内部抗争を重ねながら、明治三九年には「八石性理学会」を設立、その活動は今日（一九八一年）まで続いていたと木村は言うが、その委細は述べるまでもあるまい。

良左衛門の非業の死は、先述した嘉永六（一八五三）年の南部三閉伊一揆の指導者、田野畑村の畠山太助の最期を想起させずには置かない。太助は一揆後一切咎めなしとの安堵状を得、百姓暮しに復帰していたが、明治六年四月、地租改正に反対する騒ぎの張本人の一人として逮捕された。連日の気絶するまでの拷問で、それがひと月以上続いた。耐えかねた太助は面会に来た息子に、剃刀を買うよう命じた。しかし息子がそれを敢えしかねているうちに、太助は首を縊って死んだ。五八歳であった。徳川社会にあって、人間らしい曙を望んで闘った男にとっても、藤村の言う「夜明け」はかくの如くだったのである。

徳川期には山岳を信仰の対象とし、講を設けて集団登山する習わしが方々にあった。その中で著名なのが、江戸を中心とする富士講である。

富士講の元祖は藤原角行《かくぎょう》とされる。天文一〇（一五四一）年長崎に生まれ、一八歳の時諸国霊場巡拝の旅に出、富士山の人穴に籠もって苦行の末、仙元大菩薩より角行の名を授かった。永禄六（一五六三）年のこととされる。爾来人穴に住み、江戸へ出向いて疫病を防いだこともあった。正保三（一六四六）年、百六歳で永眠した。一生の事業は苦行と様々な呪符配りだった。

角行の道統は一七世紀の末、村上光清《こうせい》派と食行《じきぎょう》身禄《みろく》派に分かれる。光清は「大名光清」と呼ばれる富豪で、独力で富士山吉田口浅間神社を修理したことで名高い。

一方「乞食身禄」と呼ばれた伊藤伊兵衛は、寛文一一（一六七一）年、伊勢国一志郡清水村の農家に生まれ、一三歳にして江戸に出て商家に奉公した。独立して成功したとも伝えられるが、油屋を営んだのは確かでも、富商となったか否かは定かではない。角行の道統を継ぐ行者と出会い、毎年富士に登るなど熱心な信者となった。生涯の登頂四五度を数える。食行とは断食行のことであり、身禄はむろん弥勒仏を踏まえたものだろう。小男で「むづかしき人」と伝えられる。入信してからは財産を放棄したとも言われ、身なりが粗末なので借金でも申し込まれるのではと、人びとが敬遠したとも言う。

　身禄は富士行者の呪術的行為を否定し、お札の類も出さず、専ら修身に努め、独自の思想を説いた。その根本は「人間の貴き事、能く取り行えば神にも仏にもなるべし。人間依て我が体、人の体と隔てなく、一仏一体也」というにあり、「人間一人相続したらんには、堂塔伽藍寄付したらんよりはるかに勝れたる大善なり」と言い切った。林八右衛門や三浦命助の自覚を先取りしていると言ってよかろう。

　従来禁制とされていた女人の富士登山も認めた。仏法に女は罪業深しと言うが、「女とても悪になるまじき事は、悪になるべきいわれなし。女よくつとむるは善なり、男悪をなせば悪なり」とし、仙元大菩薩は女体であるから特に女人を救うのを本願となすと言い、経血を不浄とするのは甚だ以て誤りで、人を生むため天より授けたのだから「花水」と呼ぶべきだと主張した。

士農工商は相助けて万物を調えるのであって、「位官高禄を受けし人、無位無冠下つ方迠《まで》も元一筋の菩薩也」と言い、将軍綱吉を生類憐れみ令の悪法のゆえに非難し、将軍吉宗の米価引き上げ政策の結果、高間騒動を引き起こしたと厳しく批判した。高間屋は上方から江戸への着米の独占買い取りを幕府から命じられた米屋で、享保一八（一七三三）年一月、米価高騰に苦しむ江戸庶民の襲撃を受けて打ち壊された。身禄は「たかまあくまをこしらえ候て…民を痛め衆生を泣きしぼらせ」たと記す。

吉宗の政道への反感は、ひとつは尾州藩主徳川宗春の『温知政要』への共感も預かっていた。宗春は吉宗の緊縮策を尻目に劇場・遊里を設けるなど名古屋を繁昌に導き、その身も綺羅を飾ったというので、享保一七年吉宗から譴責され、その七年後に引退させられた人物である。しかしその著書『温知政要』は慈忍の政治を説く名著だった。身禄はこの書にしばしば言及している。

高間屋騒動は身禄にとって非常な衝撃であったらしい。彼はかねがね、富士山で入定すると弟子に語っていたが、その予定の時期を繰り上げ、享保一八年六月一七日を命日と期して入山したのは、「お先状」という文書によれば、「紀伊国高間そのとりもちしたし候役人」への抗議のためであった。紀伊国とはむろん将軍吉宗を指す。六月一五日、身禄は富士山七合五勺のところにある鳥帽子岩に厨子を設けて入り、食を断った。入寂は七月一七日、六三歳であった。入寂に立ち会った田辺十郎左衛門が一年経って入山してみると、遺体は腐敗せずミイラになっていた。

いわゆる富士講が成立したのは、身禄の三十三回忌があった明和年間あたりかららしい。寛政七（一七九五）年には初めての禁令が出た。富士講とは集団登山のための講である。三年、五年を一期として請金を積み立て、年々講員の一部が登山し、一期で全員登山が完了する仕組みである。文化文政年間が最盛期であり、維新を経て教部省下の「富士一山講社」となり、さらに扶桑教、実行教、丸山教と分派するが、それはのちの話である。

江戸を初め関東各地に、富士塚が設けられたのも目覚ましい現象であった。最初に築造したのは身禄の弟子高田藤四郎で、明和二（一七六五）年身禄の三十三回忌を機に戸塚村（新宿区高田馬場）に建立した。本業が植木屋だったので富士山そっくりに作るのはお手のもので、富士山麓から熔岩を取り寄せて岩肌を再現した。また、女子どもら足弱が擬似登山体験をするように、廻り道の登頂路がつけられた。信徒仲間の協力を得て、安永八（一七七九）年に開山した。

これ以降、各地に続々と富士塚が建てられ、その数六〇に及んだ。一九八三年の時点で、四三が現存していたと言う（岩科小一郎『富士講の歴史』）。

幕末はいわゆる民衆宗教が各地に簇生した時期である。個人の提唱に拠るので創唱宗教とも呼ばれ、黒住教、金光教、天理教、如来教がそのうちに数えられる。いずれも地方神ではなく、普遍的唯一神を奉ずるのを特色とする。

　このうち黒住教は、備前国上中野村（現岡山市）の神職の家に生まれ、孝行者の名を取っていた黒住宗忠が、文化九（一八一二）年疫病で両親を失い、同一一年には自身が結核で危篤状態となってやっと回復した一一月一一日、自己と天照大神が合一する神秘体験の末、説き始めたものである。天照大神が民族神を脱して唯一神の性格を持ち、それへの帰依を通して勤勉・無私などの通俗道徳を説いたが、特に病気治しに霊能を示したと言われる。その教義は岡山藩政に抵触するものではなく、藩士から農民まで広く信者を得、弘化年間には教団の体制が整った。

　金光教は備中国大谷村の農民川手文治郎の創始するところで、文治郎は後に金光大神と改名した。長男・長女・二男を次々と喪い、実父・実母（川手家は養家）も逝ったあと、安政二（一八五五）年、大神は病気で重態に陥り、初めて「金神」なる祟り神と出会った。次いで安政四年、弟に金神が神がかりしたのを契機に、大神は亀山村の金神への信仰を深め、安政六年一〇月には伝道に専念せよとのお告げを受けた。

　この時、金神は「天地金乃神」の名で現れ、祟り神ではなく、世界の総氏神たる愛の神・大地の神であった。大神の説く教えは中下層農民や港町の商人に拡がり、最初は抑圧を試みた領主蒔田氏も容認するに至った。金光教は日柄方角等の俗信や出産・病気の際の禁忌を否定し、神は人を愛し人の難義を救うものだと説いた。

黒住・金光両教の場合、その創唱はいずれも教祖の憑依によるが、天理教の創始者中山みきが、天保九（一八三八）年一〇月、霊媒を勤めるうち突然神がかりとなり、三日三晩その状態が解けず、自分が三千世界を救うために天降った「天の将軍」と宣言し、これが天理教の創唱となったことはよく知られている。みきは北大和の農家の主婦として、苦労を嘗め尽くした女であった。

のちの出口ナオの例も含めて、女性教祖の神がかりは、社会の矛盾の集中的な表現として注目されるところであるが、この節では、もう少し素朴な一尊如来きの（一七五六〜一八二六）の事例を見ることにしたい。

きのは尾張国愛知郡旗屋の農民の三女として生まれ、八歳にして両親と死別、伯父に育てられて一三歳の時（明和五年）、名古屋城下の医師の家に奉公、二三歳の頃いったん結婚したものの不調に終わり、尾張藩の重職石河《いしこ》家の隠居に奉公した。きのはこの隠居に親のように仕え、深く信頼されたと言う。一六年の長きにわたって勤め、その間藩士たちにも知られるようになった。

隠居の死とともに寛政七（一七九五）年、四〇歳で郷里に帰り、生家を買い戻して農業を営んだが、初老からの農業、しかも独り暮らしの頼りなさはひとしおであったろう。享和二（一八〇二）年八月、四七歳の時に突然神がかり状態に陥った。宿った神は金毘羅大権現で、以来きのは一尊如来と呼ばれ、自宅を始め招かれた各処で説法を続けることになる。この説法は五名の尾張藩士のグループが筆録し、それが「お経様」として遺された。

信徒は尾張から信濃、遠江、美濃、伊勢に及んだが、特に尾張藩士の入信が多く、文政三（一八二〇）年には藩庁の取り調べを受けている。二二年間の説法ののち、文政九年七一歳で没した。

きのにかかった金毘羅は如来の使いである。如来はあまりに尊い神なので、金毘羅を使いとして地上に派遣した。初めに創造された人間は天に上り、あとには魔道が来て、もとになる人間五人を創り、女胎から人間が生まれるようになった。つまりこの世の人間はすべて悪の種を受けている。きのはその罰を一身に引き受ける贖罪者であった。天照大神を身分の賤しいきのに降ることを拒んだものとして批判的に見ているのも、興味ある所である（村上重良『お経様』解説）。

この世は何のために立て置かれたのかときのは問う。この世界のある前は「真玄《まっくろ》くろの泥の海」であった。如来がそれを今の世界に造り直したのは、「この世界をお主たちの修行場とお立て成られて、この娑婆世界でお主たちに仏道修行させせて、今度《このたび》後世を助けとらしたいと思召されてお立置れた、この世界でござるぞや」。

この世が存在するのは修行のためだ、この世は道場だと言うのである。そしてその「仏道」とは「別段の事」ではない。「我より目下の者を目上へあげて取扱ひを致し、不憫をかけ、お主達の腹を立ぬ事を行とし、人を労り可愛がる事を願《ぐわん》としてくれよう」、たったこれだけである。「とにかくお主達はわけへだての心が止まぬが、人を分けへだてをせぬやうにして呉されや」

きのは説法に際して、自分のような女が高い坐に坐るのを言い訳しており、そういう一見取りとめもない柔和な話しぶりに、聴衆は慰めを覚えたのだろう。しかし救済主としての確信は強烈だった。「今の坊主等が読経《よむ》で、後世が助かってたまるものか」、如来が「この女に乗り移り、此女の口より説聞かする事でござれば、此世界に存じたものは一人もござらぬ」。如来はきのの口を通じ、「諸人の可愛ばかりの事」を説き聞かせるのだ。一人も人の子はない、みな吾が子なのだ。

きのは人びとが普遍的な愛によって結合するコミューンを夢見たのであった。大原幽学がそれを夢見たのと同じように、またイエスがそれを説いたように。それが聴く者の心底に届いた。

第四章　開国と攘夷

ペリー来航以来の開国の経緯、攘夷運動の猖獗から天皇政権の成立に至る曲折については、それこそ山をなす著書があり、私の物語が今更それをなぞる必要はあるまい。ただ、当時の幕府の対応については、確認しておかねばならぬことがひとつある。また攘夷の情念についても、著名な人物数人に徴して、その阿呆らしさを確認しておきたい。

加藤祐三はその著書『幕末外交と開国』（二〇〇四年）において、「幕府無能無策説・アメリカ軍事圧力説・極端な不平等条約説」という通説は、明治一〇年代以降、明治政府が張った政治的キャンペーンによるものであり、「歴史の実像と大きくかけ離れていること」を指摘した。

幕府の対応について彼は、「幕府の高い外交能力が特筆されるべきであろう。老中・阿部正弘をはじめ、交渉にあたった林大学頭ほか奉行・与力・同心にいたるまで、交渉相手のペリー一行にたいして格別の偏見も劣等感も抱かず、熟慮し積極的に行動した。外交に不可欠な情報の収集・分析・適用の三拍子を組織的に駆使し、条約に多くの対等性を持たせることができた。」と評価する。

彼は幕府がペリーと結んだ条約が、戦争を伴わぬ「交渉条約」であったことを高く評価する。中国が結ばされた条約はいずれも、アヘン戦争・アロー号戦争の敗戦によるもので、いわば「敗戦条約」である。敗戦条約には「懲罰」としての領土割譲と賠償金を伴うのが、当時の通例だった。もし幕府が攘夷主義者が望んだように開戦したら、日米和親条約は敗戦条約となり、禍根を残したであろう。加藤は「アジア近代史から見れば、和親条約のような『交渉条約』は稀有の事例である」と言う。

それならば、攘夷主義者たちは何を騒ぎ立てたのであろうか。藤田東湖は薩摩藩士有村俊斎（海江田信義）に「抑も彼に軽侮せられて、此国を開くが如ごときは、一国の正気、是時を以て断滅し去れるなり。何ぞ久しく国を保つを得んや。例へば我れ始て子《し》に面するに方《あた》りて、先づ子の面に唾して、今より子と交らんと謂はば、子若し白痴に非ずんば、必ず怒りて我を殺さん。其れ然り。然れば則ち国と国の交通を開くも、亦応《またまさ》に此情理なかるべからず。然るを前日浦賀に於ける一事の如きは、愚と謂はん乎、怯と謂はん乎、我神聖なる国威をして、一朝にして落沈せしむといふも亦可なり」と語った（海江田信義『実歴史伝』）。

なるほど、これは慷慨家の言であろう。しかし、決して思想家の言ではない。ペリーは日本に対して江戸で交渉を求めた。むろん幕府は長崎へ廻れと言う。はい、そうですかと廻ったのでは交渉にもなりはしない。八年前ビッドルの艦隊がおとなしく退去したのは、あくまで打診に過ぎなかったからである。しかしこの度のペリーは、和親条約を結べという明確な大統領訓令を受けている。江戸湾深く進入してみせて、交渉の糸口をつかもうとしたのは、止むを得ぬ示威と評すべきだろう。しかもペリーは自衛のため以外発砲を厳禁する訓令を受けていた。それを相手の面に唾を吐いて云々とか、「我神聖なる国威を落沈せしむる」ものとか、いきり立つのは、深く理に立って思考する習慣のない者の言である。

福地桜痴は言う。「彼理《ペルリ》が横浜の談判を今日より観れば、(一)当時の主権者たる将軍に拝謁するを許されず、(二)内閣大臣たる御老中に直接の談判に渉らず、(三)京城たる江戸に参向する事を拒絶せられ、(四)全権大臣に対する礼遇を得ざる等、許多《あまた》の不都合なる取扱を日本より受たれども、未開の国に接するには文明国の典例を以て規す可からずと云へる変通の道を以て堪へ忍びて遂に条約を結びたるは、始終平和を謀るの目的に出たるや明なり」(『幕府衰亡論』)。思考とはこのような考察のことを言う。

東湖が思索する人でなかった証拠は歴々としている。文政七(一八二四)年、英国の捕鯨船が水戸藩領の海浜に立ち寄り、水や食料を求めた際、東湖の父幽谷は幕吏の扱いが寛大なのに憤激し、一九歳の東湖に行って異人を皆殺しにせよと命じた。東湖は感激して命を奉じたが、父子ともに感動して宴に耽っている間、異人たちは食料を与えられ帰船したという報せが到着、事はそれで止んだ。

一体、異国人とは言え、飲料、食料に窮して上陸した者を、なぜみな殺しにせねばならぬのだろう。そうせねば立たぬ国威とは余程奇天烈なしろものである。大体父の幽谷という人が、古着屋の息子ながら学習能力が高く、史官として斉昭に重用されたが、ただ屁理屈を言うのに巧みで、思想は弟子の会沢正志斎と同じく、日本は世界に冠絶する神国だという「無理屈」の「理屈」を盲信する人物にすぎなかった。

東湖はこの時一九歳だったのだから、その盲動には仕方ないところもあっただろう。しかし彼が『回天詩史』中で、三度死を決した最初の例として誇らし気に回想しているのを見れば、この点、彼には何の思想的成長もなかったらしい。『常陸帯』において彼は書いている。「恥知らずにもみにくい毛唐どもが押し寄せてくるようなことがあれば、砲煙をくぐってまっしぐらに突入し、槍や剣を思うがままに打ちふるい、天狗鼻・かなつぼ眼《まなこ》の連中一人も残さずほどに手ひどい目にあわせたならば、いかに気持がよいことであろうか」（橋川文三訳）。また、「漁民の外国に漂着したものを救助しないというのは不人情のようであるが、国家の安全にはかえがたいから、前もって漁民にも告諭し、外国に漂着したものは死んだものと同然に思わせるべきである」という斉昭の言も肯定している。

何しろ「天地正大ノ気、粋然トシテ神州ニ鍾《あつま》ル」（藤田東湖『正気の歌』）というのだから、外国と交わる必要もないし、特別に「神州」とあがめて来る分はいいが、そうでなければ攘ち払うのは当然だ。そもそも会沢正志斎が『新論』で主張するように、「神州は太陽の出づる所、元気の始まる所にして、天日之嗣、世宸極《よよ》を御し、終古易らず、固より大地の元首にして、万国の綱紀なり。誠によろしく宇内に照臨し、皇化のおよぶ所、遠邇あることなかるべし。しかるに今、西荒の蛮夷、脛足の賤を以て、四海に奔走し、諸国を蹂躙し、眇視跛履、敢へて上国を凌駕せんと欲す」というのである以上、あとは攘夷しかない訳である。身体で言えば日本はその中心、西洋はスネだ、スネだから馳せ廻るのだという認識である。東湖もまたこのような認識を共にしていた。思想家と言うべからざる所以である。

東湖は思考する人ではなかったとしても、しかし熱い情念の持ち主ではあった。当時の諸国の志士で、東湖に会って心服した者が多いのは、その熱情に富んだ率直な人柄によるものだろう。

薩摩藩士の有村俊斎に対して東湖が語った言葉は先に紹介したが、その際彼は自分が交渉の当事者だったら、「対談の席上ペルリの首は必ず余の白刃一閃の下に落ちたらんのみ」と言っている。主従というのはよく似たものだ。安政四（一八五七）年一二月、幕府が川路聖謨と永井尚志の二人を水戸藩主徳川斉昭の許に派し、通商条約調印のやむなきを説かせると、斉昭は激昂してハリスの首を刎ねよと怒鳴った。川路が今後の計らいに思し召しはないかと問うと、勝手にせよ、わしゃ知らぬと言う。老巧な川路はかくして斉昭の言質を取った。

ペリーやハリスの首をどうするこうするなど、一国の責任ある政治家が言うことではない。しかし東湖は、そうすれば全国に「正気」充ち外患何ぞ怖るるに足らんと語る。これと同じような、攘夷戦争さえ起こせば全国民が奮起するといった議論は、全国の尊攘派志士の窮極的な論拠だった。その空論たることは、やがて歴史が実証する。

しかし、俊斎が描き出す東湖の人物像は、この人の熱誠と至醇を示して感ずるに足るものがある。彼は俊斎に偽君子たるなかれと説いた。君子を粧えば、小人の圍繞するところとなるというのだ。俊斎は東湖に会いたくて毎日のように訪ねた。しかし東湖は忙しくて、会えぬこと三日に及んだ。

四日目に訪うと、東湖は今日も多忙で談論する暇がない、「冀くば瞬時を偸んで一面せん」とて、東湖は階上、俊斎は階下に在って顔を合わせた。東湖曰く「子が面色益々勇壮なり、余の顔容果して如何」。俊斎が「先生もまた然り」と答えると、東湖は「満足なり。国家のための相賀すべし。然らば今日は茲に別れん」と言って部屋に引き取った。これしきのことと思う人もあるかも知れぬが、俊斎は深く感動したのである。

橋本左内は十代にして己れに「稚心を去れ」と言い聞かせた人であった。東湖は成人しても稚心去らず、それを人に隠そうともしなかった。弟子が言っている。「酔ふと腕角力、枕引き、のちには長押《なげし》へ両手をかけ足を縮めて長押渡りをする」(高瀬真卿『水戸史談』以下同じ)

また別な弟子が言っている。「先生はよく戯言を言ふ人で、一日馬鹿な話しばかりして真似目の事を言わぬ事がある。一体少しも取飾りのない人で、ある日酒を飲んで坐敷で角力を取り初めた。

茶縞の木綿の綿入れに、黒い小倉の帯を〆て、尻を引からげ、サア来いサア来いと言いながら、大手をひろげて坐敷中を跳廻る。塾生等二、三人相手になってバタクサと騒ぎ立てる。と御隠居様（先生の母親）が聞きつけ、虎之介〳〵お前また初めたね、然う騒いでは畳が切れて仕様ありませんと小言を言いながら出かけて来る。と先生坐敷へベタリと坐って両手を突いて、モウこれ切り致しませんと言うて、お辞儀をする塩梅は全《まる》で十二、三才の子供の様な具合」。

かと思うと、人心をつかむ老獪さもあった。久木直二郎の言うところでは、東湖を訪ねると、「お前は一昨日、遠山と金子が喧嘩したのを見ていたというが、その通りか」と訊く。見ていたばかりではなく仲裁もしましたと答えると、「とんだベラ棒だ。喧嘩になりそうな様子が見えたら、早く外した方がよい」云々と罵るから、馬鹿と言われてはこちらにも了簡があると言うと、「ほう面白い、武士に了簡があると言うのはおれを斬ると言う事だろう」と刀を引きつけ柄に手を掛ける。「サア来い久木、それ抜け」「いや先生から」と睨み合っているのを、塾生たちが障子の陰から笑って見ている。

すると東湖は刀を投げ出し、「切り合いをすれば一人は斃れる。それでは不忠だ。果し合いはやめた。代りに絶交する」と言う。「よろしゅうございます」とすぐ立って、台所で下駄をはこうとするが、暗いのでどれが自分のだか分からない。やっと探り当てて「門の潜《くぐ》りを出やうとすると、先生いつの間にか小門の陰に立て居て、後から羽交締めにグット抱しめられたから吃驚すると、どうだ降参したか、サアどうだ働けまい、どうだと言われたが、大力に〆られて一句も出ない。先づ先づ絶交もやめにしやう、また遊びに来るがよいと言って、己れを門の外へ押出して仕舞った」。これは老獪というだけでなく、やはり一種のいたずらっ気の匂う話だろう。東湖は色黒で目の大きい偉丈夫だったという。

東湖と対立した諸生党の領袖結城寅寿は、斉昭が弘化元（一八四四）年幕閣より致仕謹慎を申しつけられた時、斉昭の不利を計ったとされ、斉昭が復権した嘉永六（一八五三）年幽閉されたが、松平春嶽の記すところでは、もともと小姓として近侍中、斉昭と男色関係にあったという（松平春嶽『逸事史補』）。寅寿は東湖がいるうちは自分は殺されぬだろうと語っていた。安政二（一八五五）年、東湖は地震で圧死し、翌年寅寿は殺された。命を受けて彼を処刑したのは久木直二郎である。

山川菊栄は彰考館（『大日本史』編纂所）の総裁を勤めた青山延寿の孫で、『幕末の水戸藩』『武家の女性』等で、幕末の水戸の政情、人情について生彩ある叙述を残したが、彼女の母から聞いたところでは、幕末の水戸侍の気の荒さと言ったらなく、街中刀傷を受けた犬だらけだったという。

中でも三の町の二百石取り「佐野さま」の息子竹之介は、「暴れ者で犬など斬ってこまった人であった」と言われる。不屈の気象は一二、三歳の頃からで、東照宮の祭礼の日、神輿が通るというので、下っ端役人が「下に居ろ、下に居ろ」と制するのに、突立ったままでいるので、役人は目の前に来て「下に居ろ」と一喝したところ、竹之介はいきなり脇差しを抜いて斬りつけた。回りが驚いて取り鎮め、役人は小手を斬られたというのに、表向きにもならずに済んだ。そのあと不明《あかず》の門を乗り越えたというので、閉門の処分を受けたが、とにかく「尋常の者」ではなかったと、のちのちまで取り沙汰された。

佐野竹之介は安政四（一八五七）年、江戸の藩邸で獅子舞に託して御用部屋のお膳や障子を踏み破った。しかしこの男、山川菊栄によれば、「大きな五体に物すごく長い大刀を横たえて大道狭しと濶歩していたものの、剣は力任せにふりまわす一方で技は未熟、真剣勝負なら助からない男」といわれていた。ある時、また獅子を冠って暴れてやろうと御用部屋へ来たところ、「久木直二郎剣を按じ、目いからせ候故、どふにつき候ことも相成らず帰り候由」と、菊栄の母の叔父青山延光の手紙にある。久木は北辰一刀流免許皆伝の達人であった。

竹之介は吉原帰りの仲間とともに、深夜小石川の藩邸に押入り、処罰されたこともあった。だが、安政六年八月二七日、安政の大獄の一環として、徳川斉昭に永蟄居、慶篤に差控の幕命が届けられた時、この乱暴者は面目を発揮した。その日の夜、小石川の藩邸に幕使が到着したのを、竹之介ら三十数名が遮って、どういう趣旨か聞かぬうちはこの門は通さぬと言い張った。目付方の役人が何か言うと、竹之介が怒って鉄扇で撲りつける。上使も事を荒立てたら大変というので、そんなに心配なら一同、重役に申しつけるところを傍聴するとよかろうということになり、一同ぞろぞろ上って、上使の通告を聞いた。この間彼らは失礼千万な雑言を吐き散らしたが、上使は隠忍して逆らわなかった。上意が禁慎というのでまずまず収まったので、もしもっと重罰だったら血の雨が降りかねなかった。一方幕府も万一の事があれば兵を出す用意をしていたという。

佐野竹之介は安政七（一八六〇）年三月三日、桜田門外の変で井伊大老を襲った一八人の中にいた。十分に戦って斬死したのである。彼は何に促されて乱暴者の短い一生を終えたのであろうか。この源も行方も知れぬ深い鬱屈の発作には、当人自身判じようのない魂の疼きがあったことだろう。しかし、命の棄て所は乱暴者としては上乗《じょうじょう》だった。テロルは望ましいことでは決してないが、やるとすればこの様にやり遂げねばならない。

襲撃に参加した水戸藩士の中にただ一人生き残りがいて、名を海後磋礒之介と言う。維新後水戸警察署に勤めた。同じ署の先輩として海後を知っていた佐藤庄三郎は、次のように海後のことを山川菊栄に語っている。

「まことにおちついた、口数の少い、いい人でした。志士上りというか志士くずれというか、維新のころいくらかやったという人には、自分一人でご一新をやったような手柄顔をして、大酒のんでいばるのが多くて嫌われたものですが、海後さんは別でした。とてもあんな事件をやった人とは思えない、そんなことを知らない人もあったくらい、静かなおちついた人でした。事件にかかる前のいろいろの申合せは一切口外しないという固い約束で、私一人生き残ってしゃべっては約束を破るようで申しわけないから、と固い人で、古い話なのに手柄話などは一向しなかったものです」。

海後は警察をやめたあとは、その前で代書人をやっていたという。毀誉褒貶する者はあり、それは耳にも入ったであろうが、一切を無視した。本当はこういう人こそ、何を考えていたのか知りたい人なのである。明治という大河の底には、こういう物言わぬ小石がいくつも転がっている。

藤田東湖と来れば吉田松陰について触れぬ訳には行くまい。気の重いことだ。無論この人は戦前、大和魂、あるいは忠良な臣民の典型とされ、戦後は戦後で草莽崛起《そうもうくっき》の提唱者として讃美する人が絶えない。だが私はこの人について、思想家としては納得の行かぬ人だという思いを禁じがたい。第一、彼の教え子から大日本帝国の高官を輩出したこと自体を何と見るか。教え子たちが何者になったかということは、教えた者が何者であったかを示さずにはいない。思想家はそこにはいない。いるのは東湖と同様、一箇のイデオローグである。

私はまず彼の下田踏海の一件が納得しがたい。彼は未知の文明に学ぼうとして米艦に投じたのではない。一個の兵学者として虜情を究めたかったのである。スパイとして敵国に潜入するのだと、彼自身も彼にこの挙を奨めた佐久間象山も認めている。しからば、ペリー艦隊に投じて米国へ渡ったとして、何がスパイできるのか。兵学者として、軍備のあり様、兵器の構造を知りたいのか。そんなものは日本に居ても調べられることであった。砲術の大家高嶋秋帆が居たし、高野長英は兵術書『三兵答古知機《ダククチーキ》』を訳していた。ペリー初来航の時、米艦に搭乗した幕吏は、これはペクサン砲だなと即座に指摘して、米人を驚かせた。

アメリカへ行って省庁にでも潜りこもうというのか。そんなことが夢物語であるのは小児にもわかることだ。できるのは、その後の日本人たちがしたように、皿洗いしながら学校へ通うくらいだろう。それがスパイをしたことになるのか。アメリカへスパイしに行くなど全くのナンセンスである。

この人はそういうことを筋道立って考えようとしない。そして行動に出る。もしこの人が思想家であるのなら驚くべきことである。同じようなことは晩年の間部《まなべ》詮勝《あきかつ》邀撃未遂事件についても言える。なぜあの時期、特に相手を間部に選んで暗殺すべきなのか。テロルは対象と時機が適切であればこそ、政治的あるいは思想的意義を獲得する。井伊大老暗殺がその好例である。しかしあの時機、なぜ間部を選ぶのか、松陰は思考したあとがない。そもそもこの人は、理を詰めて行く思考が苦手だったのではないか。

すると残るのは情念であり情動である。たとえ一人となっても事を行うという主体性の情念である。それが草奔崛起なのであろうが、「ナポレオンを起してフレーヘードを唱えねば腹悶《ふくもん》医《いや》し難し」と言っても、フレーヘード（自由）の正体など、彼は思考したこともなかった。同じような激情は、どんな暴君であろうが、忠を尽してみな殺されるまでだという言表にもなる。思想などありはしないのである。

しかしこの人は、悕に見る美しい人格の持ち主であった。獄中に在って、同房の囚人たちを感悟せしめたことを採っても、婦人や被差別民に熱い思いを寄せたことを採っても、また教え子たちを感奮させたことを採っても、ざらにある話ではない。結局は東湖と同じように、抱懐した「思想」には一片の感心すべきものはないが、人格の流露において忘れられぬ人なのである。

高杉晋作というのもよくわからぬ人物である。人物像ではない。その点は一種の詩人的気質と読めば腑に落ちないでもない。わからぬのはその攘夷論である。彼は文久二（一八六二）年、幕府が派遣した船に同乗させてもらって、上海を訪れた。その日録に次のようにある。

「支那人は尽《ことごと》く外国人の使役と為れり。英・法の人街市を歩行すれば、清人皆傍に避けて道を譲る。実に上海の地は支那に属すると雖も、英仏の属地と謂ふも又可なり。…我邦の人と雖も、心を須《もち》ひざるべけんや。支那の事のみに非ざるなり」。

だから攘夷せねばならぬというのだろうか。この旅から帰ったあと江戸へ行き、品川の妓楼に志道聞多（井上馨）、久坂玄瑞らと泊まりこんで、神奈川の金沢に遊びに来るという外国公使を襲撃しようと企んだ。公使を殺せば外国と幕府が戦端を開くだろうというのだ。この計画がお流れになると、一二月一二日、久坂、志道、伊藤俊輔（博文）らと、品川御殿山に建設中の英国大使館を焼打ちした。これもおなじ狙いである。

むろんこの件で、英国が幕府に宣戦するはずはなかった。それにしても執拗に外国と事を構えようとしたのは、攘夷戦争を戦い抜くことによってわが国の独立を保とうという理屈だろう。これは二重に誤った狂信だった。上海が英仏の属地のようになっているのは、攘夷戦争を行わなかったからではない。それをやって敗北した結果なのである。また、攘夷戦争を戦い抜くなどと言っても、それが空辞であるのは、四国艦隊馬関来攻の結果で明らかである。つまり、晋作には現実が全く理解できていなかったのだ。

翌文久三年、長州藩は京都を制圧して、遂に朝廷に五月一〇日を期限とする攘夷令を発令せしめ、同日長州の軍船は米船を砲撃、続いて仏船蘭船にも砲撃を加えるに至った。晋作にとっては満願成就のはずである。ところが驚くべきことに、翌元治元年、四国艦隊に来襲されるや、砲台を占拠されただけで長州藩は降を乞うた。この間僅か十日。戦闘は三日間にすぎなかった。何が存亡を賭けた攘夷戦であろうか。清国はアヘン、アロー号両戦争において、もっと死力を尽くして戦っている。そもそも前年、外国船を砲撃した時から、外国勢が連合して来攻するのは覚悟の上だったはずである。そんなことは考えていませんでしたというのは小児である。すでに前年、鹿児島戦争も起こっていたではないか。

降を乞うただけではない。これをきっかけに外国と通商関係に入ろうとさえした。それなら何のための外国船砲撃、馬関海峡封鎖か。事ここに至ると、筋が通らぬ点で、小児より狂人に近くなる。しかも講和交渉の使者に立ったのは、家老の名を騙《かた》らせられた晋作であった。英外交官アーネスト・サトウはルシファー（堕天使）のように傲然としていたと言うが、晋作さん、おツムの中はどうなっているのと言いたい。

晋作のために弁じたい人は、ここで奇兵隊を持ち出すだろう。私は奇兵隊をもって、庶民の権利獲得、あるいは解放の一歩などとは考えない。それは明治新政府の国民皆兵制をそう思わないのと同断である。幕府軍が攻めて来たからといって、なぜ百姓が銃を執らねばならぬか。百姓には関係のないことである。それを関係あらしめようとしたのが奇兵隊である。

史家の中には、民衆が天下国家のことに関与するのをよろこぶ人がいる。そうであるべきだと言う。慶応二（一八六六）年、岩代国の信夫・伊達両郡に起きた百姓一揆の指導者菅野八郎は、百姓には珍しくペリー来航以来の時勢を憂える攘夷派であった。家康が夢に出て来て海防策を授けたなどと言っている。だが、八郎のような政治的関心は、彼の実存たる百姓の自覚を示すものではなく、そのような自覚からそれて、床屋政談のレベルの国家意識に囚われたものと言うしかない。床屋政談に興奮して奇兵隊に入ったとしても、何が百姓の解放であろうか。

史家のうちにはまた、尊攘の情念のうちに、西洋の侵略主義に対する健全なナショナリズムを見出そうという人がいる。だが、一八五〇年代から六〇年代にかけて、日本が西洋の植民地主義の侵略対象となる危険はなかった。侵略の先端に立って来た英国はこの時期、小英国主義の最盛期で、オールコックもパークスも日本の国内政争への不干渉を訓令されていた。事実、薩英戦争にせよ、馬関戦争にせよ、敗者が領地を割譲することはなかったのである。以上は日本史学者の石井孝が説いて、今日では定説となっている。

晋作は度々頭を丸めて世から逃れようとした人で、この点いささか西郷に似ていて私の好感を誘う。私は確信するが、この人は若死しなかったとしても、明治の大官にはなれなかっただろう。また、なろうともしなかったのではあるまいか。ただその一生が、知見の足りぬ、いや思考の足りぬ攘夷主義を抜けなかったとしか言えぬのが残念だ。

開国問題について、早くから理に適った考えを示していたのは筒井政憲である。彼は文政四（一八二一）年から約二〇年間南町奉行を勤め、水野忠邦と合わず罷免されたが、阿部正弘が老中首座に着くと、海防係の中心として重用され、交易拒否論を「紙上の空論にして国家を思はざるの私議」と批判した。

彼の面目は長崎でのプチャーチン艦隊応接の際発揮された。プチャーチンの顧問役にして著名な作家ゴンチャロフは、一見この老人に魅せられてしまった。彼は「始終微笑を浮かべて懐かしげに私達を見やっていた」。そしてこう口を開いた。「私たちは数百里の彼方《かなた》から参りました。貴殿方は幾千里も越えてお出になった。これまでお目にかかったこともなかったのに、こうして一緒に食事しております。不思議で愉快なことではありませんか」。ロシア人たちは感動した。

安政四（一八五七）年、オランダと通商条約を結ぶと、筒井は商人同士の取引きによる自由貿易論を唱えた。石井孝は「管見のかぎり、幕吏の自由貿易論としては最初のものである。七九歳という高齢の筒井が、よくこのような論を展開しているのは驚異である」と評している。しかし、開かれた心と理性的に思考する習慣があれば、遅かれ早かれ、誰しも筒井のように考えるほうが自然である。ぎりぎりまで攘夷を叫び立てていた連中の方が、異常なイデオロギーに頭脳を収奪されていたのだ。

第五章　異国経験

鎖国期、海外に渡った日本人は、間宮林蔵が調査のため黒龍江下流域に渡ったのを除けば、漂流民だけである。

漂流民は早くから発生している。一六八五（貞享二）年三月、マカオ近くの小島に漂着した伊勢の商船は一例である。漂流民はその年のうちにポルトガル船で長崎へ送還された。幕府がポルトガル船来航を禁じてから、すでに四〇年以上経っていたが、マカオ政庁は漂流民送還を好機として、貿易の再開を狙ったのである。むろん甲斐はなかった。

鎖国期漂流が多発したのは、当時使用されていた弁才《べざい》船が沿岸航行用に作られ、外洋航行には全く不向きだったからである。弁才船は沿岸航行では優秀だった。一七九二年にラックスマンが根室に来航した時、エカチェリーナ号は根室から琸瑶瑁《ごようまい》海峡を抜けるのに、逆風と濃霧のせいで二週間もかかった。一方、案内の弁才船禎祥丸は楽々と一日で抜けているのだ。

弁才船が外洋航行を考慮せぬ構造であったのは、むろん幕府の海外渡航禁止、五百石以上の大船建造禁止のためである。当時の航海は常に陸地を視認する沿岸航行で、港々で泊まりを重ねる。川を溯らねばならぬから、船尾の大型の舵は引き上げる構造になっている。暴風雨に巻きこまれると、まずこの舵がやられた。あとは方向を喪い、黒潮に乗って漂流するしかない。弁才船は船体は強固だったから長期の漂流となる。

アメリカの捕鯨船は一九世紀に入ると太平洋へ出、一八三〇年代から五〇年代にかけて最盛期を迎え、当然日本近海にも現れる。日本人漂流船がアメリカ捕鯨船に救助される例も増えた。

一八四五（弘化二）年三月、クーパー船長のマンハッタン号は小笠原諸島をあとにして、鳥島に海亀を取ろうと上陸し、同島に漂着していた阿波国の船員一一名を救助し、その翌朝、今度は沈みかかった銚子船千寿丸と出会い、一一人の船員を収容した。クーパーは併せて二二名の日本人を送還するため、直ちに浦賀へ向かったのである。漂流民は長崎で受け取る建前であったが、奉行土岐頼旨の強い進言と老中阿部正弘の決断で、漂流民たちは感謝とともに引き取られた。

従来、帰国した漂流民は犯罪者のように取り調べられ、帰郷しても監視下に置かれたと言われて来たが、実情を見るとあながちそういったものでもない。例えば、帰国後江戸薬草園に監禁されたと言われる大黒屋光太夫は、大槻玄沢の芝蘭堂で開かれたオランダ正月に出席し、絵にまで描かれている。自由に外出していたのである。文化一三（一八一六）年、ロシア船で帰国した尾張国の重吉は、持ち帰った外国の品物を展観して廻り、漂流談も語った。嘉永七（一八五四）年、長崎の幕吏は「元来漂流のことゆえ、どこへ行こうがお咎めがあろうはずはない」と言っている。

土佐国中浜村の万次郎は幼い時父を失い、母、兄との三人暮らしだったが、天保一二（一八四一）年一月五日、漁船に乗って出航した。同乗したのは船頭筆之丞、その弟の重助と五右衛門、他に寅右衛門。万次郎は一四歳だった。出航して三日目に暴風に襲われ、一月一三日小島に流れ着いた。八丈島より遥か南の鳥島である。この島に漂着した日本人は多数あって、記録上の初例は一六八一年である。随所に人の暮らした跡があった。この島には阿呆鳥が巣を作っていて、それを喰って命をつないだ。アメリカの捕鯨船ハウランド号に救助されたのは天保一二年五月九日、五カ月弱の在島だった。

ハウランド号は米国マサチューセッツのニューベッドフォード港を母港とし、船長はウィリアム・H・ホイットフィールド。ニューベッドフォードは当時アメリカ捕鯨業の代表的な基地のひとつだった。

この年（西暦）の一一月、ホノルルに寄港、万次郎だけ残って航海を続けたハウランド号は一八四三年五月になってニューベッドフォードに帰港した。ホイットフィールド船長の家は対岸のフェアヘイヴンにある。万次郎は結婚した船長の新所帯から学校へ通った。後日ボーディッチの『航海学』を翻訳した学力はこの時養われたのだろう。夫妻の間に生まれた初児はウィリアムと言って、万次郎はただならずこの子を愛した。

一八四六年五月、万次郎はまた捕鯨船フランクリン号に乗って航海に出た。喜望峰を廻ってインド洋、インドネシアから北上して、沖縄の小島にも上陸した。しかし、言葉が通じない。さらに小笠原諸島、むかし漂着した鳥島を経て、日本漁船の一団と出会った。仙台の船らしい。だがこれも言葉が通じない。日本を望見しながら帰国のすべもなく、一八四七年一〇月オアフ島に着いた。

ハワイに残った仲間四人のうち、重助は病死、寅右衛門は大工になっていた。船長の筆之丞は伝蔵と改名し、弟の五右衛門と日本へ帰るべく捕鯨船に乗り組んで出発したという。しかしその二人はやがてハワイへ帰って来た。北海道の根室に上陸したが住民が逃げ去り、なすことなく船へ戻ったという。万次郎はフランクリン号ですぐ出航した。

ところが翌一八四八年、デイヴィス船長が狂気に陥り、マニラで新船長を選んだ。エイキン航海士と万次郎が同点。万次郎は船長をエイキンに譲って航海士となった。グアム島で他の船からウィリアムが死んだと聞かされた。この子への土産にしようと、オウムを買って言葉を仕込んでいた彼の悲しみは深かった。

万次郎がフェアヘイヴンのホイットフィールド家に帰着したのは一八四九年九月だった。船長は自分の姪と結婚するように万次郎にすすめた。養子にしようと言うのだ。しかし、帰国するつもりの万次郎はその気にはなれなかった。でもこの女性に惹かれる気持ちはあって、後日薩摩での取調べの際、オアフ島から「細々ト文ヲシタタメ置キ、恋シノ情ヲ尽シ」たと回顧している。それにしても、ホイットフィールド船長の万次郎への愛情には驚かされる。万次郎の人柄もあろうが、この頃のアメリカ人には本当に心の広い、愛情に溢れた人物が多々いたようなのだ。

一八四九年はカリフォルニア州のゴールド・ラッシュの年である。万次郎は帰国資金を稼ぐつもりでカリフォルニアへ行き、一八五〇年五月に着いて、またたくうちに六百ドル溜ってしまった。ハワイ行きの船に乗り、着いたのは同年一〇月。早速、昔の仲間三人を呼び寄せて相談した。

万次郎は沖縄へ上陸するつもりでいる。入国のゴタゴタが少ないと読んだ。それもアメリカ船で入港するより、ボートを仕立ててそれで上陸するがよい。金鉱石を掘って得た金で捕鯨用のキャッチャー・ボートを買って、アドヴェンチャー号と名づけた。

サラ・ボイド号という上海行きの船にボートを積み込んで、出航したのは一八五〇年一二月。寅右衛門はこの地に居付いて一生を終わるというので、伝蔵と五右衛門が同行した。出発に当たって万次郎はホイットフィールドに、子供から大人になるまで育てて下さったのに「御挨拶もせず唐突に帰国するなど、決して許される行為ではないと思いますが」云々と詫びの手紙を書いている。この時彼は二四歳になっていた。

翌一八五一年二月三日、沖縄本島沖に到着。船長は乗組員一五人のうち三人も下船されてはこたえる、上海まで来てくれと言う。だが万次郎らの熱意に遂に負けた。三人はボートに乗って上陸した。ところは摩文仁間切だった。沖縄には六カ月いて、あと鹿児島へ送られた。

島津斉彬は藩主になったばかりだったが、万次郎を親しく引見して西洋事情を聞き、スクーナー型帆船の模型を作らせた。鹿児島に居たのはひと月半。長崎に移され、ここで定例の取調べを受けた。約ひと月の取調べ中、万次郎は「アメリカの首長は学識・能力に応じて四年ごとに選ばれる。首長の生活は簡素で、馬に乗り一人だけ家来を連れて行く。役人も町人も外見で見分けはつかない。偉い役人が通っても土下座などしない。身分の低い者も役人になれる」などと述べたと言われる。

取調べは穏やかで、翌嘉永五（一八五二）年七月には土佐入国、一〇月五日中浜へ帰って母と再会した。土佐藩は万次郎を士分に採用し、藩校の講師に任じた。後年明治天皇の侍補として名をなした佐佐木高行は、このとき若き土佐藩士で、万次郎の持参した世界図を見て、「他国ハ大ニテ、日本ハ小ナリ、是ハ万次郎……彼国に左袒シテ斯《カ》かる図ヲ偽作シタルモノト」仲間と語り合った（「保古飛呂比」第一巻）。

嘉永六年六月には幕府より呼び出しがあり、八月末出府して江川英龍（坦庵）邸に入った。坦庵は世襲の伊豆韮山代官で、ペリー来航時海防係となり、品川沖台場の建設や韮山の反射炉築造に携わった男である。万次郎の呼び寄せを提議したのも坦庵であり、万次郎は彼の手付ということで、二〇俵二人扶持を戴く幕臣となった。ペリー第一次来航直後のことである。

翌年のペリー第二次来航の際、幕府は万次郎という強力な通訳を持っていた訳である。しかし彼は遂に用いられなかった。水戸斉昭は阿部老中に「元来墨夷（アメリカ人）にて、中万（万次郎）が幼年を見込み別に恩を着せ、筆算仕込候は、計画これなきともありがたし。中万も一命を救われ候上、幼年より二十歳までの恩義これあり候ては、墨夷の不為の成候事は決して好み申すまじく」云々と書き送った。斉昭は当時有識者を以て遇せられたが、その「識見」の笑うべき歪みをホイットフィールド船長の広闊な善意と対照すれば、溜息を抑えがたい。

万次郎に与えられた重要な仕事は、当時船乗りの必携書と言われたボーディッチ『航海学』の翻訳で、安政四（一八五七）年六月に完成したが、このため彼の髪は三〇歳にして白髪を交えたと言う。安政六年には『英米対話捷径』を出版し、安政四年には軍艦教授所の教授となった。これこそ彼の適所であったろうに、万延元（一八六〇）年八月、横浜碇泊中の米船を訪問したというので免職になった。しかしその間、咸臨丸の訪米に同行した。

咸臨丸に同乗し、荒れる太平洋を乗り切る上で実際上指揮をとったブルックス大尉は日記中、「艦長（勝海舟）船酔い、提督（木村嘉毅）自室引籠り」と連日記す一方、万次郎の働きを称讃している。士官たちは当番に立つ習慣もなく、艦内の秩序が確立したのはやっと航海の終わり頃だったが、万次郎の寄与は大きかった。

万次郎はまた、日本に捕鯨業を根づかせようと努めた。勘定奉行川路聖謨のあと押しもあって、安政四年一一月、安政五年三月と二度箱館へ赴いたが、結局ものにならなかった。しかし文久三

（一八六三）年になって、幕命により一番丸に乗って小笠原父島へ行き、実際に捕鯨を行った。漁獲は抹香鯨二頭。短期間にしては上乗である。しかし捕鯨を日本に根づかせる野望は挫折した。一八五九年、ペンシルヴァニアで石油が見つかり、捕鯨業は衰退に向かうことになる。

その後万次郎は土佐へ帰って開成館に出仕、帆船を仕入れるために二度上海へ行っている。だが、それが折角アメリカで文明の何たるかを知って来た彼のなすべき事業だったのか。明治二年、新政府より開成学校教授を仰せつかり、翌三年には普仏戦争視察団の通訳として、アメリカを経て渡欧。しかし、ロンドンで足の潰瘍が悪化して帰国した。アメリカではホイットフィールド夫妻と感激の再会を果たしている。

その後万次郎は明治三一年脳溢血で死亡（七一歳）するまで、ずっと隠棲して世の表に立たなかった。彼は安政元年、剣道師範団野源之進の娘鉄と結婚し、三児を得たが、鉄は文久三年ハシカで死んだ。明治四年に脳卒中に見舞われたことも、その後の隠棲と関係があろう。明治二一年に彼を訪ねた米人は、英語も話せないくらい年取っていたと書いている。英語の方は、すでに咸臨丸が帰途ホノルルへ寄港した時、ホイットフィールド宛に書いた手紙は、「スペルは間違いだらけ、固有名詞は大文字から書き始めることすら忘れていた」と言う（ワリナー『新・ジョン万次郎伝』）。

しかし万次郎は、隠棲後もよく食事に出かけた。その折は必ず食べ残しを包ませる。江戸っ子がケチとして恥じるところだが、実はこれを全部乞食に施していた。乞食の親分が盆暮に挨拶に来たという。アメリカで学んだ「一躰彼国にては自他の区別なく、用向きこれあり候へば、平民の身分にても統領へ直接直文通もあいなり、官位昇進など申す事欲せざる様にござ候」という万民平等の感覚は身についていたのだ。長男東一郎は著名な医師となった。東一郎夫妻とその子に囲まれた老爺の彼の写真を見ると、穏やかな晩年だったことが知れる。

しかし、それはただ穏やかというだけのものではなかった。明治二一年頃、新聞記者をしていた尾崎行雄は、品川沖で一人釣りをしている老人を見た。近づいてみると万次郎なので、尾崎は「近頃の明治政府をどう思うか」と問うたが、万次郎は釣り糸を垂れたまま一言も答えなかった。

同じことが徳富蘇峰にもあった。「予は曽て明治二十六年の三月、熱海に痾《やまい》を養うの際、同一の旅館に中浜万次郎翁あるを知り、倶に小舟にて初島に遊びたるを記憶する。予は此の歴史中の人物に活ける史料を摑まんと欲し、百方之を叩いたが、何の手応えもなかった」（徳富蘇峰『人物景観』）。この沈黙の語ることこそ、今日のわれわれの知らんと欲するところであるのは言うまでもない。

ジョセフ・ヒコの名で知られる彦太郎は、天保八（一八三七）年播磨国の古宮に生まれた。ジョン万次郎より九歳下である。幼いうちに父は病死、母は隣村浜田の船頭吉右衛門と再婚した。義兄が一人いたが、一六歳の時から船乗りになり、家に帰る度に旅の土産話をするのが羨ましくてならず、自分も兄のようになりたいと母に洩らした。母は今でさえ父さんと兄さんのことを難船しないか心配なのに、心配をふやさないでくれ、家で二人暮せば気楽ではないかと言う。

一四歳の時、従兄の船で琴平の金比羅神社に詣り、足を伸ばして宮島や錦帯橋まで廻った。五六日間の旅であった。帰村すると母は彼を抱いて家へ連れ帰り、ひどく心配で寂しかったから二度と出かけないでくれと言った。彼が村の家々に土産を配っているうち、母が急に倒れたと知らせがあった。急いで帰ると、母は横になって唸りながら吐いている。脳卒中であった。医師を呼んだ甲斐もなく、四日目に息を引き取った。吾子が帰った嬉しさのあまり脳卒中を起こした。哀切な母の愛であった。

その年の秋、彦太郎は継父の船で江戸へ上った。志摩国の熊野に寄港した時、栄力丸という新造船が入港した。船長以下乗組員は近村の者で、彦太郎を可愛いがり、自分達の船が早く出航するから同乗しろと奨める。継父は反対したが、栄力丸の者たちがあまりに奨めるので遂に同意した。あとで米人たちから愛されたことも併せ考えるなら、彦太郎はよほど性質のよい可愛い子だったのだろう。

江戸には三日間しかいなかったが、浅草の観音様さらに奥山、亀戸の天神を見物、芝居も見た。一〇月二〇日帰航の途についたが、継父の船とは入れ替わりになり、継父と会うことも出来なかった。優しい人であったというが、これが最後の別れだったのである。この継父は四年前ビッドル率いる二隻の米船が浦賀に来航した折、丁度在港して警護船に加わったこともあった。

栄力丸は遠江灘を突っ切ろうとした時、暴風雨に遭遇して、五一日の漂流ののち、一二月二一日、米船オークランド号に救助された。救助された栄力丸乗員は一七名だった。

このあとサンフランシスコに着く間、彼らは驚きの連続だった。この船は栄力丸よりずっと大きいのに、乗員は一一人しかいなかった。数本のマストも帆桁も帆も驚きだったが、舵手に手まねで目的地に着くのに何日かかるか訊くと、四二回寝る仕草をした。日本人たちは沿岸航海しか知らぬので、てっきりこの船もどこかの海岸沿いに航行中と思っていた。それがそんなにも長く陸地を見ずに船が走れようとは。しかも船は舵手の言う通りの日数で目的地に着いた。

船長以下のすることもわからなかった。何か機械を持ち出して太陽の方へ向ける。彦太郎たちは陸地を探しているのだと思った。天測ということを知らなかったのである。艦長と航海士はデッキに出て来て、葉巻を吸いながらあちこち歩く。何のため歩くのか分からない。そうやって船の速力を計っているのだと言う者もあり、そんなことで計れる訳がないと言う者もいる。散歩という概念がないのである。

与えられる食事ではバターと肉に困った。バターは臭いし、肉はむろん禁忌である。しかし肉にはやがて慣れた。しかし、豚が殺される光景には度肝を抜かれた。こんな残酷な行為をするのなら、そのうち自分たちも取って喰われるのではないかと思えた。船長がハッチを開いて空気を入れ換えるように命じた時、食料品がふんだんに積み込まれることを知ってやっと安心した。考えてみれば、オークランド号の米人が、自分たちより六名も多い日本人を養ったというのは、感心の至りではないか。

船員が古い洋服をくれた。大きいので裁断して縫い直してくれた。最初は窮屈に感じたが、暖かで仕事をしやすいのがすぐわかった。彦太郎の洋服姿に米人たちは「ヤンキー・ボーイ」と大喜びだった。だが髷《まげ》を切られたのは悲しかった。難船中、命が助かれば捧げますと神さまに誓った髷なのだ。

彦太郎たちは一八五一（嘉永四）年二月サンフランシスコに着き、約一年政府に養われ、五二年三月軍艦セント・メリー号に乗せられて、五月香港に着いた。ペリー艦隊に乗せて日本へ送還すれば、日本を開港させる上で好都合と判断されたのである。香港でペリーの着任を待つ間、親しくなっていた先任伍長のトマス・トロイから、自分はカリフォルニアへ帰って金鉱掘りでもうけるつもりなので同行しないか、日本だって二、三年後には開国するだろうからその時は安全に帰国できようと誘われた。彦太郎は誘いに乗った。再びアメリカの土を踏んだのは一八五二年一二月である。

サンフランシスコで彦太郎は生涯の恩人に出会った。ボルティモアの富豪で当地に銀行を持ち、税関長も勤めるサンダースである。万次郎に対してホイットフィールドがただならぬ愛情を注いだように、この人も彦太郎を愛した。彦太郎は後日訪米した者が米人から「ヒコは元気か」と懐かしがられたという話が示すように、愛すべき少年だったには違いないが、やはり当時の米国人には、心寛く愛情濃やかな人物が多かったのだ。これは明治四年に留学した五人の女子留学生を受け入れた米国人家庭を見ても言えることである。

一八五三年八月、サンダースは彦太郎を連れてボルティモアの本宅へ帰った。ニューヨークからボルティモアまで初めて汽車に乗った。サンダース邸に入って一週間ばかりすると、ワシントンに用があるから一緒に来いと言う。ワシントンではピアス大統領に会い、握手もしてもらった。彦太郎はさっぱり訳が判らなかった。この人は国の首長だと言うが、どうしてこんな簡素な部屋で質素な身なりをしているのか。日本ではずっと下位の役人でも、この人より尊大で立派だ。

ボルティモアでは、サンダースが所用でロシアを訪れた一年間、彼の家に寄遇してカトリック系の学校で学んだ。その間洗礼を受けた。教名ジョセフ・ヒコ。サンダースが帰ると、共にまたサンフランシスコへ行き、ここの学校に入って翌五五年一一月まで在学した。ところが金融恐慌が起こって、サンダースは破産。一八五六年四月、サンダースの紹介でマコンダリーと言う仲買会社に入った。

一八五七年になって、サンダースの知人グウィン上院議員が、ヒコを国務省に雇わせるため、ワシントンに連れ出した。この度ヒコはブキャナン大統領と握手することになった。ヒコは五八年の二月までグウィンの所にいた。この間、ジョーン・M・ブルック大尉、すなわち、のちに咸臨丸に乗りこむことになる人物と知り合った。

国務省就職はうまくいかなかった。もともとグウィンはヒコを見世物のように利用しただけで、ヒコは懐ろ淋しくボルティモアへ舞い戻った。サンダースは「あの政治屋め」と怒り、「ここをわが家と思いなさい」と言ってくれた。丁度程よく、ブルック大尉から自分が指揮する太平洋測量船の書記になれと言って来た。この際そうした方がよいと言うので、五八年六月アメリカの市民権を得、サンフランシスコへ向かった。別れるに当たってサンダースはヒコに、愛情溢れる切々たる手紙を書いている。

ブルック大尉のクーパー号で出航したのは一八五八年九月、方々で測量を行ってハワイに着いたのが一一月、ここで日米通商条約の締結を知ったのが翌五九年二月。七月には三港が開かれる。これで日本へ帰れるのだ。クーパー号が日本に寄港するのはずっと先である。他の船ですぐ日本へ帰りたい。そこへ香港行きのシー・サーペント号が入港した。ブルック大尉の了承を得て同船に乗りこみ、四月香港に着いた。香港から日本へ出る船はないので上海まで行くと、米艦ミシシッピーがハリス公使とドール領事を乗せて日本へ行く所だと言う。在日領事のハリスは公使に新任されていた。

ヒコはミシシッピーに乗艦し、五九年六月長崎に入った。艦長からは日本人とは話をするなと命じられていたが、地元民との間にトラブルが起こり、ヒコが通訳しなければならなかった。役人はアメリカ人と思った男が急に日本語を話し出したので、棒立ちになり「いったい君は何者だ」と訊ねる。そんな一幕もあって神奈川に到着、ハリスは奉行にヒコを米国人として扱うように要求した。ヒコは江戸麻布の善福寺に設けられた米国公使館の通訳に任命された。だがこの仕事は半年ばかりで辞め、商売を始めた。その商売もうまくいかず、日本当局から暗殺の危険をしばしば注意されたこともあって、一八六一年一〇月にはアメリカに三度目の渡航をした。横浜の米国海軍倉庫の管理官の地位を手に入れようとしたのである。

アメリカは南北戦争が始まったばかりで、南軍の将軍と間違われて留置される騒ぎもあった。リンカーン大統領とも会見した。これで三人の大統領と握手したことになる。倉庫管理官の地位は手に入らず、領事館通訳官に任命された。これでは前と同じことだ。帰国して一八六二年一〇月就任、翌六三年九月には辞任した。しかし領事館と縁が切れた訳ではなく、四国艦隊下関砲撃の時は、米艦ワイオミングに乗って観戦している。

一八六四（元治元）年六月、木版新聞『海外新聞』を発行し始めた。ヒコは日本文は書けないので、彼の口述を本間潜蔵と岸田吟香が文章化した。これは最初は手書きですぐ休刊となり、翌六五年に復刊して木版刷りとなり、ヒコが長崎へ行くまで続いた。と言ってもほとんど無料配布で、定期購読者は肥後の荘村省三と柳川の中村祐興二人だった。荘村はこのあと太政官少史となり、後藤新平を書生として家に置いた人である。『海外新聞』の内容は海外情報と輸出入品の相場だった。彼が長崎に移るまで二六号出た。

一八六七年一月、長崎へ移ったのは、本国に帰る友人から残して行く商売を見てくれと頼まれたからだという。長崎ではグラヴァーと組んで、佐賀藩と契約し、高島炭鉱の開発に当たったが、重要なのは木戸準一郎（孝允）、伊藤俊輔（博文）の訪問を受けたことである。二人はヒコの語る米国事情に感銘を受け、長州藩の代理人になるよう依頼したとのことだが、特に伊藤とはこの後親しい関係を続けることになる。

万次郎は帰国後、幕府なり土佐藩なりの御用を勤めたが、それは日本人としての立場からだった。それに比してヒコは、あくまで米国市民権所有者の立場にあった。肥後藩主の弟長岡護美の信任を受け、「竜驤」艦の購入を斡旋したのも、マリア・ルース事件で通訳を勤めたのも、大阪造幣局の設立に関わったのも、約二年間大蔵省に勤務したのも、みなお傭い外国人のような形である。一方商売も茶の輸出やら精米所やら、いろいろとやったが、大した成功も見せていない。郷里に帰っても、ハイカラ振りが嫌われて、ほとんど村八分の有様だったと言う。明治一〇年頃結婚もしたが、その家庭生活振りは伝わっていない。

ヒコは幕府や明治政府に度々献言をしている。文久三（一八六三）年に、彼の故郷の藩主である酒井忠績が老中になった際上書して、交易の利を説いた。有用な品が輸出されて金銀ばかり得ても仕方がないという俗論を丁寧に駁撃している。

慶応元（一八六五年）には『国体草案』を老中の阿部正外に提出。日本で初めての憲法草案である。

これは米国憲法と条目の数も一致するが、第一国司十八大名、第二家内譜代の家々、第三百姓町人（但し財産制限あり）の三つの議会を設け、その評議を将軍・老中に申し入れる、将軍の方で差し戻しても、再び三分の二の議決をもって上呈すれば、将軍も受け入れる仕組みだ。さながら米国の大統領府と上下議会の関係のようだが、将軍と老中が選挙を経た大統領とその政府と同一視されているのが、苦しまぎれとはいえ滑稽である。

明治四年には大蔵大輔井上馨に上書、廃藩置県に反対した。采地はそのまま諸侯に任せ、「合衆国」の国体をとったがよろしいと言う。ただし、それぞれの侯国は小議事院を設けねばならない。首都を京都に戻せとも言っている。これは海防上の懸念からである。開化と言って国風を変ずるのは国家の損害になるし、衣食住の如きも国風がよろしい。ヒコには米国の実情を見て来た人らしく、地方分権へのこだわりがあったらしい。

万次郎は立派な候文が書けるようになり、晩年には英語も忘れがちであった。ヒコは明治二一年東京へ移住し、あと悠々たる暮らしぶりだったらしいが、その姿は次のように伝えられる。「体格の大きい立派な人で、始めから終りまで英語のみで話す。衣食住はすっかり米国風で、洋館に洋服、全く米人であった」。日本文は終生書けなかった。明治三〇年一二月死去、享年六〇歳。国籍は最後までアメリカだった。

わが国人で鎖国以来初めて公に海外渡航したのは、万延元（一八六〇）年、日米修好通商条約批准書交換のため渡米した一行である。正使新見正興、副使村垣範正、監察小栗忠順らは米艦ポーハタン号に乗り組み、同行した咸臨丸には軍艦奉行木村喜毅、艦長勝麟太郎が座乗した。乗員に福沢諭吉がいたのは有名だし、ジョン万次郎もいたことは先述した。

同行者の残した旅行記は多い。中でも副使村垣の『遣米使日記』は米国社会の諸相に対して、幕府役人としての違和感を率直に語って評判が悪い。だがヨーロッパ文明という異文化に初めて接した人間が自文化の基準に照らして違和を覚えるのは当然であって、私は村垣の記録は当人のユーモア好みの気質も預かって、面白さの点では随一だと思う。

彼のユーモアはまずハワイ国王夫妻に会見した際に発揮された。国王が飾帯を斜めにかけ、女王が「両肩をあらはし薄ものを纒ひ乳のほとりをかくし」ているのを見て、「生けるあみだ仏かとうたがふばかり」と諧謔しながら早速狂歌を作った。「御亭主はたすき掛けなりおくさんは大はだぬきて珍客に逢ふ」。

彼はワシントンでも、日本での基準に照らして、国使である自分があまりに簡便に接待されることに不満で、「礼もなく義もなく、ただ親の一字を表すると見て免《ゆ》るし」ながら、狩衣など着ることはなかったとぼやいていて、いかにも旧套を脱しえない頭の持主であるのを示しているが、それだけに却って、当時の日本人にとってアメリカ習俗がいかにおかしく見えたか、率直に示してくれる。

例えば彼は接待の宴会について「およそ懇親を表したる礼と見れば真実も見えけれど」と留保しつつ、「江戸の市店などに鳶人足などいへるものの酒盛りせるはかくもあるべし」と感じた。また男女がダンスに興ずるのを見て、「こま鼠の廻るが如く」滑稽だと思った。これも蒙昧というより、さもありなん感想であろう。福沢もまた「男女が座敷中を飛廻る其様子は、どうにも斯うにも唯可笑くて堪らない」と書いている。国会論議の有様を見て、「一人立て大音声に罵り手真似などして狂人の如し」「国政のやんごとなき評議なれど、例のもも引掛け筒袖にて罵るさま、副統領（議長）の高き所に居る体など、我が日本橋の魚市のさまによく似たり」と言うのも、頑迷というより一個の観察たるを失わない。

一行はみな米人が「夷敵」たるべき日本人に親愛の情を見せるのに感動した。正使新見の従者柳川當清は「惣て此国の人質寛裕にして正直信心にして、他邦の人を見ては嘲けりあなどる事なし。又一見のものにも信実を尽し其気甚だ長し」と感じた。咸臨丸の軍艦奉行木村喜毅も言う。「余熟《つらつら》思ふに、此国の人皆懇篤にして礼譲あり。今度我国との交際を悦び、其傭婦販夫に至るまで、吾舶のはじめて来りしを快とせざるものなく、就中《なかんずく》其官人はつとめて懇切周旋し、毫も我徒に対し軽蔑侮慢の意なきは其国の風俗教化の善を思い知るべきなり」。

目付小栗の従者となった肥後藩の木村鉄太はワシントンで、数百の少年少女があとに従い、代り代り握手を求めるので、「始ハ余ガ独行ヲ侮リ、弄玩スルカト疑」ったが、一度握手した者に試みに手を伸ばすと謝辞するので、これは本気で礼を尽しているのだと判った。「都《すべ》テ児童ニ至ルマデ、他邦ノ人ヲ見テ、嘲弄軽蔑スル模様ヲ見ズ」と彼は記している。

そもそも、パナマでポーハタン号より降りるとき、「航海数十日の間、船中の士官よりマドロスに至る迄、互いに懇交せしに、今更別離の情を堪え難く、米人等涕泣する者多し」と、外国方御用達の佐藤秀長が記している。同様のことは他の者の航海記にも記されており、これも深い印象をとどめたのである。

ペリーの遺族を訪ねた時は感動ひとしおだった。ペリーはすでに一八五八年に死んでいて、「老婆涙ぐみて言葉もなかりけり」と村垣は記す。むろん未亡人のことである。家には二匹の狆がいて、これはペリーが来航時日本から贈られたもので、日本人たちの匂いを嗅ぎ、「よろこび慕う事」限りなかったと柳川が書いている。木村もまた同様のことを言い、「別《わかれ》ニ臨デ尾行門戸ニ見送り、影ノ遠ザカルニ従テ、愈々別ヲ惜シミ従ハント欲ス」と記す。

しかし、一行中最も自覚的な記録を残したのは玉虫左太夫であった。彼は仙台藩士であるが、若くして脱藩して江戸へ出、林塾の学僕となり、学才を認められて塾長となった。やがて堀利熙《としひろ》に親しみ、彼が箱館奉行となるや同行し、蝦夷地を調査して『入北記』を表す。此度の航米は正使新見の従者としてであった。

彼も最初は「男女同乗ニテ門内ヲ縦横ニ出入リス。且高家貴人ト雖モ礼拝スルコトナク、門外数百ノ男女雑還シテ路人ヲ見ル如シ。然ラバ禽獣同様ニシテ、取ルニ足ラズ」などと記していた。しかし、やがて認識は改まった。

「平日モ船将、士官ノ別ナク上下相混ジ、従令《たとい》水夫タリトモ敢テ船将ヲ重ズル風更ニ見ヘズ、船将モ亦威焔ヲ張ラズ、同輩ノ如シ。而シテ情交親密ニシテ、事有レバ各力ヲ尽シテ相救フ、凶事有レバ涙ヲ垂テ悲嘆ス。我国トハ相反スルコトナリ。我国ニテハ礼法厳ニシテ、総主ナドニハ容易ニ拝謁スルヲ得ズ、恰モ鬼神ノ如シ。是ニ準ジテ、少シク位アル者ハ大ニ威儀ヲ張り下ヲ蔑視シ、情交却テ薄ク、凶事アリト雖ドモ悲嘆ノ色ヲ見ズ、如此《かくのごとく》ニテハ、万一緩急ノ節ニ至リ誰カ力ヲ尽スベキヤ」。

米国水夫が死んで水葬に付したことがあった。村垣はこれを見て、「水夫如きものにもコモトールまで出て送りし」は、「彼は礼儀もなく上下の別もなく唯真実を表して治むる国なればかくせしことゝみゆ」と記した。「唯真実を表して」と言う所に含みがあるが、玉虫ははっきり書いている。

「昨夜水夫両人病死ス。今日水葬セント其規式ヲ行フ。船将等之ニ臨ミ、悲嘆ノ色ヲ顕ハサザルモノナシ、其親切我子ノ如シ。是ニ於テ彼国ノ益《ますます》盛ンナルヲ知ル。我国賤官ノ者死スルナドハ犬馬ヲ以テ待チ、何ゾ其席ニ列シテ弔フモノアランヤ。故ニ上下ノ情日ニ薄ク、却テ彼ニ恥ルコト多シ」。

玉虫はまた一行が「時規《とけい》、羅紗、天鵞絨《びろうど》ノ類ヲ求メントテ、空シク市中ニ日ヲ送リテ帰ルノミ、政度、形勢ヲ探索スルニ志アルナシ」と慨嘆し、学校・貧院・幼院など「第一ニ尋ヌベキ処」を、「彼ハ一ツノ隠ス所ナク我国人ニ示サントテ周旋スレドモ」「御奉行始メ誰アリテ其心アルモノナシ」と言う。監察の小栗忠順はのち幕政改革派の筆頭として知られる人である。彼までそうだったのか。たしかに村垣は聾唖院を見て嫌悪の念を催すのみであった。

玉虫はこの後、戊辰戦争の際、徹底抗戦派として、藩内の恭順派から殺される。その前、彼は榎本艦隊と合流して、五稜郭に籠るつもりであった。享年四五歳。

慶応元（一八六五）年、薩摩藩は一五名の留学生を英国へ送った。前年の薩英戦争以後、薩摩藩と英国の関係が好転した結果で、直接的には五代才助とグラヴァーの建議によるという。監督には一所持格の新納刑部、町田民部がつき、学生のうち後年名を成した人物には、森金之丞（有礼・一八歳）、鮫島誠蔵（尚信、二〇歳）、吉田巳二（清成、二〇歳）などがいる。彼らがスエズ、地中海を経てサザンプトンに着いたのは、慶応元年五月（一八六五年六月）である。

ロンドンでは、それぞれ命じられた専攻に従って、教師の許に寄宿して学習することになるが、ひとり一三歳の磯永彦輔はスコットランドのアバディーンへ旅立った。グラマースクール入学のためである。残りの者はその年の新学期から、ロンドン大学ユニヴァーシティ・カレッジ法文学部に入学した。

彼らと別途ロンドンに入った五代才助と松木弘安は、英国外務省に接触するためにローレンス・オリファントを頼った。オリファントはスコットランド貴族で、若い時から旅行記で名をなし、一八五八（安政五）年、エルギン伯の通商条約締結のための訪日に同行、一八六一年には英国公使館一等書記官として来日したが、公使館（高輪東禅寺）が浪士達に襲撃された際、重傷を負い本国に送還された。『エルギン卿遣日使節録』はこの人の著書であり、大の日本びいきであった。

ところがオリファントはこの頃、アメリカの宗教家トマス・レイク・ハリスの神秘主義的な信仰結社に心魅かれていた。留学生らが最初の休暇を迎えた一八六六年夏、オリファントは鮫島と吉田を連れて渡米し、ハリスに会わせた。二人はたちまちハリスのとりことなった。

一方、森と市来勘十郎はロシアを訪れた。森はロシアの世情を見聞し、英米の政治体制との違いに驚き、その根源にある「本の学」について考えるところがあった。兄の横山安武（明治三年、建白書を掲げて集議院前で自決する）宛ての手紙に「皆其末の技学に走りて本を知らず」と書いている。「本の学」とはまさにあるべき社会についての思想であろう。彼がオリファントに導かれてハリスのコロニーに入ったのも、そのような社会の根本義に関わる探求心の表れだったと言うべきだ。

あくる年の一八六七年七月、オリファントは議員生活を捨て、ハリスのコロニーに入るべく渡米するが、その時、森、鮫島、吉田、市来、磯永、畠山丈之助（義成）の六名を伴っていた。鮫島と吉田はすでに前年ハリスを訪うているが、残りの四人はハリスが一八六七年に英国に渡来した時、初めて面識を得た。

ハリスはキリスト教の堕落を痛憤すると同時に、ヨーロッパ文明の侵略性も批判する人であった。森たちが藩に奉った「建言書」で、「欧土之人宇宙に災害を流布せし事、実に数え難く、唯未嘗て一人の欧人已れの利を思はず人の為に赤心を尽せる例、古今之歴史に不見得」と言うのは、ハリスの説を受けたものである。

六名のうち畠山義成と吉田清成は、そのうちハリスと衝突し、彼の許を去ってニューブランズウィックのラトガース・カレッジに入り、帰国するまでハリスのもとにとどまったのは森、鮫島、磯永の三名であった。森と鮫島は明治元（一八六八）年帰国し、明治三年森は米国の、鮫島は欧州の弁務使として赴任する。

磯永彦輔は帰国しなかった。何しろ一三歳から単身スコットランドで過ごしたのである。すでに心は欧人として形成されかかっていた。ハリスがオリファントと決裂し、カリフォルニアのサンタ・ローザに移って農園を営むと、それに従い、ハリスの死とともに農園を継承して、広大な葡萄園を拓いてワイン王の異名を得た。

禁酒法で打撃を受けた際も持ちこたえ、解禁とともに貯蔵した厖大なワインを売り出して巨利を得た。葡萄園の周囲二〇キロ、使用人三〇〇人、資産二千万ドル。しかし生涯独身、奇人と称せられた。昭和九年まで長生きしたのに、帰国したのは僅か二度。しかし渡英時藩主から賜った名前「長澤鼎」を名乗り続け、旧藩主島津忠重が士官候補生としてサンフランシスコに寄港した時は、馬車を仕立てて忠重を広大な屋敷に案内し、門前に土下座して迎えた（犬塚孝明『薩摩藩英国留学生』）。一方では日本人を抜け出した意識を持ちつつ、旧藩主の一族へ変らぬ忠誠心を抱くというのは矛盾のようだが、それを矛盾と咎めるよりも、そのありのままの心の有様を受け取るべきだろう。

この薩摩藩留学生の一行には、その後奇矯な行動を取った者が多い。それは同時期の幕府の英国留学生、オランダ留学生には見られぬところだ。町田久成は外務・文部両省で働き、上野に博物館、植物園、動物園を設置せよと建言、明治一〇年には初代の博物局長に任じられたが、明治一四年突然職を辞して諸国行脚に出立ち、晩年は近江三井寺光浄院の僧正として過ごした。

村橋久成は戊辰戦争に従軍、北海道開拓使長官黒田清隆の下で働いたが、例の開拓使財産払い下げ一件で世論囂々たる時、辞職してこれまた僧となり廻国の旅に出た。以来消息杳として知れず、明治二五年九月になって、神戸市葺合村で行倒れ、死亡しているのを発見された。

田中静洲は帰国後朝倉盛明と改名、生野銀山の再生を手がけた。明治元年のことであるが、以来彼は「生野の現場から決して離れることなく、坑夫たちと寝食を共にしながら、ひたすら鉱山の開鑿と鉱山学生の養成に従事した」（犬塚前掲書）。明治二二年、生野銀山が宮内省の所管になるとともに朝倉は山を降りた。その後の履歴はもちろん、死去の日もわからない。

森有礼が西野文太郎に刺殺されたことは言うまでもないが、森については別に記述せねばなるまい。それにしても、薩摩留学生には何と数奇の生涯を送った者の多いことだろう。他の留学生が政府に出仕して留学体験を順調に生かしたのに比して、彼らは留学中何か余計なものを背負い込んだようだ。その余計なものとは、おのがじし内面化するべく促された「近代」ではなかったろうか。

文久二（一八六二）年、幕府はオランダに軍艦建造を依頼する使節を派遣した。彼らは建造期間滞在して、建造の有様を学習したのであるから、留学生でもあった。五人が軍艦受取り役、その中に榎本釜次郎（武揚）、澤太郎左衛門、赤松大三郎（則良）がいる。他に洋書調所から西周《あまね》、津田真道、それに医師二人が留学生として同行、さらに七人の大工・鋳物師などの「職方」が加わった。オランダに着いたのは翌文久三年四月である。

実に三二三日かかった長旅であったが、これには実は、ボルネオ・スマトラ間の海峡で船が座礁沈没し、付近の小島の原住民たちに救われ、その部落に滞在するなどということがあったからである。

オランダでは、西周、津田真道の二人はライデン大学でフィッセリングに法学、経済学を学び、二年の業を了えて慶応元（一八六五）年一〇月帰国の途についた。西・津田両人が帰国後「万国公法」の権威として名声を馳せたのは周知の事実だろう。

残りの一行はハーグで、海軍方はそれぞれ専門の海事・軍事を、林研海・伊東玄伯の二人は、以前長崎で医学校を開いたことのあるポンペについて学んだ。そのうち、赤松則良は「職方」三人を率いドルトレヒトへ移った。注文した「開陽丸」はこの地で建造されていたのである。開陽丸は二七〇〇トン、完成後、榎本らが座乗して慶応三年三月に日本着、幕府艦隊の旗艦となった。

この文久年間のオランダ留学生は、西・津田の例を見ても、その後の薩摩藩英国留学生、幕府の英国留学生に較べて、数段上の成果を挙げたと言ってよい。この一行について詳しく書き残しているのは赤松則良で、この人の一生には見るべきものがあり、しばらくそれについて語ってみたい。

則良は天保一二（一八四二）年、江戸深川の御徒組屋敷で生まれた。父は播磨国網干の商家に生まれ、江戸に出て御徒士となった人である。

父が天保一四年、長崎奉行組与力となったので、則良も親に伴われ長崎で三年を過ごしたが、幼少なので何の記憶もなかった。嘉永七（一八五四）年ペリーが再来航、和親条約が結ばれるに及んで、米船を応待するため、父は下田奉行の組与力として下田行、則良も若党として父に従い、一年半ばかり下田で過ごした。ロシアのプチャーチンの座乗するディアナ号が大津波で被災沈没、戸田《へた》でスクーナーを建造するに到った経緯もその目で見た。

その後、坪井信良の蘭学塾へ通い、安政四（一八五七）年蕃書調所の句読教授出役に任命されたが、その年のうちに長崎海軍伝習所の第三回生に選ばれ長崎へ下った。長崎では咸臨丸で二度鹿児島を訪れている。しかし半年も経たぬうち伝習所は閉鎖され、帰府して軍艦操練所教授方手伝となり、万延元年、日米修好通商条約批准書交換の使節団に選ばれて咸臨丸渡米の一員となった。

咸臨丸では小野友五郎の下で、専ら天象観測に当たった。咸臨丸には米人ブルックスが同乗し、日本人乗組員の規律のなさを嘆いているが、その彼も小野の観測技量には一目置いていた。則良は初の海外体験について、特記すべきことは書き残していない。まだこの時満一八歳であった。

帰航後、軍艦操練所教授方出役となり、本人はこれで「先づ一人前の海軍士官になったわけである」と言う。咸臨丸や蟠龍丸で近海の測量に従事し、石川島で砲艦千代田形の建造にも携わった。これは日本人のみの手で建造した最初の蒸気軍艦である。文久二（一八六二）年三月になってオランダ派遣の命あり、「全く予期せざること、て殆んど天にも昇るような心持がした」。

榎本らが開陽丸で帰国したあと、則良は林研海、伊東玄伯と留学延長を願い出て許された。則良は開陽丸完成のあとアムステルダムへ移っていた。当時は造船術の変革期に当たっており、ぜひ新技術を修得したかったのである。父はすでに死没し、江戸に残した母と弟二人のことも気がかりではあったが、鉄船へ移り行く新動向を何としても見届けたかった。アムステルダムでは三階建ての家の二階を借り、毎日海軍造所へ通った。夕食はたいていターブル・ゾット（公開食堂）でとり、そこで市民たちと交歓した。アムステルダムには約三年間いて、慶応四（一八六八）年三月、帰国の途についた。林と伊東は先に帰国していた。

則良はずっとオランダに居続けた訳ではない。デンマークと独墺連合との戦争を榎本と観戦したり、パリで徳川氏部卿一行とも交流した。ロンドンへも行ったらしい。だが心は常に新しい造船技術にあった。

帰国後すぐに林洞海の二女貞と結婚した。オランダ留学を共にした研海は洞海の長男で、紀《つな》が本名、二代目の陸軍軍医総監になった。つまり則良は紀（研海）の義弟となった訳だ。紀にはもうひとり妹がいて、榎本武揚と結婚した。則良と武揚は妻を介して義理の兄弟ということになる。実は紀の父洞海は佐藤泰然の長女つると結婚しており、更にややこしいことに、泰然の五男董《ただす》を養子にとっている。この辺の関係は林董について述べる際に系図で示そう。

帰国後、則良は徳川家静岡移住に従い、沼津兵学校の教授となった。同校頭取はオランダ留学仲間の西周である。明治三年に則良は招かれて兵部省に出仕し、以来ずっと海軍畑で主として造船に携わった。明治一九年には海軍造船会議議長、二〇年には中将に昇進、二二年に佐世保鎮守府司令長官、二四年に横須賀鎮守府司令長官、二五年に五一歳で予備役に編入された。

退役と同時に静岡県見付町に広大な屋敷を構え、貴族院議員として上京するほかは、庭園づくり、花いじり、屋敷の拡張に専念（自分で設計、ついに二六室に及んだ）、全くの世捨て人の形だったと言う。孫たちの回想でも温顔の好々爺と伝えられている。海軍、それも造船に一生を捧げた技術者であり、政治に関与したことは一度もなかった。

彼について逸すべからざるは、長女登志子が森鷗外の最初の妻だったことである。一年半で離別されたが、一児於菟《おと》を残した。於菟が長じて赤松の屋敷に母を訪ねた哀話は先で語ることがあろう。大正九年、七九歳で没した。

慶応二（一八六六）年、幕府は一四人の留学生を英国に送った。幕府は文久二（一八六二）年末より三年にかけて兵制改革を行ない、欧州風の三兵（歩・騎・砲）を創設したが、外形の模倣にとどまらぬ軍政を学ぶ必要を悟って、留学生を送ろうと、駐日英国公使パークスに計り、実現に及んだものである。

一四人のうち取締りが川路太郎と中村敬輔。太郎（二三歳）は川路聖謨の孫、歩兵頭並みの地位に在った。中村（三五歳）は『西国立志編』の訳者として知られる正直である。学生のうちには箕《み》作《つくり》奎吾（一五歳）、大六（一二歳）の兄弟、林董三郎《とうさぶろう》（一七歳、のちの董《ただす》）、のちに、山《ちゅざん》の筆名で知られる外山捨八（正一）がいる。

この一行は留学生としては成果に乏しい。何しろロンドン到着後、わずか一年で幕府が瓦解したのであるから、ろくろく学ぶ暇もなかった。しかしこの一行には、何と言っても興味ある人物が揃っている。まず、その点から説明しておこう。

太郎は何よりも聖謨の跡とりという点で興味をひく。聖謨の長男、太郎の父彰常は、太郎が三歳の時病死した。時に祖父聖謨は奈良奉行であったので、聖謨の弟井上清直の家に養われた。八歳の時川路家に戻り、聖謨夫妻から愛護され、安政六（一八五九）年聖謨が隠居するに及んで家督を嗣いだ。太郎の留学時、聖謨は中風で倒れたあとの病床生活が続いていたが、太郎宛にずっと便りを欠かさず、それは『東洋金鴻』と題して「東洋文庫」の一冊となっている。そういう太郎の留学後の一生はいかなるものであったか。

中村正直は、伊豆国宇佐美の豪農の生まれで御株を買って御家人となった中村武兵衛の子である。幕末の幕府側俊才の多くが、父の代に御家人株を買っていることは注目に値する。この頃、御家人株は五百両だったと言う。早くから昌平坂学問所で頭角を表した。

林董が書いている。「倫敦《ろんどん》の寓にて予が居たる室の真下は、中村敬宇先生（正直）の室なり。毎朝五時頃より、先生が八家文、『左伝』『史記』等を朗読するを聞く。先生が日本より携帯したる漢籍は少かりし様子なるに、何処にて此等の書籍を手に入れて読むにやと怪しみて、一日之を先生に問いたるに、読書に非ずして暗誦したるなり。その気根の強きこと、敬服に堪えざりき」（『後は昔の記』）。

正直が帰国に当たって友人の英人からスマイルズ『セルフ・ヘルプ』を送られ、帰国後それを訳して大ベストセラーとなったことは名高い。

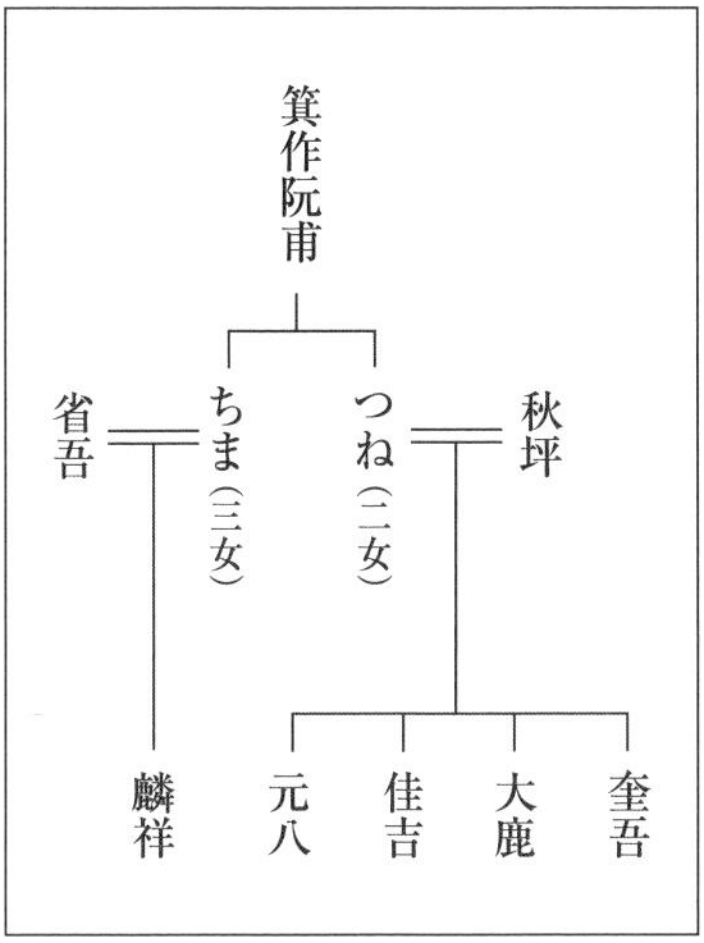

箕作奎吾関係図

箕作奎吾・大鹿は箕作秋坪の長男・二男である。ここで箕作一族のことを簡単に説明しておこう。箕作阮甫（一七九九－一八六三）は美作国津山藩の藩医で、江戸に出て宇田川玄真に蘭学を学び、幕府天文方蕃書和解御用となって外交文書の翻訳に当たり、プチャーチン応接にも加わり、蕃書調所の設立に当たって主任教授となった。

二女つねに婿養子秋坪《しゅうへい》、三女ちまに婿養子省吾を迎えた。省吾は『坤輿図識』を著した優れた地理学者であったが、肺を病んで若死した。秋坪は最初の妻つねを失い、ちまと再婚した。蕃書調所教授手伝いを経て、文久二年、開港延期のため訪欧した竹内保徳一行に加わり、大政奉還後は新政府に仕えるのを好まず、家塾三叉学舎を開き、明六社にも参加した。つねとの間に四男を儲けた。上から順に奎吾、大麓、佳吉、元八である。

奎吾は嘱望された秀才であったが、明治四年、隅田川で遊泳中、誤って溺死した。大麓は菊池氏を嗣いで大麓を名乗り、日本人初の東大数学教授から東大総長、文部大臣になった。佳吉も日本人初の東大動物学教授として名がある。元八はフランス革命史で知られる西洋史家で東大教授。若死した省吾の子に麟祥がいる。徳川民部卿一行に従い、フランスに留学したのち、江藤新平やボアソナードの下で民法典編纂に当たった。

林董は佐藤泰然の子である。兄に松本良順がいる。泰然の父藤佐《とうすけ》は出羽国の出で、江戸で武家奉公の末、御家人株を買って幕臣となった人物である。泰然も最初は旗本家に仕えたが、大黒屋光太夫の物語を聞いて志を起こし、足立長雋《ちょうしゅん》に蘭学を学び、三二歳にして長崎へ行き、足掛け四年医学を学んで帰り、両国薬研で開業、当時名乗っていた姓をとって和田塾を開いた。しかし当時の世情にあきたらず、当時蘭癖大名として盛名のあった佐倉藩主堀田正睦を慕って、佐倉城下町へ移った。和田塾はその際、長女つるの夫林洞海に譲った。

佐倉では順天堂を開き、董の幼時には塾生百二、三十人に上り、緒方洪庵の適塾と並び称せられた。正睦の信任も深く、その後正睦が老中となって開港説をとったのも、泰然と平素語るところがあったからだと董は言う。泰然は男子がいるのに高弟舜海（のちに尚中）を養子とした。董が物覚えのついた頃は、舜海とその妻・長女が同居していた。董が一〇歳の時、井伊大老が桜田門外で討たれた。正睦は井伊と対立し譴責を受けたのだから、佐倉藩士には快とする者が多く、董たち子どもは鞠を大老の首に擬して遊んだと言う。

董が一二歳の時、父泰然は家老の処置を不快として横浜へ出、翌文久二年、母とともに父の許へ呼び寄せられた。この時董は林洞海の養子となった。洞海にはすでに紀（研海）という子があったのに、当時の人の考えはまた格別である。つまり彼らには、子どもをやったり取ったりするのが友情のしるしであ

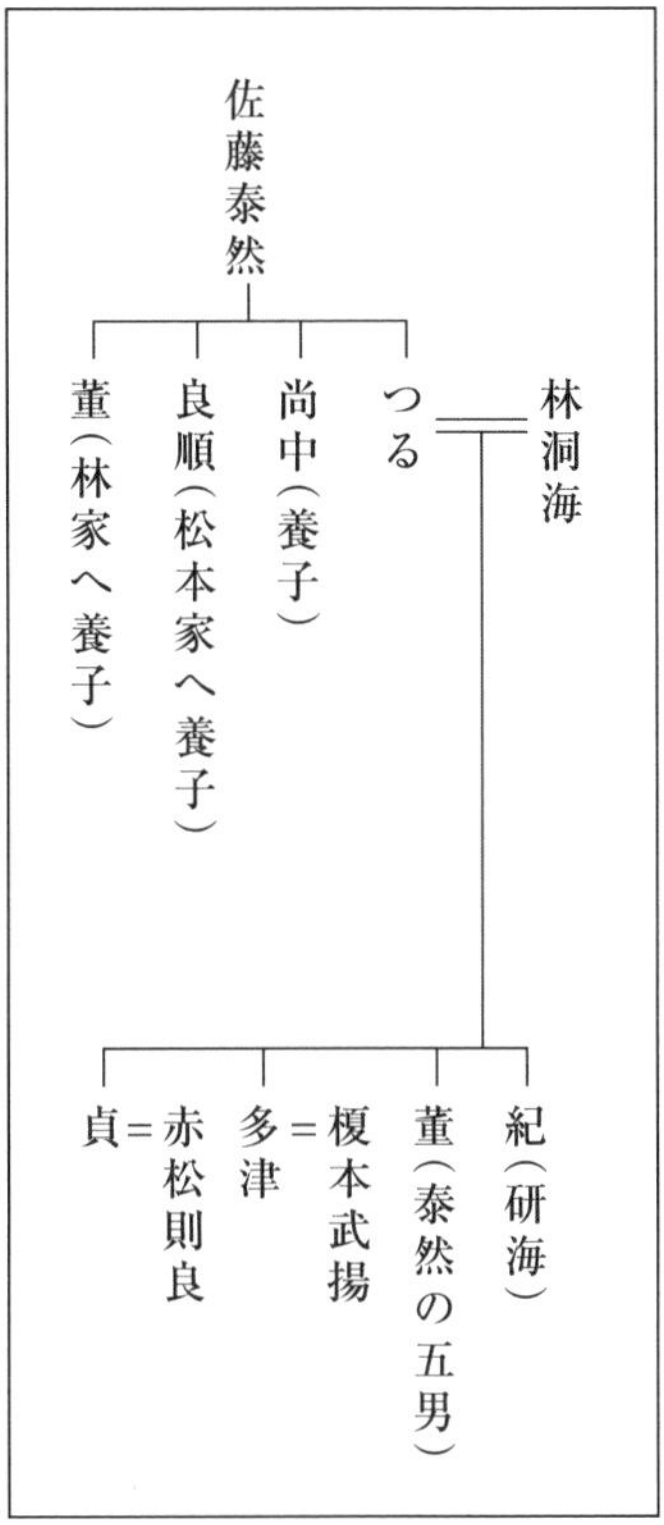

林董関係図（別表）

るかのような感覚があったらしいのだ。洞海の妻はつるであるから、つるは董にとって姉であり養母でもある。泰然家の家系には林家のそれが絡み、さらに榎本武揚、赤松則良が絡む。別表に整理したので、それを見られたい。董はジョセフ・ヒコやヘボン夫人に英語を学んだ。そのうち留学生募集となり、開成所で試験を受け合格した。

慶応二年一〇月二〇日、横浜は大火に見舞われ、日本人町三分の一、居留地五分の一が焼失した。留学生一行は余燼くすぶる横浜から旅立ったのである。一〇月二六日、一行を乗せたP&O汽船のニポール号は出航。独楽廻しの松井源水以下十数名の芸人一座も同乗していた。彼らは欧州各地で大当たりを取ることになる。

留学生一行は慶応二年一二月末、ロンドンに到着した。一行にはロイドという、パークスが推薦した英国海軍付き牧師が世話役としてついていた。ロイドは宏壮な住宅を購入して、自分の家族と留学生たちの住まいとした。教師はここに呼び寄せようというのだ。しかし日本人同士かたまって暮らしていて、英語が上達する訳はない。ロイドがわが利を計るのではないかという疑いが生まれ、トラブルとなった。その後各自分宿ということになり、大部分はユニヴァーシティ・カレッジへ入った。彼らの中で特に英語習得が優れていたのは、奎吾・大六の箕作兄弟だった。

幕府英国留学生の成果は香しいものではなかった。菊池大麓（箕作大六）にせよ、その後再度渡英し、ケンブリッジを出て数学者となったのである。外山正一も改めてミシガン大学で学び直して、東大教授から総長となり、さらには文部大臣にまでなった。正一は明治一五（一八八二）年、ヽ山の号で矢田部良吉、井上哲次郎と『新体詩抄』を出し、日本に存在しなかった新しい詩体を移植しようとしたことでも名高い。もっとも少々噴飯物の「新詩」ではあったけれど。

林董は帰国後、榎本艦隊に従って五稜郭へ籠り、投降後禁錮された。その後陸奥宗光や伊藤博文に知られたのが運のつき始めで、工部大学校設立に参与したり、各地の知事を勤めた末、明治二四年に外務次官となって、その後一貫して外交畑で働き、明治三三年駐英大使となって、明治三五年日英同盟締結の偉業を成し遂げた。その後外相にもなり伯爵を授けられているが、晩年は一老書生のごとき淡々たるものであったと言う。

さて、この留学生一行中、私が最も興味を抱くのは川路太郎の一生である。祖父聖謨は在英の太郎にずっと手紙を送り続けたが、これはこの人の癖で、佐渡や奈良で奉行を勤めた際は、江戸の母に日記の態で近状を報せ続けた。太郎にも、自分の近況はもちろん、太郎の妻や長女の様子、さらに世相に到いたるまで報じた。逆に英国から太郎の便りがつけば、一家女中に到るまで集まって大騒ぎとなる。まことに頬笑ましい光景だった。

聖謨は半身不随の身で、今で言うリハビリにも常人の及ばぬ努め様で、本当に頭の下がる人である。江戸城引き渡しの報に接し、妻さとがちょっと眼を放した隙間に、型通り腹を浅く切り、ピストルで喉を撃ち抜いて自決した。慶応四（一八六八）年三月一五日のことである。

三月七日付の太郎宛の手紙には、「徳川家神祖の法、徳民にあること深し。……瑕疵は多く候え共、実に斯くの如き国を滅ぼし給うべき程の御失態なし」と書いていた。文字通り幕府に殉じたのであるが、それは最下級の徒士から勘定奉行・外国奉行の高位まで自分を引き上げ信任してくれた幕府への義理であり、その義理を一日として忘れることがないのがこの人の真骨頂だった。

太郎の妻花子は三月二八日の日付で、聖謨の死を報ずる手紙を書いた。むろん事は祖母様（さと）、父（浅野長祚《ながよし》）より申上げたのでご承知と思うがと前置きし、「実になさけ無き御事、誠にゆめのようにて、ゆめなれば早うさめよかしと存じまいらせ候」と言う。花子の父浅野長祚は三五〇〇石の大身旗本、京都、江戸の町奉行を歴任した能吏で、聖謨の親友であったが、聖謨は家格が不釣合というので最初は花子との結婚に反対した。しかし花子はすぐ聖謨夫妻に気に入られ、太郎との仲も申し分なかったのである。花子はまだ一八歳だった。

太郎の帰国後の事蹟については、宮永孝『慶応二年幕府イギリス留学生』に一応の記述がある。帰朝後彼は横浜で貿易業を始めたが、みごと失敗、明治四年の岩倉使節団に大蔵省三等書記官として参加した。使節団では会計事務を担当するあくまで地味な存在だったらしい。帰国後も大蔵省でぱっとしない仕事をしていたが、明治一〇年辞職して、二度と官界に入ることはなかった。

明治一七年、祖母のさとが死んだ。「いと長く思ひしかども限りある我が世の夢も今ぞさめぬる」が辞世。翌明治一八年、芝区三田台町に「月山学舎」という英語塾を開いた。明治二六年になって、広島県の福山尋常中学校に招かれた。これは老中阿部正弘が開いた藩校「誠之館」の後身である。地位は教諭より一段低い教師だった。彼は明治三七年に書いた履歴書に「元来旧幕府ノ臣ナリシガ明治元年維新ノ際藩地タル静岡ニ赴カズ民間ニ下リテ平民トナ」ったと述べており、福山移住の六年目には本籍を東京から広島県へ移した。彼なりの覚悟を示したものであろう。

明治三二年には兵庫県洲本中学校へ移り、さらに明治三六年、新設の淡路高等女学校の初代校長となった。五九歳である。校長就任後間もなく、結核を病んでいた妻花子が死んだ。国文学者高木市之助は洲本中学で太郎の息子柳虹《りゅうこう》と同級だが、花子について「お母さんもほんとうに上品な江戸ッ子で、洲本なんかでは惜しいような言葉を使って、年増ながらなかなかの美人で、錦絵に出て来る大奥の御殿女中といったところでした」と語っている。

マルクス主義経済学者として著名な大内兵衛も柳虹の同級で、太郎から英語を習った。「短身であったが白皙で美しい鬚をたくわえ、ふちなしの眼鏡をかけた美丈夫」で、「発音がイギリス人らしいのがひどくエキゾチックであった」と言う。

英語はなるほど彼のなりわいだったろうし、履歴書にはロンドンでモルトベイから英文学を学んだと、多分誇りをもって書いた。しかし彼が専念したのは英語や英文学ではなく、祖父聖謨の一生の記述だった。明治三〇年起稿し、三四年に稿を了《お》えた。題して『川路聖謨之生涯』、出版は明治三六年、七〇〇ページを超す大著である。著者名は川路寛堂。

彼はどういう教育者だったのだろうか。淡路高等女学校校長として、彼は毎年卒業式の訓辞を行なったのだが、大正二（一九一三）年のそれの中でこう言っている。人生とはただ生きているというだけのものではなく、よく生活するということである。ラスキンは言っている、「人の心次第で、天地間の万籟をして、ことごとく美なる音楽のごとく聞かしむることを得る」と。良妻賢母たれという陳腐な言葉の間に、とにかくこれだけのことを彼は言表できた。わずか一年余、ロンドンで得たものはなお生きていたのである。生徒たちの回想によると、彼は「かわいいサンタのお爺さん」だった。

太郎は花子を失ったあと、彼女の付添婦をしていた吉見サダと再婚した。サダは被差別部落の出身で、そのため太郎は有力者たちの非難を浴びた。大正三年、彼が洲本女学校を辞め、神戸の松蔭高等女学校（英国聖公会系のミッションスクール）の副校長に転じたのはそのためであるらしい。そこで彼は大正一一年まで勤め、昭和二年、八二歳で逝った。

彼には子は柳虹しかいない。二人の女児は夭折した。柳虹は明治二一年生まれ、著名な詩人となった。特に詩誌『詩人』明治四〇年九月号の巻頭を飾った『塵塚《はきだめ》』は、本邦最初の口語詩として喧伝された。

第六章　幕臣たち

外圧を前にして、当時執るべき途はふたつあった。ひとつはむろん現実となった倒幕＝維新政府の出現であるが、幕府自体もしくはそれを中心にして中央集権国家を創る途も、理屈の上ではあり得たし、事実その途を模索した幕臣もあった。

フランスや英国の例をとっても、幕府主導の近代国家実現の途は、世界史の潮流にはずれたものではなかった。周知のようにフランスでは、封建領主の第一人者にすぎなかったヴァロア・ブルボン王朝が、次第に諸侯の実権を回収し、フランス革命以前に、近代的集権国家を創り上げていたのである。トクヴィルが近代的社会の実質は、フランス革命によって何ら変わることがなかったと論じた所以である。

福地桜痴は『幕末政治家』（明治三三年刊）において、幕末三傑として、水野忠徳、岩瀬忠震《ただなり》、小栗忠順の三人を挙げ、これは私評ではなく、栗本鋤雲や朝比奈閑水もその説だと言っている。大久保一翁や勝海舟の名を逸するのは、二人とも早くから幕府解体論者だったからか。それはともかく、私は幕臣のうち心魅かれる人物を何人か採り上げてみたい。少なくとも彼らは、尊攘派の志士たちなどより、はるかにまともな理性の持ち主であった。

岩瀬忠震は千四百石の旗本設楽《しだら》家の三男、文政元（一八一八）年の生まれで、八百石の旗本岩瀬家の婿養子となった。天保一四（一八四三）年、昌平黌試験に合格、嘉永四（一八五一）年同黌教授、嘉永七年目付となった。

目付というのは旗本の監察役であるが、老中に対し進言する資格を有するなど権限が大きく、番方（武官）の出世の目標だった。一方、文官の出世の目標が勘定吟味役である。

老中阿部正弘が創設した海防掛は勘定所系と目付系よりなるが、当時の海防掛目付には永井尚志《なおむね》、堀利熙《としひろ》、大久保忠寛（一翁）ら錚々たるメンバーが揃っていた。みな阿部が選抜したのである。阿部は穏和で常識的に見えながら、見識を備えた出色の老中だったが、安政四（一八五七）年急死した。

岩瀬はとにかく切れる男であったらしい。木村芥舟は言う「天資明敏才学超絶」。栗本鋤雲も言っている。「人と為り明断果決にして、胸次晶潔、更に崖岸を見ず。その朝に立つや、知りて言わざるなく、言いて尽さざる無く、能く人才を鑑別して各々その技倆を展るを得せしめしかば、人々のこれに帰嚮する者多く」云々。福地は「当時幕吏中にて初よりして毫も鎖国攘夷の臭気を帯びざりしは岩瀬一人」と言う。おなじ革新派の土岐頼旨が、慶喜擁立派として非難されたとき憤激して、「余は学問も才智もなく、肥後なんどに立ち並ぶべくもあらねど」と書いているのを見ても、その声望知るべきである。肥後とは岩瀬のことだ。

彼は早くから貿易を自由化し、関税を徴収する利を知っていた。関税で軍備を整えようというのである。木村芥舟は「講武所・蕃書調所を府下に設け、海軍伝習所を長崎に開くが如き、皆この人の建議経劃するところなり」と言う。

岩瀬が本領を発揮したのはハリスとの交渉に於てだった。ハリスは安政三年七月下田に着任、出府して重大事件について申立てたいと要求し続けた。海防掛では勘定所系は反対だったが、目付系は岩瀬を先頭にハリス出府に賛成した。実は岩瀬には大きな計画があった。横浜に開港場を開いて、江戸を大坂に替わる全国的商品流通の中心地にしようと言うのである。

日米修好通商条約のための会議は、安政四年一二月から翌年一月まで一五回開かれた。幕府代表は岩瀬と井上清直（川路聖謨の弟）である。ハリスにとって岩瀬は手強い交渉相手だった。福地桜痴が書いている。「岩瀬の機敏なるや、論難口を突て出て、往々ハルリスをして答弁に苦しめたるのみならず、岩瀬に論破せられて其の説に更めたる条款も多かりしとは、是余が後年米国に於て、親しくハルリスに聞きたる所なれば、以て岩瀬が才器を知るに余りありとす」。田辺太一も『幕末外交談』において、おなじ趣旨のことを述べている。

安政五年一月半ば、条約の逐条審議が終わったので、月末大名たちへの説明会が行われた。岩瀬が説明した。福地桜痴によれば「従横に弁論して『諸公にしてもし此意を解せざるか、若くは異論あらば、憚りなく発議あれよ。僕請う其答弁の任に当らん。徹宵議論して暁に徹するも、敢て辞せざる所なり。然れども諸公今日に黙して論難を発すること無く、却て後日に及びて異論を唱へらるゝ事あらば、これ面従腹誹の失節に陥るべし』と迄に切言したれども、大名の身の悲しさには、過半は岩瀬が演説を会得せるもの無く」云々（『幕末政治家』）。

老中首座堀田正睦は朝廷より条約調印認可を得るため、川路聖謨と岩瀬を伴って上京したが、遂に認可は得られなかった。さすがの岩瀬も宮廷に対しては腕の振るいようもなかったらしい。堀田は「実に堂上方正気の沙汰とは存ぜられず」と嘆いた。

堀田一行が帰府した数日後の四月二三日、井伊直弼が大老に任じられた。井伊は早速堀田に条約調印を半年延ばせと命じ、堀田はハリスと交渉して三カ月延期を認めさせた。だがハリスは折から下田に入港したポーハタン号に乗って、六月一七日神奈川沖に来り、堀田宛にアロー号戦争が終結し、英仏両国は余勢をかりて日本との通商を迫ろうとしていると、早急の条約締結を求めた。一九日、岩瀬と井上はハリスと会談のため神奈川へ向かったが、その際、調印延期を指示する井伊に、井上が「極力その旨で交渉するが、ハリスがきかねばどうするか」と問い、その時は調印もやむなしと言質を取った。岩瀬と井上は早速ポーハタンに到り、条約に調印した。

周知のように条約調印問題には家定の継嗣問題が絡んでいた。病弱な家定の後嗣に一橋慶喜を推す松平春嶽以下の一派と、紀州の慶福を推す井伊派との暗闘の果て、六月二五日には慶福に決定。

一橋派の左遷はすでに五月六日、大目付土岐頼旨、勘定奉行川路聖謨の罷免で始まっていたが、九月五日に到って岩瀬は外国奉行から作事奉行に左遷された。さらに安政六年八月二七日には免職の上永蟄居を申し付けられた。

以後岩瀬は向島の別宅岐雲園で詩・書・画に明け暮れる二年を過ごし、文久元（一八六一）年七月一一日に没した。まだ四四歳だった。岩瀬は幕府より社稷を重しとしていた。全国的に統一された国家像が浮かんでいたのだ。しかも社稷とは単に国家ではなく、国民をも意味する。彼がもう少し生きていたら、幕府自身の近代国家への転身も、いくらか可能性が見えたかも知れない。

水野忠徳は文化七（一八一〇）年、旗本諏訪家に生まれ（文化一二年説もある）、水野忠長（五〇〇石）の養子となった。養父は道楽者で遊び暮らしていたが、忠徳はひたすら内職に努め、二二歳のとき江戸城内警護の役に着いても、出勤は最低にとどめて内職に精出し、養父の借金を返済し、昇任のための賄賂も稼ぎ出した。一方、学問にも努め、昌平黌試験に合格、天保一五（一八四四）年、西丸目付となったのが出世の振り出しである。

性格に屈折があり、時として底意地悪く見えたのも、遊び人の養父に代わって一家を支えねばならなかったからだろう。木村芥舟は「一途其意見を主張して動かず、往々執拗の誚《そしり》を免れざることあり」と評す。嘉永六（一八五三）年長崎奉行になったが、長崎目付として彼の下で働いた芥舟は「此人人性厳酷にして毫も許可せず、故を以て大いに崎人の意を失い、道路以目の景況あり」と言っている。つまり水野が歩いていると、人びとが袖を引き合ってあれが水野だと評判したというのだ。ただ年を取るにつれ円熟し、彼を慕う後輩は多かった。福地桜痴も長崎から出て来て、彼の家に転がり込んだのである。

長崎奉行時代の彼の業績は、英国艦隊司令長官スターリングとの交渉である。従来はスターリングはクリミア戦争中の戦時中立を申し入れただけなのに、水野らは訳文の不備もあって、本来結ぶ必要もなかった修好条約を結んだと言われて来た。井上勝生はこの通説に対して、水野はスターリングの申入れを正しく理解していたし、条約を結んだ処置も適切と評している（『開国と幕末変革』）。さらにオランダとの提携の下に長崎海軍伝習所を発足せしめたのも、永井尚志などと並んで彼の力である。

安政五（一八五八）年外国奉行、翌年神奈川奉行を兼任するが、ここで起こったのがムラヴィヨフ艦隊のロシア士官二名が、横浜市内で遊歩中斬殺された事件である（安政六年七月）。水野は奉行所に在って現場に赴かなかった。それが当のムラヴィヨフよりも英公使オールコックの憤激を買って、幕府は水野を罷免、西丸留守居の閑職に移した。だが彼の識見は外交上欠くべからざるものだったので、老中が外国公使と接衝する際は、屏風に隠れて相談に与かったという。「屏風水野」の異称はここから起こった。

これより先、彼はドル・二分銀の交換問題に関与し、安政二朱銀の発行を試みるなど、通貨問題についても見識を示しているが、この問題を述べると大変な説明が必要となるので敢えて触れない。万延元（一八六〇）年、遣米使節派遣についても、彼は献策するところ多く、正使の候補にもなったのだが、これもオールコックに忌避された。替わりに文久元（一八六一）年、小笠原諸島の検分に派遣され、同地を日本領と確定する上で功績を挙げた。これにジョン万次郎が同行して捕鯨を行ったことは先に述べた。

文久二年九月、箱館奉行を辞し隠退した。そもそも箱館に左遷されたのは、長井雅楽の公武合体策に老中久世が乗ったのに反対したからだと言う。雄藩の介入を排して、あくまで幕府の主体性を貫こうとしたのだ。

文久二年、朝廷の使いとして三条実美が下府し、全国を焼土とするも攘夷せよとの勅旨を伝えるに及んで、水野はこの言「聞き捨てにはなり難し」と憤激した。福地によれば、水野は「今日に至りては余は真面目に承久の先例取調ぶべしとは申すなり」と語ったという。承久の先例とは、承久三年北条氏が後鳥羽上皇らを流島と処した事件を指す。すなわち彼は、全国を焼土と化してよいなど口にする者に帝王の資格なしと断じたのである。

文久二年八月、生麦事件が起こり、幕府は償金四四万ドルを課された。将軍家茂は文久三年上京、長州を中心とする尊攘派に占拠された朝廷のとりことなり、五月一〇日を攘夷実行の期限として飲まされた。このような状況を打破しようとしたのが、老中並小笠原長行である。

小笠原は事情あって唐津侯の世子の身分であったが、明山公子の名で名声嘖嘖たるものがあった。小笠原はほとんど閣老に計らず、独断で償金を支払った。よくも金があったものだが、横浜で得た関税が運上所に溜っていたのだと言う。これには神奈川奉行浅野氏祐、山口直毅の進言があったが、実はその蔭に水野がいたのである。

小笠原は兵を擁して上京し、尊攘派を一掃して、将軍を攘夷の枷から解き放とうとした。五月二八日、蟠龍丸など幕府船三隻、それを借り入れた英国籍の船二隻が千五百の兵を乗せて出港、二隻の英船に乗った将兵は紀州由良港で幕府船に乗り換え、他の三隻と併せ大坂に入港した。小笠原には謀主水野のほか井上清直、浅野氏祐が同行していた。

もしこの一行が入京していたら、在京の幕兵三千を加えて、二千六百と数えられた長州兵を打ち破るのは易々たるものがあったろう。小笠原の手兵は新式の歩・騎兵であり、長州兵は旧制だった。しかし小笠原は将軍より入京を差し止められ、あえて兵を引いた。その不決断を後世批判される所以である。なお小笠原は幕府瓦解のときは箱館五稜郭に籠り、明治五年に到るまで、米国に渡ったなどと称して姿を晦ましていた。

水野はこの時福地に向い「嘆息して」、「小笠原閣老が此大切なる機会に至りて押して上京するの断なかりしは残念なり、此見兵を率て上京せば浮浪の兵は必ず違勅を名として発砲することあらん。是れ素より望む所なれば是に応じて彼徒を剿滅し、京都の鎖攘論を一洗して其根本の害を除き、以て朝廷の御真意を貫かんは此時なるべきに、会桑の異議あるが為に其機を誤り彼等をして志を逞しくせしむるは千載の遺憾なり」と語った。

福地によれば、水野は文久元年の時点で、諸藩士といえどもその器量次第に任用し、「遂には日本全国の兵制も幕府と諸藩と合一なし、又政治向の事も江戸を中央政府となし諸藩を地方政府となし、而して中央政府は全国の人材を以て之に当らしむべし。斯の如くなれば尊王論も攘夷説も自ら其跡を歛《や》めて、日本は始めて外国に対して独立の躰面を得べきなり」と語っていたとのことである。

小笠原のクーデター失敗のあと、水野は謹慎し、鳥羽・伏見、慶喜東帰の際は抗戦を主張したが容れられず、武蔵布田宿に移住したが慶応四（一八六八）年七月九日、五九歳で死去した。木村芥舟によれば、「戊辰の変、憂悶疾を成し譫語して吾今某所に使命を奏すと云いて死せりと云」。

大久保忠寛、隠居しての一翁は五百石取りの旗本の子。木村芥舟によれば「人と為り峻厳忠摯学識超凡、凡《およそ》事に臨みて侃々毫も曲従する所なし、外国の事起り、国歩艱難の時にあたり、岩瀬忠震と相提携し事を共にし力を尽せしが、忠震常に此人に一頭地を譲りたりと」。

文化一四（一八一七）年の生まれ、一四歳にして将軍家斎の小納戸となり、一七歳にして小姓となった。『旧幕府』第一巻第三号所収の『大久保一翁伝』に曰いわく。「初て君側に奉仕せしに、数日の間公（文恭院殿）は事をも命じ給はず、君これを憂ひて小南氏（鎗術の師匠）に計る。氏曰く貴殿少しく文武の技あるを以て慢心の兆あり、公恐らくは察知して戒め給ふならんか、慢心を去りて出勤せらる可しと忠告す、他日公は其謙虚の心あるを見て事を命じられぬ」。

嘉永七（一八五四）年、ペリー再来航の直後、目付・海防掛に任じられ、安政二（一八五五）年には大坂・伊勢の海岸見分に派遣された。随行したのは勝麟太郎である。後年忠寛は勝とともに幕府瓦解の後始末を担うが、その親しい関係はすでにこの頃成り立っていた。翌年には蕃書調所総裁となり、講武所開設にも関わったが、安政四年、長崎奉行を辞退したことで、出世コースからはずれた。

長崎奉行は副収入が莫大で、幕臣たる者希望せざるはないポストなのに、惜し気もなく辞退したところに忠寛の性格が現れている。彼の言い分では、長崎奉行はお伴の家臣を多数引き連れねばならず、五百石の自分にはそんな家来は揃えられない。傭えばいいと言うが、利を望んで傭われる者にはろくな者はいない。よって辞するほかないと言うのだ。何という窮屈な理屈だろう。そしてまた、何という真正直で清廉な言い分だろう。

彼は駿府町奉行に補せられ、翌安政五年には禁裏付となり上京、安政六年京都町奉行となった。将軍継嗣問題をめぐる紀州派と一橋派の暗闘において、忠寛は継嗣については紀州の慶福で結構と考えていた。というより誰でもよかったのである。どうせ将軍が幕政をリードする訳ではないという醒めた立場だった。しかし海防掛で彼と同志的関係にあった者たちが一橋派として処分されるにつれ、彼自身安政六年六月、京都町奉行を罷免、西丸留守居に左遷された。

井伊直弼が水戸浪士に殺されたあと、政権を引き継いだ安藤信正は、外交において外国公使たちと対等に渡り合う手腕の持ち主で、井伊によって免職された幕僚の復権に努め、忠寛も文久元（一八六一）年八月、蕃書調所勤務、一〇月には外国奉行、文久二年五月には大目付、七月には側御用取次と完全に復活し、将軍家茂の相談相手として「万事大久保越中守お一人にて切って回し候」と噂されるほどになった。

この側御用取次に任ぜられた時も、彼らしい対応がある。任命と共に千石に加増となったのだが、彼は増加分五百石は足高《たしだか》にして、家格は元の五百石にしてくれと申し出て了承されたのである。足高とはその役に着いている限りの臨時加俸である。幕臣としてその家につく石高の上昇を願わぬ者はない。それを忠寛は蹴った。お蔭でこれが例となり、後任の者は迷惑した。

文久二年は島津久光が京に乗り込み、大原重徳卿を江戸に下して幕閣改革を迫った年である。慶喜の将軍後見役、松平春嶽の政事総裁が決まったのはこの時で、忠寛は春嶽とその顧問横井小楠と大いに論議を交わした。朝廷は更に三条実美を下して攘夷期限の確定を迫ったが、忠寛はこの時、攘夷の不可能を奏上し、それでも聴かれぬ時は政権を朝廷に奉還し、徳川家は神祖家康の旧領駿遠三の三州をもって諸侯の列に降られるべしと主張した。

忠寛のこの提案は、慶応三（一八六七）年の大政奉還の先取りというだけではない。慶応三年のそれは四百万石の天領は保持したままであったから、薩長側より領地返納を催促された。忠寛はすでにこの時点で領地返納を考えていたのだ。

忠寛の意見に幕閣の者どもは呆れかつ笑ったと言う。まともに受け取るものはいなかったのだ。彼の意見は朝廷の頑冥さに対する嫌がらせのようにも聞こえる。そんなら私どもは手を引きますから、あなたやってご覧なさい、できないでしょうといった風に。

しかしこの後の行動を見ると、彼はすでに朝廷、幕府、各藩を一丸とした公議政体を考えていたのだ。松平慶永(春嶽)宛書簡で、列藩はもとより四民まで加えた公議所を設けよと言っている。「古店はいさぎよく相譲り、万事任せ候事、仁かつ智にて永保の策、人を苦しめず候えども、婆アタチ不決着にて行われまじきや」。婆アタチとは老中を指す。小楠はつとに幕府が私利を計るのを批判したが、忠寛はもとより幕府の私心など超越していた。

忠寛がこうした時勢に先んじた見解に達したのは、どういう内面のドラマを通してであろうか。その経過がわからぬのは残念だが、「人に生まれ出で候心得に相成り、本心に立ち帰り候御工夫第一」という言葉に、彼の思索のあとがほの見えるようだ。勝は「誠実でひどく考えるものだからね」と評している。

しかし、文久二年一一月、忠寛は免職・差控の処分を受けた。側御用取次はわずか四カ月に過ぎなかった。この処分は忠寛が当時持ち出された旧井伊派の処分に反対したことがきっかけであるが、実は慶喜と老中板倉勝静は忠寛を嫌っていた。慶喜は「資性偏国にして、事を執るに当り、己が意に合うと合わざるとによりて、すこぶる手心を用い、政務を阻碍すること尠なからず」と評する。表立っては京都町奉行時代、青蓮院宮（中川宮）の私行を云々したというのが理由とされた。青蓮院宮は翌文久三年八月、長州勢追い下しのクーデターを策した人で、もとより慶喜とよいのだ。家茂は一癖二癖あった慶喜と違い、まことに純良な青年で、忠寛は『万国公法』五部を献上している。彼は蕃書調所の津田真道、西周と親しく、『万国公法』もその線で知ったのだろう。

忠寛は隠居して一翁と号したが、将軍家茂にはしばしば召されて茶菓を供された。頼りにされていたのだ。

一翁は勝とともに、新政府への政権移譲を一手に引き受けた。その経緯は省こう。その後静岡藩権大参事、文部省出仕、東京府知事を経て、明治一〇（一八七七）年元老院議員となって明治二一年死去するまでその地位にあった。その間六五〇回の会議に欠席はわずか四四回。しかも一言も私見を述べなかった。彼が明治新政府を否定する者でなかったのは、過去の言説からしても瓦解後の履歴からも明らかだ。しかし、この沈黙の語るところは微妙かつ深刻である。それはほとんど無言の批判に近いのではあるまいか。

小栗上野介忠順《ただまさ》は文政一〇（一八二七）年の生まれであるから、以上述べた岩瀬忠震、水野忠徳、大久保忠寛よりずっと若い。一番年長の水野より一七歳下である。従って目付に昇任したのは安政六（一八五九）年、ペリー、プチャーチン来航時の騒ぎに関わらなかった代わり、落日近い幕府の建て直しをほとんど独力で担う働きを示した。例によって木村芥舟の評言を引けば「精敏才識衆に過絶す」とある。

二五〇〇石取りの旗本の嫡子で、万延元年の遣米使節に監察として加わったのが出頭の始めである。咸臨丸で同時に渡米した福地桜痴の言う所では、帰朝してみると攘夷論が盛行して、皆口をつぐんで訪米談をする者がなかったのに、小栗ひとり憚る所なく米国文明に習うべきことを説いた。以来、外国奉行、勘定奉行、町奉行、歩兵奉行、陸軍奉行といった具合に、瀕々として職を替えられたのは、福地によれば「其人となり精悍敏捷にして多智多弁、加うるに俗吏を罵嘲して閣老参政に及べるが故に、満廷の人に忌まれ、常に誹毀の衝に立」ったからだと言う。

例えば勘定奉行の時に閣老たちに国費を説明するに当たって、「今これを朗読しても尊公らは、おわかりになるまい。上野《こうづけ》がこうしているからには、絶対にお為にならぬようには計らいません」と放言した。

文久二（一八六二）年の幕府軍制改革に当たって、小栗は担当者として大きな働きを示した。これは近代的な歩・騎・砲兵を創設しようとするもので、特に歩兵については「兵賦」と称して、旗本に知行より所定の人員を差し出させ、知行所を持たぬ場合は兵賦金を課した。こうした試みは完遂したとは言い難いが、とにかく創設された数大隊は、幕軍の中核として、不様な敗戦に了った第二次征長戦でも善戦したし、幕府倒壊後も大鳥圭介に率いられて関東の野で力戦したのである。

石井孝はその小栗論の冒頭で、フランス公使ロッシュが小栗を大蔵大臣と呼んでいることを指摘し、局長クラスに過ぎない小栗の地位を知らぬロッシュでもないのに、敢えてそう呼んだところに、幕府財政を独力で維持していた小栗への評価が表われていると説く（『幕末非運の人びと』）。

福地は言う。「幕府が末路多事の日に当りて『如何にして其費用の財源を得たりしか』は、啻《ただ》に今日より観て不可思議の想をなす而已《のみ》にあらず、当時に於ても亦幕吏自らが怪訝したる所なりき。而して其経営を勉め敢て乏を告ぐること無からしめたるは、実に小栗一人の力なりけり。将軍家両度の上洛、これに続きて、東には筑波の騒乱あり、西には長州征伐あり、其余文武の政務に付き、幕府が臨時政費の支出を要したるは莫大なりけるに、小栗は或は財源を諸税に求め、或は冗費を省きて之に宛て、未だ曽て財政困難の故を以て、必要なる施行を躊躇せしむる事なかりけり。然れども冗費を省き冗員を汰するの故を以て、小栗は俗士輩の怨府とはなれりけり」。

しかし、小栗の最大の事業として挙げられるべきは、横須賀製鉄所の建設である。製鉄所と言っても鉄を作るのではない。造船所の当時の呼称である。事の起こりはフランス公使ロッシュの援幕政策にあった。ロッシュは英公使パークスへの対抗心もあって、対長州戦の戦略まで幕府に教唆した。ロッシュの思惑のひとつは生糸貿易の独占だった。当時フランスは蚕の病気が蔓延し、製糸業は危機にさらされていた。ロッシュは生糸・蚕卵紙の独占のため商社設立を計画し、親仏派の筆頭である小栗は、幕府の新財源としてその計画に乗った。彼と並ぶ親仏派として活躍したのは栗本鯤《こん》（鋤雲）である。栗本は幕府医官の喜多村家に生まれ、同じ医官の栗本家の養子となった人物で、医局の内規に触れ箱館に移り、メルメ・カションに仏語を学び、元治元（一八六四）年目付に抜擢された。

小栗はロッシュとの間に軍需品購入、海軍工廠建設などのため六〇〇万ドルの借款契約を結んだ。六〇〇万ドルを出資するのはフランスのソシエテ・ジェネラールと英国のオリエンタルバンクである。工廠建設の資材手配、人員募集のためには柴田剛中《たけなか》一行が渡仏した。しかし借款は計画通りにゆかず、栗本が調整のため駐仏公使の資格で続いて渡仏した。その結果、四〇〇万フランの武器・装備が発送されたが、実際幕府の手に入ったのはその半分にも満たなかった。フランスの新外相はロッシュの幕府への肩入れを認めなかったのだ。

もちろん小栗、栗本はフランスの援助で幕軍を強化し、長州を始めとする反幕勢力を軍事的に制圧するつもりであったが、その先には藩を解体して郡県制を布く、福澤諭吉言うところの「大君のモナーキー」を見据えていた。この点大久保や水野が藩体制を廃止して近代的統一国家を実現しようとしていたのと似ているが、大久保らのは、幕府の「私」を捨てた「公」のための構想であったのに対して、小栗のそれは徹底的に幕府の「私」のために他ならなかった。

だが小栗は「親の病の癒ゆ可からざるを知りて薬せざるは孝子に非ず、国亡びて身斃るる迄は公事に鞅掌するこそ真の武士なれ」と言ったと伝わる。彼は幕府に孝子たらんとしたのである。幕府が弱り目に祟り目だからこそ義憤を発した。船が沈むからと言って逃げ出す人ではなかった。

なお小栗の対仏借款を石井孝は『明治維新の国際的環境』（一九六六年刊）で、「買弁」的行為と批判した。だが一九七九年に短い評伝をものしたとき（石井前掲書）、石井は小栗にはるかに同情的になっていた。外国の資本から借款を受けるのは明治政府もしたことである。中国は日本と戦う上で米国から莫大な援助を受けた。だからと言って明治政府や蒋介石政権が国の独立を売った訳ではなかった。小栗もその点は考えるところあったはずだ。

横須賀製鉄所はヴェルニーの指導の下、トゥーロンに習って着工され、明治政府がそれを引き継いで完成した。小栗が土蔵つき屋敷を新政府に残すと戯言した通りになったのである。後年荒畑寒村がここで職工として働くことになる。

小栗は慶喜東帰後、徹底抗戦を主張し、慶喜の怒りを買って「御役御免」となり、知行所の上州権田村に隠退した。砲一門鉄砲二〇挺を持参したのは治安が悪かったからである。事実小栗屋敷は博徒ら浮浪の徒に襲われたが、この備えがあったため撃退できた。襲撃者に知行所の農民が含まれていたのは強制されたからにすぎない。あとで関係は修復されている。（阿部道山『小栗上野介正伝』解説）。だが北上中の「官軍」は小栗を見過ごさなかった。慶応四（一八六八）年閏《うるう》四月六日、小栗は捕らえられ、烏川の川原で斬られた。

芥舟木村摂津守喜毅《よしたけ》は浜御殿奉行の息子である。浜御殿は一八世紀初頭、将軍家宣の時代に本格的に築造され、家斉時代には六万三千坪の大庭園になっていた。浜御殿には薬草園も設けられ、砂糖、朝鮮人参の栽培のほか、製塩まで行われた。将軍たちはお成りと言って、この庭園で終日遊楽をこととしたが、特に家斉は二四八回、家慶も九九回に及んでいる。

木村家は喜毅の曽祖父の代から浜御殿奉行を世襲して来た。家禄はわずか二〇〇俵だが、今泉みねの『名ごりの夢』によれば「大へんなお金持」だったという。みねは喜毅の姉久邇《くに》が、蘭学の本家と称せられた桂川家の七代甫周に嫁いで生んだひとり娘である。御殿の産物の売り捌きには商人が関与する訳だから、木村家には副収入があったのだろう。

喜毅は文政一三（一八三〇）年の生まれ、満一二歳になったばかりで奉行見習いに任ぜられ、その直後浜御殿に来遊した家慶から「頭を撫で顋を握らせ玉いなどして、深く御いつくしみを蒙」ったとは、喜毅自身が回想するところである。父喜彦が家慶に信任されたので、その余慶が子に及んだのだろう。喜彦は刀剣・書画の鑑定について一流だった。

喜毅は林家の復斎に学んだ。後にペリー再来時に条約交渉の首席全権となる人物である。共に学んだ先輩に岩瀬忠震、堀利熙がいた。嘉永元（一八四八）年、試験に合格。安政二（一八五五）年、講武所出役を経て西丸目付に抜擢された。これには岩瀬の尽力があったが、当時異例の昇進だったと言う。当時の目付局は積極開国派で占められ、喜毅はそのリーダーたる岩瀬から深い影響を受けた。岩瀬は一二歳上だった。

翌安政三年、長崎奉行付目付に任じられ、永井尚志から海軍伝習所取締役を引き継いだ。彼の海軍との縁はここに始まる。安政四年にはカッテンディーケが教師団長として来崎、咸臨丸をもたらした。伝習生はこの後遠洋航海に乗り出し、鹿児島に再渡航することになる。喜毅は二度目の鹿児島行に同乗、島津斉彬にも会った。しかし伝習所は安政六年閉鎖され、喜毅は江戸へ帰った。

江戸では井伊大老の一橋派弾圧の嵐が吹き荒れ、岩瀬、永井ともに蟄居に処せられていた。喜毅は軍艦奉行並となった。万延元（一八六〇）年、通商条約批准のため使節団が渡米することはすでに決まっていたが、使節団の乗る米艦の他に、別船を派遣しようという議が水野忠徳によって進められていた。いろいろとあった末、この別船が咸臨丸と決まり、喜毅が総督、勝麟太郎が艦長となった。

勝は自分より七歳下の喜毅が上司となったことに不平満々であった。給料も喜毅の三分の一である。無能な男が身分が上だからと言って上司面しやがってというのが、彼の正直な気分だったろう。喜毅は万事丁寧で温厚な人柄であり、姪のみねは「叔父はきつそうな大きな武士《さむらい》で、それでいて愛のこぼれるような方で、子どもに対してもいつも礼をお欠きにならず、ピタリとお手をおつきになっておじぎをおかえしになったので、子どもながら恐れ入りました。…子どもの時分から最後のお別れをするまで、いやなお顔を見たことはありません」と語っている。サンフランシスコの新聞にも「一見しただけで温厚仁慈の風采を備えた人物」と書かれた。

その喜毅が勝に反感を持たれた。彼は明治三二年になって巌本善治に、勝は「始終不平で、大変なカンシャクですから、誰も彼も困ってしまいました。…艦長の事ですから、相談しないわけにも行かず、相談すると『どうにでもしろ』という調子で、それからまた色々反対もされるので、実に困りました」と語っている。

勝はその操艦振りをカッテンディーケから賞められたように、決して船乗りとして無能ではなかった。だが何しろ船酔いする質で、咸臨丸の航海中部屋に籠もって出ず、サンフランシスコに着いた途端色々指図して、みんなから嫌われた。福沢諭吉も嫌った一人である。彼は勝が一貫して海軍建設上の喜毅の功績を無視しようと努めたと言っている。

福沢は喜毅が大好きだった。船酔いはしない質で、ポーハタン艦長が経験したことはないというほどの大時化の中で、喜毅の介抱をし続けた。自伝でこの航海は「畢生の利益これより大なるはなし。而して其利益は木村軍艦奉行知遇の賜にして、終生忘る可からざるの所のものなり」と書いている。晩年の喜毅をずっと金銭的に援助し、喜毅の長子浩吉が海軍大尉になって生活も安定したので、今後の御贈与は御辞退申し上げたしと申し出ると、顔色を変じ「私は何も貴方に差上げるのではない。御尊父に対する私の心を尽すまでのことである」と非常に不機嫌だったと言う。

喜毅は航海中乗組員を慰労するために私財三千両を持参し、使い果たした。幕府から預かった公金は八割を返還している。

帰国後彼は一貫して軍艦奉行を勤め、幕府海軍の建設を担った。文久二年閏八月、軍制会議が開かれ、喜毅も立案に加わった大海軍計画が討議された。江戸、大坂に配備する軍艦四三隻、全国に配備する六艦隊三七〇隻。誇大にすぎる計画で、もとより一時に実現しようという訳ではない。差し当たり江戸、大坂配備の分だけでも発表するとよかったのだろうが、早速勝が噛みついた。その実現には五百年掛かるだろう。仮に艦船が揃っても人員をどうやって育成するのだ。これで満坐は白けて、計画はおじゃんになった。意図した訳ではなかろうが、勝は喜毅の顔を潰したのである。

翌文久三年九月、喜毅は軍艦奉行を辞した。大変うまく行っていた同僚井上清直が辞め、勝が後任に入ると軍艦局の空気が一変してとげとげしくなり、それに厭気がさした。その後開成所頭取等になったが、その履歴をいちいち追うのは辞めよう。

晩年の木村芥舟

維新後は野に在って『旧幕府』への寄稿を楽しむなど悠々たるものがあった。今泉みねは言う。「どこか非凡な力をもちながら、何をきかれても断言したことがなく、こうじゃないかと思うがと、何も知らないおじさんのようになっていたおじの心を、なつかしくも奥床しくも思い出します」。晩年の写真があるが、私はこれほど静寂深沈たる顔容を他に知らない。

川路聖謨は享和元（一八〇一）年生まれで、これまで述べて来た幕臣たちよりほとんどひと世代前の人である。岩瀬忠震より一七、小栗忠順より二六、歳上なのだ。当然彼らよりずっと保守的であった。だが、正真正銘の良吏として、聖謨の名は幕末の幕臣のリストからはずし難い。

内藤家は甲斐武田氏の家臣を祖とするというが、代々甲斐国で村童を教えるなどして暮らしていた。聖謨の父内藤歳由は医師をめざして江戸へ出、志を得ずに九州へくだり、日田代官所の手代に取り立てられた。弥吉（聖謨）は日田で生まれたのである。

歳由は代官所手代の身分にあきたらず、江戸へ出て、弥吉が四歳の時一家を呼び寄せ、文化五（一八〇八）年には江戸城西丸の御徒に採用された。文化六年には弟松吉が誕生。幕臣中最下級の身分だから生活は苦しく、それを語る逸話も数々残っている。

だが父は上昇欲の強い人だったから、日頃一人前のお侍になるよう言い聞かせ、学問も仕込んだ。自分の願望を子が遂げんことを願ったのである。七歳から塾に通ったが、その往復悪餓鬼たちからなぶられ、「ナキチ」という仇名がついたとは自らの回想である（『遊芸園随筆』）。

文化九年、弥吉は譜代の御家人川路光房（九〇俵）の養子となった。もともと歳由は弥吉の出世のためには、しかるべき幕臣の養子にした方がよいと考えていたのだ。二男の松吉を井上家に養子に出したのも同じ考えからである。ハリスとの交渉で知られるのちの井上清直である。内藤家は末子重吉が継いだ。

だが川路家は小普請組である。小普請組とは無役の幕臣をほうり込むところで、ここから抜け出すのは難しい。そこで「逢対《あいたい》」というのをやる。小普請組の組頭や、勘定所入りをねらう場合は勘定奉行や勘定吟味役の家に日参するのである。早朝からその家の廊下に正座して、主人の出勤を待つ。主人が廊下を通り過ぎると頭を下げて礼をする。そうやって見覚えてもらおうというのだ。それを四年も五年も続けるという。

聖謨は勘定所の筆算試験に合格したこともあって、文政元（一八一八）年支配勘定出役に採用された。一八歳である。出役というのは身分はまだ小普請組に属しながら、勘定所に臨時に出仕するのである。翌年、支配勘定の本役となり、評定所留役助となった。評定所留役とは天領の民事刑事裁判の実質的な判事の役で、助とはその助手である。文政六年その助がとれて留役主役に昇任、将軍にお目見得できる身分になった。父は前年急死していた。生きていたらどんなに喜んだことか。聖謨は裁判官として連座制と拷問に疑問を持ち、その廃止を望んでいた。

文政一〇年には寺社奉行吟味物調役となり、天保二（一八三一）年には勘定組頭役に昇任した。聖謨は何人かの上役に愛されたが、何しろ日記を初め厖大な書きものを残した人だから、庇護を蒙った人の名もいちいち記録した。しかしそれは彼自身の精励のお蔭で、彼が就任すると寺社奉行所の未決の件数がどんどん減り始め、閣老の間にも彼の名が聞こえるようになった。寺社奉行の脇坂安董とは名コンビの関係にあった。

脇坂は播摩国龍野藩主。享和三（一八〇三）年、日蓮宗延命院の日道を検挙して名声を馳せた。日道というのは女犯坊主で、寺前には女用の乗物が連らなり、代参の名で大奥の女中衆も宿泊していた。日道は死刑となり、大奥女中も処分された。だが安董は大奥の憎しみを買い、文化一〇（一八一三）年には寺社奉行を辞任する。

寺社の腐敗は将軍家斉の許で再現された。家斉の愛妾お美代の方の父日啓の智泉院、さらには感応寺が、またしてもホストクラブの観を呈したのである。安董は一六年振りに寺社奉行に再任、日啓らは恐れ、巷間「てんの為す災いなどと芝でいい」と噂した。貂《てん》は脇坂家の槍飾りである。智泉院、感応寺は家斉の死後、水野忠邦の改革で破却された。

聖讃が脇坂の下にあって解決したのが仙石騒動である。但馬国出石《いずし》藩で家老仙石左京がわが子を藩主にしようと画策した事件である。左京には時の老中首座松平康任の庇護があり、反対派を次々と処分したが、聖讃は将軍家斉の意向を受けて真相を究明し、左京を獄門に追いこんだ。天保六（一八三五）年のことであるが、一件落着の前に聖讃は勘定吟味役に登用された。勘定奉行の補佐役で、文官系幕臣の出世の目標とされる地位である。

この昇進は松平に替わって老中首座に就いた大久保忠真（小田原藩主）の引き立てによる。大久保は大器であり、家斉時代の綱紀の緩んだ状態を建て直すのではと聖讃は期待したが、惜しくも天保八年三月急死した。大塩の乱が起こった直後である。大久保が生きていたら、水野の改革でなく大久保の改革になっていたかも知れない。聖謨は大久保に大いに嘱望し、健康に留意するよう書状で訴えていたのだった。

聖謨は二度地方巡検に出ている。初めは文政八年、近江国の藩領の異なる二村間の境界争論を裁くための実地調査、二度目は焼失した江戸城西丸再建のための木材調達のため、天保九年木曽山中へ出張した。二度とも苦労したのが付け届け、饗応の辞退である。豪勢な食事を出されると、野菜だけ食べて魚は残す。品物は返却して受領証をとる。巡回する役人に付け届けし、饗応するのは一般の慣習で、普通の役人は役得としてそれを受ける。聖謨はそれが我慢ならなかった。そういう良心的な役人は他にもいた。聖謨より五つ歳下で、文人代官として著名な林鶴梁も、村を見廻る際、付け届けや過分の饗応は返却するか、代わりに金子を遣わしている。

天保一〇年、渡辺崋山との交わりのため、崋山失脚のとばっちりを受けそうになったが、天保一一年には佐渡奉行に任ぜられた。佐渡では前年役人の腐敗に抗議する大一揆が起こっており、聖謨はその善後処理の任を受けた。この人は急激な改革をやらない。まず己が身を正してみせ、影響を廻りに及ぼそうとする。奉行所の雰囲気はみるみる改まった。彼の真骨頂は全島巡視の際、村人の食事を自ら食べてみて、その粗食に驚き、「これをみても憐とおもわざるは、人間とはいうべからざる也」と感じたことにある。「凡家人等、着もし給べもするものは、みなかゝるものよりあつめたるあぶら絞りて、御年貢となせしもの也」。「士たるもの、農夫に及ばざること、日々に忘るべからざる様心がくべき也」。これは彼の畢生の信条の第一であった。

聖謨は天保一二（一八四一）年小普請奉行、一四年には普請奉行と累進した。江戸城の営繕、土木の任務を統括するのだが、つきものの業者との腐敗をただすなど、確実な成果を挙げた。だから弘化三（一八四六）年に奈良奉行に補せられたのを、聖謨自身は左遷と感じたらしい。

彼は「もと浪人ものの子たりし」ことを片時も忘れなかったし、自分の目覚ましい昇進を「同僚のものこゝろよからぬ様」であるのを自覚しすぎるほど自覚していた。「私儀、至って弱年より刑名の御役相勤《あいつとめ》、日々悪党計《ばかり》を相手に仕候故歟《つかまつりそうろうゆえか》、生質疑ひ深意味之有候歟、又は度々人に欺れ候て、後日に驚嘆仕候事も少なからず故歟、…俗に申廻り気と申すも多こまり候」と言っている。

ではどうすればよいか。人を相手にして自分の方がよいなどと思わぬことである。この上の地位を望まぬことである。名を好まぬことである。名を好めばこそ「小人の議」に陥る。しかし、人の陰口を恐れ、左遷されぬように忠告してくれる人に動かされてはならぬ。「自家のことおもいはかりて黙止居らんには、もの、夫の戦にのぞみて命をおしむとおなじかるべきにや」。以上のように彼は『遊芸園随筆』に記している。これは天保三年から弘化三年までの彼の手控えである。

奈良には六年いた。彼の一生のうち最も楽しかった時期ではなかろうか。というのは妻さとと妾腹の二男市三郎との家庭生活の和やかさが、母に書き送った日記に溢れているからである。天性のユーモリストの資質も、この時代に最も発揮されたようだ。裁判中も冗談ばかり言うので、家臣は笑いを禁じ得ず顔を横に向ける。さととの仲については、母宛の手紙に房事はおびただしくしたく候と言い、月に何度と交合の回数まで知らせている。そんなに致しておりませんからご安心をという訳だ。治績もあがった。しかし、江戸にいた長子彰常の急死という思わぬ悲しみもあった。

さとは四度の妻である。最初の妻は病死、二度目のやすとの間には一男二女を設けたが、利口すぎてカカア天下になってしまうというので離別。三度目の妻はおとなしいばかりで女中も使いこなせず、これも離別。四度目のさとが当たった。妻《さい》ノロと言っていい程の気に入り様で、朝晩敬い奉り、のちにロシア使節談判の節には、拙者の妻は江戸随一の美人にて、こんな談判やめて早く帰りたしと、使節たちを笑わせた。

川路聖謨

さとは病身で子は出来なかった。妾は二人持って、三人子を生ませている。一人はやすが妻の時で、これが市三郎である。さとを熱愛していたのに、妾を設け二児を得た。さとは病身で、聖謨はお相手を断られることもあった。彼は自戒すべき項目をいくつか挙げているが、色欲の項目には「此《こ》のこと、大いに敗れたり」と注記している。

嘉永四（一八五一）年には大坂町奉行に転じた。奈良を去る際、見送り人が陸続として絶えなかったと言う。大坂の任期は短く、翌年は勘定奉行となり栄達の頂点を極めた。家禄五百石、知行地も賜る。嘉永六年一二月、長崎で露使プチャーチンとの交渉を始めた。

交渉での聖謨の言動は、プチャーチンの秘書で有名な作家ゴンチャロフによって記録されている。「彼は私たち自身を反駁する巧妙な弁論をもって知性を閃めかせたものの、なおこの人物を尊敬しないわけにはいかなかった。彼の一言一句、一瞥、それに物腰までが、すべて良識と機知と烱眼と練達を顕わしていた」。彼は川路が扇子をついて視線を凝らして人の話を聴き入る態度が気に入った。額に寄る皺は、彼の頭の中で思考がまとまってゆく過程を示し、やがて話の真意をつかむと、顔の皺は消えて晴々となる。そして我見を述べる時、彼の瞳は烱々《けいけい》と輝いた。

彼の交渉方針はいわゆる「ブラかし」であった。頭から拒絶はせず、いろいろと当方の事情を説明し、結論を数年先に延ばすのである。彼は決して岩瀬忠震のような開明的な進取主義者ではなかった。開国の大勢は承知していたが、その影響の大きさを憂えて、一寸伸ばしに伸そうとした。

プチャーチンは結局何物も得ることができなかった。聖謨は彼に将来、日本が外国と修好条約を結ぶ際にはロシアを第一とすると約したが、江戸に帰ってみると、すでにペリーとの間に修好条約が結ばれていた。聖謨はこのため深くプチャーチンに恥じた。

プチャーチンは安政元（一八五四）年一〇月下田に来航、聖謨は下田に出張して一二月、ロシアとの間に和親条約を結んだ。この間下田が大津波に襲われ、プチャーチンの乗艦ディアナは沈没、戸田で造船が行われるなどの出来事があったが、聖謨は遠く異国に使いし、艱難にいささかも意気沮喪せぬプチャーチンに、深い感銘を受けている。

安政三年にはハリスが下田にやって来た。彼の将軍謁見の要求、通商条約の提議に幕閣は揺れる。この際も聖謨はハリス出府反対の保守派だった。岩瀬はアメリカは他国を侵さぬというハリスの言を信じたが、聖謨はメキシコ戦争、カリフォルニア奪取を指摘して肯なわなかった。

安政五年一月、条約許可を得るため堀田正睦について上京するが、何の効なく帰府。五月、就任したばかりの井伊大老から一橋派と睨まれて、西丸留守居に左遷、翌六年には隠居、差控えを命ぜられた。

彼は武士とは人殺し商売と覚悟しており、毎日槍や棒を振り、甲冑を身につけて歩行するなど、武士としての鍛錬を習慣として来たが、隠居後も一日もそれを廃さなかった。一方、学問を尊び、書を読み、晩年はオランダ語を学んだが、詩文にわたるのは無用とした。その癖、歌も詠み漢詩も作っている。

彼の信条は簡単だった。武と忠である。これは何といっても、一介の浪人の息子から幕吏としての極官まで取り立ててくれた幕府への恩義が大きい。その恩義の自覚が彼の一生を支配した。一方、百姓に養われていることを忘れては、天罰が下るとも自覚していた。

文久三（一八六三）年、彼は外国奉行に登用されたが、すぐに辞任した。すでに自分の才識が時勢におくれていることを感じたのだろう。元治元（一八六四）年八月、中風を起こして左半身不随となった。慶応四（一八六八）年三月、自決したことは既に述べた通りである。

聖謨は幕臣と言っても民間から取り立てられたのであり、その恩義を感じたから、武士よりも一層武士らしくなった人である。幕府は歴代の臣よりも、却って彼のような成り上り者によって擁護された気味が強い。読者はこの章で取り上げた六人のうち、三人が養子であるのに気づかれたであろうか。養子制のために彼ら逸材は一生飼い殺しになるのを免れた。これも幕府の人物登用ルートのひとつだった。

第七章　敗者たち

二七〇年続いた幕府はなぜああも簡単に崩壊したのか。理屈を言えばいろいろとこみ入って来るけれど、崩壊に当たっては、不徹底極まりないが一応戦さをしたのであるから、その戦さに弱かったからだと言うほかはない。第二次征長の役や鳥羽・伏見の戦いであんな不様な敗け戦さをしなかったら、すなわち勝っていたら、その後の近代国民国家、集権国家の成立における幕府のウエイトはずっと重かったに違いない。

ところがその兵が弱かった。当たり前である。泰平の世が続いて、武士が戦士の実を失うのは幕府も各藩もおなじであったが、おなじと言っても程度があって、お江戸のお旗本、御家人の遊民振りは甚だしかった。ここに慶応元（一八六五）年、第二次征長の役に従軍した御武具奉行配下の同心、中西関次郎なる者がいて、日記を残している（進士慶幹『江戸時代の武家の生活』所収）。仕事は将軍のつける兜を奉持することで、こんな仕事に何十人とかかっているのだから、長州や薩摩の実戦配備された部隊に敵うはずがない。

将軍のお伴の部隊が五月一六日出発してから三日間に、乱心者が三人出た。お伴の部隊を全員収容できる宿場はないから、あぶれた連中は遠くの宿場や村まで行かねばならない。興津では関次郎たちは一里半先の村に泊まった。行進に加わるためには、行き帰り三里余計に歩く訳だが、関次郎は「弥次郎・喜多八のやうな事のみ御座候間、御笑ひ下さるべく候」と書いている。

閏五月二三日入京、二五日には大坂に入った。心斎橋に遊びに行き、買った薩摩芋を踏んづけて仲間が尻もちをついたと、「お笑い」を記す。六月九日には、何と版木屋へ行って内職を始めた。版木屋には娘が二人いて、酒宴となった。「姉はすみと云、妹はゆきと云、此《こ》の娘誠にうつくしく、昔は小町とも言うべきふうけいなり。弥次六、此娘にたわむれついにえん先よりおち」た。弥次六というのは関次郎の友人で、彼らは「業平組《なりひら》」と自称していた。

八月には奈良まで赴いて散財した。一〇月になると将軍が江戸表に御帰還というので、慌てて京都へ駆けつける。そしてまた将軍一行に加わり、大坂へ戻るのだが、大坂ではあなご飯、ぜんざい、鍋などを「やらかし」た大食の記録が続く。

正月には版木屋のほか馴染みの糸屋・下駄屋の家を訪ね、女房・娘たちと戯れた。二月九日には住吉神社に繰り出して遊んだ。三月には花見である。前記の店々の者どもを入れて総勢四四人。娘たちと鬼ごっこして転ぶやらして大騒ぎ。五月、大坂では諸色高直《しょしきこうじき》というので打ち壊し騒ぎとなった。しかし関次郎たちは、その跡を見物して風呂に入り、蕎麦屋で飲み食いしただけだった。

つまり、彼らには戦争に出かけているという自覚が全くないのである。また、そう自覚させるような戦闘訓練もなかった。幕府の衰亡への危機感もない。ただ自分たちを弥次喜多になぞらえて、洒落のめすだけなのだ。これでは戦さをせよと言っても無理であろう。ここにはむしろ、天下国家のことはおいらは知らねえよと言う、一種徹底した態度すら感じられる。

しかしその一方、水戸侍のところで触れたような狂気まがいの殺気が、倒壊時の江戸侍にもあった。「報知新聞」の記者篠田鉱造が明治三八年に出した『幕末百話』の冒頭には、生涯に八一人を斬殺したという男の話が載っている。佐竹侯の家来で百石取り、神田佐久間町の中屋敷に住んでいた岡部菊外という男である。どういう訳でそれだけの人間を斬ったのか。「人を斬るのが飯より好きで、新刀《あらみ》を求めると七人を斬らねば本当の斬味が分らないと言っていた」と篠田が記すところからすれば、対手は誰でもよくて、本物の試し斬りだった訳だ。下谷摩利支天横町《したやまりしてん》で按摩を斬った時、「目の見えぬものを、斬ったな、お前の家に祟ってやるぞ」と按摩が放った細い声が耳に残って、病みついて死んだと言う。

「攘夷強盗」の異名をとった青木弥太郎は高一二〇〇石の旗本、文政一二（一八二九）年の生まれで、二一歳の嘉永二（一八四九）年に御勘定出役、安政五（一八五八）年に御勘定本役となっているから、まずは順調な出だしだった。だが、家庭に問題があった。母は彼が二歳の時離縁され、父はその翌年に死んだ。祖母と二人になった弥太郎を叔父が引き取ったが、これが善からぬ者で、弥太郎を喰物にし、とうとう五〇両取って須賀という家に婿養子にやった。妻との間には一男二女が出来、夫婦仲よろしく上役の覚えもめでたかった。

ところが弥太郎は頑固な攘夷主義者だった。それも天朝様のことなど頭にもないから、ひたすら幕府のための攘夷で、「外艦に闖入して思うぞんぶん暴行を加え」たいといった単細胞ぶりである。閣老板倉勝静に攘夷を迫ると金がないから出来ぬと言う。金なら作りましょうというので、金持ちの家に押借りに入り、文久元（一八六二）年一〇月は閉門一〇〇日、小普請入りを命じられた。

これで居直ったか、「外艦に闖入し」たいならさっさとやればいいのに、今や金持ちから金を巻き上げる仕事に身が入った。仲間は新徴組中心に六、七〇人いたというが、腹心は一五〇俵取りの小普請組津田幸次郎と、料亭小倉庵の息子長次郎だった。名目は何とでもつくので、例えば木場の材木屋に押し入ったときは、「当家には長州浪人を匿っているだろう」と難癖をつけ、家捜しして一五〇〇両取った。

吉原、深川の遊廓から月々一〇〇両お手当があり、吉原の吉里屋の遊女だったお辰が妾であった。お辰と組んで、誰が袖という浅草蔵前の待合いで、賭場を開いている旦那衆を恐喝したのは、明治になって読物にも仕組まれた有名な一件である。この時取った金は一二〇〇両。

度重なる乱暴に、さすがに慶応元（一八六五）年六月召し捕られた。獄中では犯行を断乎として否認、石抱き拷問にかけられること一八回。ことごとく耐えぬいて江戸中の評判になった。津田幸次郎は慶応二年四月、この石抱きで絶命した。慶応四年になり新政の治下になって、七月二一日に放免された。その時所持品を渡してくれたのが、後に郵便制度の生みの親になる前島密《ひそか》であったと言う。

青木弥太郎はその後、寄席や娼家や料理屋を営んだと言うが、齢七〇の頃は、雑誌『名家談叢』に明治二九年から三一年にかけて、以上紹介したような話を連載した。

幕府瓦解期の江戸の世情については、塚原渋柿園《じゅうしえん》の『明治元年』が詳しい。渋柿園は明治一〇年代に新聞記者となり、ディズレーリの翻訳から始まって、政治小説・歴史小説で名を成した、明治初期文壇の雄である。家は代々鉄砲組与力。明治元年には二〇歳であった。

慶応三（一八六七）年一二月二五日、庄内藩兵が幕命によって三田薩州邸を焼打ちした当日、渋柿園が赤坂神社に参詣しようと市ケ谷の組屋敷を出ると、半鐘が鳴って、火事だという騒ぎ。火事はどこかと聞くと、芝だと言う。それでも参詣すると、成程煙が見える。赤坂に叔母の家があるので寄ってみると、「火事じゃない。軍《いくさ》だよ。薩摩様の焼打ちだよ」という話。

虎の門外まで行ってみると、街は騒ぎ立っている。知り合いの魚屋と出会うと、「何、軍ですか。そりゃ朝方すみましたぜ。今は通行人の詮議です」と言う。それで四谷へ引き返して驚いた。

「いや太平至極なもので、こちらは戦争ではない歳暮《くれ》の騒ぎ、紙鳶《たこ》はあがる、鯨弓《うなり》は聞える、羽子はつく、獅子舞の太鼓の音はする、絵草紙屋には人がたかって、役者の似顔画を馬鹿な面して眺めている。目と鼻の間の芝で今戦争があって、兵燹《いくさ》で人家が焼かれているなど夢にも知らぬ、往来は絡繹、人はみな近づく春のいとなみに余念なしという景色を見て、私もその暢気さ加減には大いに呆れた」。

明くれば慶応四年、「正月になっても市中そのほか賑やかで、礼者も来る、獅子も来る、鳥追いも万歳も来る。明けましては御慶の年賀に元日から二日三日と過ぎたが、いづくんぞ知らむ、この時はこれ鳥羽伏見の大戦争で、徳川三百年の基礎の顚覆にのぞめる際ならんとは」。

渋柿園は一月一二日の夜に伏見の敗戦を知った。ちょうど英語を習っていたが、その塾の帰りがけ知人に会った。その男が言うには「京都は大戦争、御味方大敗走、上様は昨夜蒸気船でお帰城《かえり》です」。「ただもう夢見心地で宅へ飛び帰って『御母さん、こうですと』と次第を話すと、母は聞くなり忽ち涙をはらはらとこぼした。私の母は恐ろしい勝気な人で、幕府の事を悪くでも言うと泣いて怒った人、非常に権現様贔屓でありました」。

渋柿園は残念でたまらない。「いずれ再度の盛り返しの戦争は是非ある事、その時こそは！、と銃を磨き、弾薬の用意をして、刀に引肌まで掛けて、今日か明日とその沙汰を待っていたところが、二月になると上様は上野に御謹慎！　戦争はない！　という事にきまった」。

そんな事があってたまるかと悲憤するうちに開城、脱走、上野に拠るという始末になったが、「ただこの際の江戸市中は、商売もなく交通もなく、闇夜の如くであったろうと思し召そうが、それがそうでない、依然繁昌は繁昌の都会であったから、むしろおかしい」。

渋柿園は当時の脱走兵の人気は素晴しいものがあったと言う。「幕士の青年にしてそのころ都下にぶらぶらしている者などをば『あの誰さんは脱走一つし得ないで!』と後ろ指を指してわらったほどの人気でしたよ」。

官軍から討伐を受けた会津の人気は恐ろしいほどで、画家の柴田是真は愛蔵する李竜眠の絵を千両で売りに出した。会津に送って弾薬の料にしてもらうと言うのだ。庄内藩の抱え力士朝日嶽は従軍して負傷し、角力は弱くなったが素晴らしい人気。渋柿園は言う、誰のために命がけの難渋な戦争をするのか、訳が分からぬと言えばこれ程分からぬものはないが、「名利を棄てた、至愚な…孤忠というのを世人も憫れん」だのだろうと。

幕臣は朝臣となるか、農商に帰すか、静岡に与えられた徳川領へ移るか、選ぶこととなり、塚原家は静岡移住を選んだ。ゴールデンエイジという米船が傭われ、二千五、六百の静岡移住組が乗り込んだ。塚原家もその中にあった。

渋柿園は甲板の上にテントを張った組だが、家族の両親、祖母、姉、それにどうしてもついて来ると言い張った七十余の老僕の五人は、甲板下の雑居房であった。どうしているか見ようとしても、階段が取っ払ってある。下をのぞきこんで仰天した。

「臥棚《ねだな》もなければ何もない伽藍堂の板敷の上に、鮨を詰めたと謂おうか、目刺鰯《めざし》を並べたと謂おうか、数限りの知れぬ人間の頭がずらりと列んで、誰も彼ももう寝ているのであるが、その枕としているのは何だというと他人の足で、自分の足もまた他の枕にされているのだ」。

この日は時化模様で波が荒い。築地を出港して二里余り、石炭臭い匂いにごみの匂い、それに大勢の人いきれで、各所でげいげい吐く者、苦しんで唸る者、子供は泣く病人はわめく。便所が足りぬから四斗樽が並べてある。男はいいが、ご婦人が衆人環視のうち用が足せる訳がない。清水港に着くまで、用便を耐えて卒倒する者が出る。塚原家の隣りにいたのが婆さまと若夫婦。そのうち妊娠中の若妻が苦しみ始め、脇差しに手を掛けて自害すると騒ぐ。さながら地獄だった。

渋柿園は下をのぞきこんだが、家族がどこやらわからない。下からは泣き声、嘔吐の声、しかも渋柿園同様、下に呼びかける者がほかにもいる。そのうちやっと気づいてくれて、手真似で答えてくれる有様だった。

清水港に着いてからがまた大変だった。どうして喰ってゆくか問題なのである。渋柿園は沼津兵学校に入った。ある時家族を訪ねてみると、母は夫の着物でこしらえた財布を売っていた。村人が来ていくらかと問う。七〇〇文と言うと六〇〇文に負けろと言う。祖母が脇から言った。「負けておやりよ、直《なお》が久しぶりで来たから、お酒でも飲ませてやろうよ」。渋柿園はそれを聞いて泣いた。

沼津兵学校は静岡藩がオランダ帰りの西周を校長に開いた学校である。教師のうちには西のオランダ留学仲間赤松則良もいた。入試については珍談がある。「仙台平の袴に朱鞘の大小を指し、威張って兵学校の試験を受けることとなった」が、酒井雅楽頭を「がらくのかみっ」、井伊掃部頭を「はらいべのかみっ」とやったのがいた。西たちは大笑いし、諸君のようなのがいるから今日に至った、しっかり勉強したまえと説教した（『幕末百話』）。進士慶幹は先述の中西関次郎ら弥次喜多連について、彼らの戯文には並々ならぬ学力が窺われると保証しているから、まあこんなのも居たという話だろう。

いわゆる戊辰戦争のうち、会津藩征討の一件ほど奇怪なものはない。会津藩は藩主松平容保《かたもり》が京都守護職に任じられ、新選組を配下に置いて京の治安を維持したのであるから、テロ行為を常習した尊攘志士が讐敵視したのは当然である。しかし、薩藩とは禁門の変で同盟した仲であるし、何よりも孝明天皇の信任が絶大であった。

孝明天皇の容保への宸翰は、北原雅長の『七年史』（明治三七年刊）によって、初めてその全貌が明らかにされたが、とにかくその頼り方は絶対的であった。このように天皇が信頼した容保、尊皇の立場からすれば文句のつけられぬ筈の容保を、賊徒として征伐したのであるから、維新新政権の「尊皇」も正体が知れようというものである。

もちろん征討の名分は、鳥羽・伏見の戦いにおいて「朝敵」となったことにあった。しかし親王の慶喜を宥免して容保は許さないというのだから、理屈が通らない。容保は会津城外に出て謹慎の意を表し、度々恭順の意を新政府に伝えていた。維新新政権は江戸開城以降も西日本を掌握しているだけで、関東・東北は依然として敵地だった。東日本を完全に制圧するには、やはりみせしめが必要だったのだろう。そう解するほかはない無理な会津攻めだった。

西軍が会津城下に入った時、戊辰戦争中最も悽惨な悲劇が生じた。入城できなかった会津藩士の家族が続々自決したのである。列挙したら切りがないので、『七年史』より一例だけ引いておこう。

河原善左衛門は西軍来攻の日、一五歳の息子とともに出撃、両人とも戦死した。妻も戦いに赴こうとしたが、母と幼い娘がいる。お父様もお兄様も討死されたに違いない。我も後れじと思へど、汝一人残しては敵に討たれなむ、先がけて父のお伴せよと後ろに廻れば「娘は合掌して打たれにけり」。母はこれを見て「いみじくもなし遂げたり、我も同道せん、介錯せよ」と言う。妻が母を介錯など思いも寄らず、下男とともに落ち給えとすすめると、母怒って「老いさらぼえて街の塵とし
も埋れば何の効かあらん、只速かに介錯せよ。介錯なし得ぬほど心臆したらんには、戦に臨むも何の効かあらん」と言うので、「さらばお許しあれと後に立回れば、首は前にぞ落ちたりける」。妻は入城し一カ月の籠城に耐えた。籠城の様が打ちこまれる砲丸の下で地獄の相を呈したことは諸書に説かれている。

東海散士柴四朗の弟五郎はこの時一〇歳であった。父は二八〇石取りの御物頭。母ふじのほか、祖母つねが八〇歳で健在、兄が四人、姉三人、妹一人がいた。父と兄三人はすでに戦場に出ていた。四朗は病床にあったが、西軍進入の警報に接し、おぼつかない足取りで入城した。

西軍の尖兵が出没し始めた頃、面川沢という所にある別荘の留守番、大叔父の未亡人きさが訪ねて来て、山はきのこの盛りだ、泊まりがけに採りに来いと言う。母はいそいそと五郎のなりを整え送り出した。城下すでに騒然とし、男子すべて入城し、七つの妹まで懐剣をたばさんでいるのに、「いかに余が幼かりしとはいえ不敏にして知らず。まことに慙愧にたえず、想い起して苦しきことかぎりなし」と後年五郎は手記に記す。

翌日きのこなど採って遊び暮れていると、下男が来て、帰宅せよとの母の伝言をもたらした。翌朝帰途につくと、街道は城下町からの避難民群集し、若松あたりを望見すれば、黒煙上って天守閣も見えず、わが家のあたりは火の海で、仕方なく別荘に引き返した。やがて叔父夫婦が到着、そのとき五郎の祖母、母、兄嫁、姉、妹の五人が自刃したことを知らされた。叔父は「芋武士奴《め》、何をしでかすかわかり申さぬ。御身の安全のため百姓の姿に改めよ」と言う。髪を切って丸坊主にされ、大小も取り上げられた。手記に言う。「この夜こそ、わが生涯における武士の子弟最後の日となれり」。

慶応四（一八六八）年九月二二日、若松城は遂に落城した。この戦争で特記せねばならぬのは西軍兵士の乱暴狼藉である。強姦、掠奪など、なさざるところなしと伝わる。また、『自由党史』の伝えるように、板垣退助が会津領民が藩の滅びるのを見ること他岸の出来事如くであったと見たのも事実とは異なる。領民の百姓の反応は多様であって、火事場泥棒のように掠奪に走る者もいれば、藩士家族の危難を救う者もおり、兵士として藩のために戦った者もいた。

もちろん災厄にかかったのは会津藩だけではない。東北各藩は一応奥羽越列藩同盟を結んだのであるから、賊軍の汚名に永く苦しむこととなり、その傷痕は少なくとも二〇世紀中は癒やされなかったようである。私は一九六三年、編集者として作家の村上一郎氏を訪ねた時、出身を問われて熊本ですと答えた処、「僕は九州人は一切信用しません」と言われて面喰らった。私は北京・大連育ちなので、九州人などという自覚はなかったのである。会津戦争から九五年経っていた。

会津藩は明治二（一八六九）年一一月、斗南《となみ》藩として復活した。二〇万石を削られ、封地は下北半島の公称三万石。しかし実収は七千石ほどの痩地にすぎなかった。この不毛の地に明治三年六月から、二千八百戸、一万七千人の旧藩士一族が移住したのである。

柴五郎は、はじめ東京の一ツ橋門内の倉庫に収容されたが、やがて許されて土佐藩公用人の学僕となり、六月半ば兄太一郎とともに斗南へ向かった。五三郎、四朗の両兄は東京に残った。斗南には父も来たり、太一郎も嫁を迎えて、一家四人の生活が始まったが、これが惨苦とも何とも言い様のない生活だったのである。

下北半島の田名部《たなぶ》の茅屋を借りた。一人一日玄米五合を給されたが、これではやって行くことが出来ぬので開墾を始める。しかし虫にやられて、何もとれない。冬になると炉辺にいても氷点下一〇度一五度にくだる。食物は玄米に大豆、じゃがいも、海草など炊きまぜた粥。犬の死体をわけてもらって喰おうとしたが、喉を通らず、父から「武士が戦場にて犬猫くらうは常の事なり。ここは戦場なるぞ。会津の武士どもは餓死したりと、薩長の下郎どもに笑わるるは恥辱なり」と叱責された。

しかも太一郎が捕らわれて東京へ護送された。藩の使者として箱館へ渡り、デンマーク領事から米を購入したのだが、仲介の商人が支払金を横領して逃亡した。領事は藩を訴える。太一郎は藩に累を及ぼさぬため、おのれの仕業と偽って責任を取ったのである。残されたのは父、兄嫁と一二歳の五郎。父は川辺に釣糸を垂れるのみ。「その姿木像のごとく枯れ、石像の如く動かず。水面を凝視して魚を忘れ己《おのれ》をも忘れたるがごとし」。

初めての冬を耐え忍んだ翌春、兄五三郎が東京から来援し、五郎はようやく私塾に泊まりこんで学習ができるようになった。彼は履物というものを持たなかった。また冬が来ると、休日ごとに家へ帰るのに裸足で、凍傷を避けるためには、全速で走るほかなかった。

明治四年の年末になって、五郎は青森県庁の給仕に採用され、同県大参事の野田豁通《ひろみち》宅に寄寓することになった。野田は肥後藩士石光家の末弟で野田家を継いだ人で、横井小楠に学び、戊辰戦争で武功あり、兵部少輔を経て青森県大参事となった。『城下の人』四部作で名高い石光真清は、豁通の甥に当たる。好んで有為の若者を世話する人だった。

五郎は書生として野田家に住みこみ、野田が討幕派、佐幕派の差別をせず人物本位なのを知って

「心底のこだわり次第に融け」るのを覚えた。しかし彼は東京へ出て一人前になりたかった。明治五年六月、折から地租改正のため青森に来た大蔵省役人に、野田から口添えしてもらって、同行して上京することになった。「逆境より逃れんとする必死の喘ぎにて、青雲の志などという立派なものにあらず」。

東京へ出ても行くところがなかった。兄の四朗は、八戸で広沢安任が開いた牧場へ、外国人技師の通訳として傭われて、すでに東京を去っていた。ちょうど野田が青森県大参事を辞めて帰京していたので、訪ねてはみたが、彼も当時浪々の身で世話できかねると言う。でも彼の添書を得て山川大蔵《おおくら》方へ転がりこむことができた。

大蔵は元会津藩家老、会津戦争で奮戦した人であり、斗南藩の権大参事として会津遺臣の統率に当たった。浩と改名、陸軍にはいり西南の役でも名を挙げた。弟が物理学者で東大総長になった健次郎、妹が大山巌と結婚した捨松である。

一〇月になるのに、五郎は薄汚れた浴衣一枚だった。大蔵の妻は憐れんで、米国留学中の捨松の裾模様のついた袷を与えた。五郎は娘の着物を着て人目を気にするどころか、これは暖かいと得々としていた。

しかし、山川家も多くの書生を抱えこみ貧窮していた。野田は見兼ねて、同郷熊本出身の福島県知事安場保和の留守宅に、下僕として紹介してくれた。安場は小楠の高弟で、先に胆沢《いざわ》県に在った時、後藤新平の世話をした人である。安場家での仕事は邸内外の掃除、食事の給仕、娘たちの通学の荷物持ちだった。給料は一銭も貰えなかった。

その頃野田から、陸軍幼年生徒隊の募集があるので試験を受けてみよとすすめられた。一一月初旬受けた。ところが一二月、安場知事が落馬して重傷というので一家は福島に移転、五郎はまた宿なしになった。行く所はまたしも山川宅しかない。受け入れてもらえたが、同家は相も変わらず貧窮を極め、五郎が同家に預けてあった虎の子の貯金一三円五〇銭を借用したいとのこと。五郎は承諾した。

三月末日、幼年校より入学許可の通知あり、「言葉うわずりて雲上を踏むがごとく、魂ふるえて額に冷汗流る」。のちに海相、総理大臣となった斎藤実はこの時落第した。

山川家でも大喜び、大蔵は早速洋服をひと揃い買いととのえてくれた。「母堂の悦び、ことのほかなり。余の両肩に手を置きて、前よりうしろより眺めて流涕す。おそらく自刃して果てたる余の祖母、母上を偲び給えるなるべし」。

野田の所へ挨拶に行くと、彼の軍服姿を見て、「これでよか、これでよか」。五郎は言う。「野田豁通の恩愛いくたび語りても尽すこと能わず。藩閥の外にありて、しばしば栄進の道を塞がる。しかるに後進の少年を看るに一視同仁、しかも導くに諫言をもってせず、常に温顔を綻ばすのみ」。

幼年校での授業はフランス人が全部フランス語で教える。同級の石本新六（のち陸相）などは大学南校でフランス語を習っているからいいが、五郎は困った。そして一心に勉強した。成績はずっとビリだったが、いつしか上向いて、作文で激賞されるまでになった。ただ閉口するのは、教えるのが全部フランスの歴史と地理なのである。

五郎は薩長への遺恨を片時も忘れることがなかった。偉人の肖像、写真を集めたが、薩長人士のものは一切買わなかった。やがて西南の役が起こり、五郎は日記に「めでたし」と書いた。五三郎兄は警視隊に入り、四朗は山川浩の下に出征した。

五郎は晩年になって書いた手記（『ある明治人の記録』中公新書）の中でも、何度か「薩長の狼藉者」と書いている。また大久保利通の横死に触れて「会津を血祭りにあげたる元凶なれば、一片の同情も湧かなかった」と言い、若い時のその気持ちは「いまもなお咎むる気なし」とつけ加えている。砲兵科にあり、大将にまで登った人である。というのは長州閥の支配する陸軍に在って、決して異端でも反抗的でもなく、順調に昇進したことを意味する。これは有能でなければあり得ないことだが、同時に同僚、上司との関係もよかったということである。

彼は明治三三年、団匪《だんぴ》の乱（義和団事件）が起こった時中佐で、大使館付の武官だった。この時各国外交団は団匪と清国官兵に囲まれて、有名な北京籠城を行った訳だが、彼はその時の有様を明治三五年に講演している。（『北京籠城』東洋文庫』）。その講演について『東洋文庫版』の解説者大山梓は、成功を人の手柄とし、失敗をわが咎とするなど、まことに温厚謙抑な人柄が表れていると評している。

そのような人柄が、将官として順調に位を極めるのに預かる所が大きかったのであろうか。彼は日清戦争では大本営陸軍参謀心得であり、日露戦争では大佐として野戦砲兵第一五聯隊を率いて、奉天会戦では頭部を負傷しつつ殊功を樹て、戦後駐英大使館付武官、大正二（一九一三）年中将に進み第一二師団長、同八年大将に進み、台湾軍司令官を経て、同一二年退官した。

その彼にして、薩長の顕官に対する指弾・告発の思いは一生消えていない。いかに国家に対して功績ある大官であろうと、会津に対する非行は絶対許すことができぬという思いを抱きつつ、一生を軍に捧げそして報いられた。むろん彼は薩長の藩閥政府に奉仕したのではなく、会津を含む新生日本のために献身したつもりであったろう。それにしても温和な外貌に秘められた精神の劇は深刻ではなかったか。回想記が西南の役で終えているのが残念だが、その先を書けば、魂の劇になお深く触れねばならず、それはおそらく憚かられる所だったのかも知れぬ。彼は日米開戦後、この戦さは敗けると断言した。また、中国を敵とすべきでないと言い続け、敗戦の年の一二月に没した。

北京駐在公使を二度勤めた林権助は、万延元年会津藩士の家に生まれた。幼名は磐人《いわと》。父は又三郎で剣の名手、祖父は権助で槍の達人だった。父は急に京都に呼び出され、着いた日に鳥羽・伏見の戦いが起こり、一月五日に戦死した。祖父権助の砲兵隊長としての奮戦は諸書に記録されている。

彼は戦いの初日に倒れ、江戸へ引き揚げる船中で死んだ。磐人はこの時九歳で家督を嗣《つ》ぎ、権助と改名した。

権助は母と二人の妹とともに籠城した。下の妹は生まれたばかりの乳呑み児だった。彼は昭和一〇年に口述した『わが七十年を語る』で、この妹は母の乳の出が悪く餓死したと述べているが、実は母が刺殺したのである。これは後年、上の妹松乃が死の床で語った事で、権助はこの時母の腕にすがり、妹より自分を先に殺してくれと泣いてせがんだそうだ。

開城して斗南藩として下北半島に送られてからの辛酸は、先に書いた柴五郎の場合と変わらない。祖母、母、妹と四人暮らしに一家当たり玄米三合、味噌醤油を買うには米を売らねばならず、そうすると四人分として二合足らずしか残らない。籠城していた時より「遙《はる》か以上の苦しみであった」と語っている。

柴五郎とおなじように、権助は東京に活路を求めた。しかし、これは母の発意であった。林家に恩義ある商家があって、その援助が受けられるようになって、権助を不毛の地に埋もれさせまいと思ったらしい。東京には同藩出の一七、八くらいの若者連中がいて、「自分たちが何とかするから置いて行け」と母に言う。

彼らの中で月給を取っている者の間に盥廻《たらいまわ》しされているうち、薩摩出身の陸軍少佐児玉実文《さねぶみ》という人が、「何、林権助。わしは会津の城を攻めた者だ。林の祖父のことはよく知っておる」というので、彼の家に引き取られた。一二歳の時である。夫人が児玉に「あの子は御飯を喰べません」と言いつけた。児玉に呼びつけられて権助は答えた。「私は下男下女と一緒に食事はしません」。これで権助の扱いは家族同様になった。

児玉の縁で薩摩出身の士官たちとも知り合った。彼らの仲間に失行があって、詰腹を切らせろという騒ぎにも立ち合った。言い出しべは後の西南の役の勇将辺見十郎太、これをやめさせたのは後の参謀総長川上操六大尉だった。つまり権助には、柴五郎のように「薩長の狼藉者」とか「芋侍」というような、怨恨の思いは一切なかったようなのである。むしろ薩人のよき面を感じ取っていたらしい。

明治七（一八七四）年、児玉が大阪造兵司長官に転じたので、連れて行かれて二年ばかり過ごした。明治九年の末、児玉が私用で薩摩に帰省する時も同行した。折柄鹿児島は形勢不穏で、遂に私学党の火薬庫占領に至った。街で出会う旧知の将校が「どうだ、お前も出たら」と言う。児玉は事情あって官を辞したが、権助に向かって挙兵の不当であり勝つ見込みもないことを懇々と説いた。

戦争になると、城の西北にあたる田舎の児玉の親類の家に避難した。その家は息子五人が出征していた。やがてそこも危くなり、更に奥に入ってやっと落ち着いた。それからはもう百姓生活である。西瓜《すいか》盗みや鰻《うなぎ》取りの面白さ、城下町へ下肥を取りに行った話、お化けのように大きな里芋が出来て、村人を驚かせた話。戦争が終わって二年ばかり百姓をしていたというのだ。その間、郷里の母や妹のことは気にならなかったのか。この人にはこういう暢気《のんき》というか、気の大きさがあった。

明治一二年になって大阪に出、そこで二年間塾に通って、東京大学予備門に転じ大学へ進んだが、その年に児玉が死んだ。未亡人は鹿児島へ帰って来てくれと言う。権助は考えた。ここで帰れば自分の学問は成らぬ。情をおさえて帰れぬと答え、これまで送って貰《もら》っていた学費も断った。大学から五円の給費が出る。これで何とか凌《しの》いでいたら、規則が変わって給費が出なくなった。権助は大学総長の渡辺洪基を訪ね、代わりにあなたが給費を出して下さらぬかと頼んだ。厚かましいが窮してのことである。渡辺は「誰にでもやったらたまらぬが、一番乗りだからお前にだけやろう」と、その後卒業するまで毎月五円給与してくれた。そうやって大学を出た時は、もう二八歳になっていた。

明治二〇年七月に外務省に入った。三カ月もしないうちに山東半島の芝罘《チーフー》の領事に任じられた。これが長い外交官生活の振り出しである。翌二一年一一月には朝鮮の仁川領事、これは四年近く続いた。二五年には上海領事、陸奥宗光が外務大臣になったので、ひとつヨーロッパにやって下さいと頼むと、ロンドン領事館へ行かされた。

丁度《ちょうど》日清戦争が起こり、東郷平八郎が艦長をしていた浪速艦が、高陞《こうしょう》号を沈めて国際問題となり、ロンドンの各紙が非難記事を掲載したので、公使の青木周蔵は例の如く青くなって釈明文を書いた。権助は何も謝ることはない、当然の事をしたまでだと主張した。翌日のタイムズに国際法の権威ホーランドが、浪速艦の行為を正当とする論文を書き、ロンドンの世論は一変した。青木は権助がホーランドを動かしたのだと邪推した。その後また陸奥に頼んで、公使館員に移り、三〇年の末帰国した。

次は北京公使館に一等書記官として赴任した。公使は矢野文雄。龍渓の名で政治小説を書き名を挙げた男で、大隈重信が入閣した時子分の矢野を公使に押し込んだ。矢野が送る報告文は訳が分からぬので外務省でも困っていた。権助は外務省宛公文は、今後一切自分が書くと矢野に承知させた。北京時代権助がやった重大事件がある。戊戌《ぼじゅつ》政変で命が危い梁啓超《りょうけいちょう》を救い、日本に亡命させたのである。

権助は外交官として、状況、問題の所在を熟慮し、一旦断を下せば自ら責任を取った。明治三二年から日露戦争を経て韓国を保護国化するまで、韓国駐在公使として重要な働きをした。しかしそれは、国益を至上とする官僚であったと言うにすぎまい、たとえ彼の本領がそこで発揮されたとしても。

権助は中国駐在公使、英国公使、イタリー公使など歴任したが、外相の地位には昇らず、次官にさえならなかった。やはり叛臣《はんしん》会津の徒という出身がしからしめたのであろう。しかし彼は、自分が叛臣の出だということに一度もこだわっていない。この自伝では語らなかっただけかも知れぬ。私事に関しては、母妹のその後のことも、めとった妻のことも語ってはいないのだから。

ただ序文では、「躍進中の明治日本の後半は…稍々《しょうしょう》無理押しをやりすぎなかったか」と反省し、「心苦しいことが無いではなかった」と述懐する。それが精一杯のところだった。

『東海遊侠伝《ゆうきょう》』の著者として知られる天田愚庵は、嘉永七（一八五四）年奥州磐城平藩士甘田家に生まれた。名は久五郎。平藩の藩主は井伊直弼変死のあと、久世広周とともに幕政を担った安藤信正である。平藩は三万石の小藩で、父甘田平太夫は禄高四五石、戊辰の役当時六五歳、すでに家を長子善蔵に譲り、平遊と号していた。

慶応四年六月、政府軍は平潟に上陸、平城も危機にさらされ、長子善蔵を出陣させた平遊は妻浪（四七歳）、次男久五郎（一五歳）、その妹延《のぶ》（一一歳）を連れて、お城の一里ばかり南の村に避難した。時に浪は患って延が手を取らねば縁側にも出られぬ状態だった。

味方の敗報に居ても立ってもおられず、それに兄の安否も心にかかって、久五郎は父に出征を乞うた。平遊はつくづくとわが子の顔を見、大息をついて、自分は老朽の身で戦さに出ても厄介になるばかり、お前にその気あらばいさぎよく出陣せよと言う。やりとりを聴いていた母は、善蔵はすでに討死したりという噂あり、その上お前まで亡くすのかと、倒れてむせび泣く。家を出て振り返ると、柱に寄り伸び上って見送る母の姿が目に入った。

久五郎は城中に入ったが、七月一三日ついに落城。落ちのびる間、仲間とはぐれ危うい思いをしつつ、ついに兄とめぐり会えた。しかしそれも束の間、また兄とも別れて仙台へ逃れた。秋になって戦いも終わり故郷へ帰ったところ、先に帰郷して藩の復帰事務をとっていた兄から、父は母と妹を連れて七月一八日、中川村の仮寓を立ち去って以来行方知れずと聞かされた。

これから兄弟の家族探しが始まる。翌年明治二年の春、兄は占い師となって捜索の旅へ出、久五郎はあとに残って藩校で勉学に励んだ。藩から一日玄米三合を給される厳しい生活であった。兄はやがて旅から空しく帰り、小舎を作って二人で住んだ。兄はやがて真武と改名、久五郎も五郎と改めた。

五郎は明治四年の秋、東京へ出て、伝手《つて》があって駿河台のニコライ堂付属の学校へ入った。だが、ギリシャ正教の教えなど信じる気にはなれない。縁あって、京都出身で政府正院の大書記を勤める小池詳敬の書生となることができ、落合直亮、山岡鉄舟に知られるに至った。直亮は国学者、歌人として名高い直文の養父である。鉄舟は槍術の名手として名があるが、西郷と勝の会談を周旋して、江戸無血開城に功あった人である。五郎は直亮から国学を、鉄舟から禅を学んだと言っている。

明治六年には、直亮が志波彦神社の宮司として仙台へ赴任するのに、権禰宜《ごんねぎ》の資格で従った。半年もせぬうちに小池から、官を辞して石油会社を設立したので、九州に出資を募りに行くから同行しないかと誘いがあり、それに乗って長崎まで行き、明治七年台湾征討に従軍し、牡丹《ぼたん》社と戦った。翌年、誘われて鹿児島へ行き桐野利秋の世話になり、東京・九州の間を往来して、日清の戦端が開かれるのを待ったが、警視庁に引っぱられ禁獄三〇日に処せられた。おそらく鹿児島私学校党との関係を疑われたのだろう。

それから国へ帰って、父母の知れぬのを兄と悲しみ、北へ旅立って北海道へ渡ったが、函館で結核を発病し東京へ送り返された。明治一〇年春のことである。鉄舟の世話で病を養ううち、恩人の小池詳敬が亡くなり、遺族を京都へ送り届け、北陸道を廻って帰京した。明治一一年春には山陰道を廻り大阪へ出たがそこで鉄舟の書簡に接した。

鉄舟とは彼の旅先の静岡で会った。鉄舟は自分に断りもなく東京を抜け出した尻軽猿と叱りつけ、折から訪ね来たった清水の次郎長に紹介し、五郎を彼に預けたのである。五郎は二五歳になっていた。次郎長の食客となった五郎は、次郎長とその子分たちの情報網を十分に利用して、親の行方を求めたが、はかばかしい答えもなかった。

明治一二年の秋、兄から便りがあって福島に転居したと言う。次郎長・鉄舟の許しを得て福島を訪ねると、兄は家禄奉還金のうち二百円を割いて五郎へ与えた。彼はその金で各新聞に広告を出した。甘田平太夫・なみ・のぶの所在を知る人は通知ありたし、謝礼百円進呈すると言うのである。署名は福島在の天田真武・五郎。真武は明治一三年に福島で第百七銀行に就職。明治三四年まで勤めた。

五郎はまた、兄が与えた金で浅草の写真師江崎礼二に弟子入りした。写真師になれば廻国して家族を探す便があると考えたのである。習い覚えて小田原で開業すると繁昌した。居つくつもりはないから、また親を探しての旅である。東海道・東山道を廻り尽し、明治一四年には次郎長の元へ戻った。次郎長が富士の裾野に、博徒を正業に就かせるすべにと開いた農場の管理を任せられたのである。そしてこの年、次郎長こと山本長五郎の養子として入籍した。

『東海遊俠伝』は次郎長とその子分たちから聞いた、主として博徒の出入り話であるが、明治一七年に出版された同書序文には、明治一二年の脱稿とし、二を四の朱印で訂正している。この訂正は正しいであろう。一一年次郎長の食客となってから聞き取りを始め、一四年再び次郎長の許へ戻って完成したと考えられる。同書は文字不通の博徒の語りをもとに成ったのであるから、事実の誤りも誤記も多いが、幕末博徒の実態の記録として、今日なお珍重されている。

明治一七年二月二五日、次郎長は突如捕縛された。この年一月、政府は「賭博犯処分規則」を制定し、一斉に処分に乗り出したのである。この時次郎長宅で押収された武器は、刀八〇、ゲベール銃二三にのぼった。次郎長は献金など散々お国に尽したのにと激怒したといわれる。五郎の奔走も甲斐なく、四月七日に懲罰七年、罰金四百円の言い渡しがあった。

農場の経営も行き詰まっていた。博徒に労働意欲があろうはずはないし、脱走者が相次ぎ、かつ資金も足りぬ。農場を放棄し、次郎長釈放のため上京して奔走するうち、結核が再発、喀血した。時に鉄舟から、有栖川宮家へ奉職しないかという話があった。それには博徒の親分の後継ぎでは困る。そこで五郎は次郎長の入獄中に不義理をしてはと悩みはしたが、思い切って離籍を決意した。次郎長へ不義理にならぬ様計らってくれたのは鉄舟で、入籍手続きの違反云々の理由を考え出してくれた。五郎は山本長五郎宅を出て、また浪々の身となった。

私は天田五郎の伝を主として、彼が新聞『日本』に台麓学人の筆名で連載した『血写経』に拠っている（『愚庵全集』所収）。『日本』に連載ということでわかるように、この頃彼はすでに陸羯南、福本日南、国分青崖ら政教社のメンバーと親しかった。『東海遊侠伝』に序文を書いている大岡育造は、次郎長の顧問弁護士である。長州出身の言論人・政治家で、大正元年には衆議院議長となった男だ。彼らは五郎の親恋いの話を熟知していて、温情を寄せたのであろう。

さて五郎はいったん有栖川宮家に奉職、同家の千葉の農場開拓に従ったが、明治一九年に至って、『大阪内外新報』の幹事として赴任した。この時鉄舟に暇乞いに行くと、彼は京都天龍寺の滴水禅師は世に隠れもない大徳であり自分の師である、行って必ず教えを乞えと紹介の一書を与え、さらに「汝が捜索の労つとめたりと雖も其効なければ、今は早や外に向って其跡を尋ねんより、内に反って其人を見るに若《し》かざるべし」と諭した。この鉄舟の一言は五郎の心魂に徹し、滴水禅師に入門し鉄眼の名をさずかる一生の転機となった。

それまでの半生は征台の役で戦うなど、血気に任せての脇道はあったが、何と言っても親探しが彼の事業だった。広告を出した位だから、いろいろと情報も届いたが、ひとつとして的中したものはなかった。そのいくつかを紹介しておこう。

『東海遊侠伝』に載った明治一三年一〇月二日付の彼の大岡宛手紙には、藤沢宿大磯屋の妓おいそという者が大そう五郎と似ているというので訪ねてみたら、これは幕人の子で父兄とも上野戦争で戦死した身の上であることが判ったとあり、さらに御殿場の蓮静寺の寺僧から、一〇年程前富士川で難船のことがあったがその死者ではという「飛報到来」、行って調べてみたがこれも無駄、甲州身延山は父の尊信した処だから、明日行って宿帳を調べてみるつもりだと書かれている。

また『大阪内外新報』で勤め始めた頃に、国分青崖から、自分の家に納豆売りに来る三〇ばかりの女あり。容貌の五郎に似ていると見て青崖の老母が生まれを問うと、奥州盤城と言う。さてこそと言うので今度は青崖自身が問うと、実は秋田大館の生まれとのことだったと知らせて来たこともあった。

その後五郎は所用あって上京して青崖と会うと、納豆売りの女は別人だったが、彼女からもっと手掛りになりそうな話を聞いたと言うので、青崖と二人彼女の家を訪れた。女の話では、明治九年頃、秋田大館の医師の家に母子二人「戦乱を避けてさすらいしとて寓居し、今は其儘《そのまま》医師の妻女となっている」と言う。陸の友人が大館に居たので調べさせると、いよいよそれらしい。しかしこれも、よく調べてみると全くの別人であった。

五郎はついに巫女に頼った。この巫女には徳光という狐が憑いていて、これが実に凄まじい霊力を発揮するという。訪ねてみると「年のころ三十ほどにして、容姿いと優しく、詞のどやか」であるのに、そのうち仰向けに打倒れ、ガバと起き上った姿を見ると、「今までとは似もつかぬいかめしき姿となり、口のきゝざま眼ざし同じ人とは見え」なかった。徳光狐が乗り憑ったのだ。

徳光が磐城へ行って取り調べねばならぬというので、その日は帰り、四、五日してまた訪ねると、父上はすでに亡くなったが、母上も妹御も恙なく、妹は山形落合村の柴山甚九郎という者の妻となっているとのこと。五郎はなお徳光狐を試さんと、母には損じている指が一本あるがどこか答えよと求めたところ、調べるから待てと言う。答えは右手の食指で、まさにその通りだった。

この話、徳光狐の言う所は念が入っていて、自分が五郎の友人の姿に扮して母たる人を訪ねてみたから、そのうち便りがあろうとのこと。しかし一向便りはない。その家は万福寺という寺の前との徳光狐の一言を頼りに、五郎は遂に自ら山形落合村を訪ねた。しかし万福寺などと言う寺はない。柴山なんぞという男もいない。みごと欺《だま》されたのであった。これは大阪行きのちょっと前の話だった。

五郎の家族は家を出てすぐ、政府軍か土民の手にかかって殺されたのに違いない。でなければ、自分たちの方から息子の行方を探しただろうし、旧藩の伝手《つて》ですぐに二人の所在は知れただろうからである。

五郎の家族がある家に立ち寄り、そこで殺されたという説が『アララギ』に載ったことがある。

一家がその家に入って行くのを目撃した者がおり、その後一家を見た者のいないこと、その家は乱後急に裕福になったが、一家の持参する金を奪ったのだろうこと、白骨が裏の林から発見されたことなどがその論拠である。

しかし、この説は湯本喜作『愚庵研究』の言うように信憑性が薄い。第一、家禄二五石の甘田家が大金を所持していたはずがない。林で白骨が見つかるなど、この時代ざらにあることであった。また村人たちがその事実を知りつつ、恐れ憚かって秘したというのもおかしい。

しかし、誰かに殺害されたのは動かぬ事実だろう。五郎自身それを覚悟していたのは、次のように書いていることで知れる。「死せしといへる事なりと確かに知りなば、歎《なげ》きだけにて迷《まよい》は晴れんに」。

晩年の天田愚庵

五郎は滴水和尚の指導の末、明治二〇年四月剃髪して僧となり、「鉄眼」の名を得た。明治二五年には京都清水坂に草庵を結び、俗名として愚庵を名乗った。三三年には伏見桃山の草庵へ移っている。暮らしは知人の喜捨による清々《すがすが》しいものであった。楽しみは専ら作歌だった。愚庵は落合直亮の手引きで早くから万葉調にめざめていた。『日本』の仲間と親しかったから、子規とも早くからの知り合いだったが、万葉調への目ざめという点ではずっと彼の方が早い。歌は穏和であるが調べが高く、愚庵は今日では歌人として評価が高い。怒涛の如き前半生とはあまりに対照的な円寂ぶりで、明治三七年一月に没した。世話になった鉄舟は一六年前、兄真武は一年前に亡くなっていた。

第八章　女の力

幕末維新に生まれた人々は、諭吉の表現で言うと「一身にして二生を経るが如き」激動の裡に人となったのであるから、その成功経験を自伝として書き残すことが多かった。その自伝群の語ることの第一は、母あるいは祖母、つまり女たちの力である。

徳川時代の女性のありようとしては、普通家に従属した忍従の姿が説かれる。いわゆる三従の説、幼くしては親に、嫁しては夫に、老いては子に従うと言うのは、その典型であろう。しかし、現実の女のありようがそんなものではなかったのは、今日諸書で説かれる通りだ。例えば山川菊栄の『幕末の水戸藩』には、夫に馬乗りになってポカポカ撲ったという武家の女の話が出て来る。結婚したことのある者は、夫婦関係というものは当人の力次第だということをよく知っている。気が強い方がリードするだけの話だ。

忍従そのもののような女ももちろんいた。鳩山和夫の妻、鳩山一郎の母である春子は、信州松本藩士の娘であるが、「母は非常に父を尊敬しており、もう殆んど神様のようにむしろ怖がる位に謙遜しておりました。…夫婦でありながらその間柄は、先《ま》ず君臣か主従の関係の如き観があったので、私はいつもこれが不思議でなりませんでした」と言っている。しかしこれが普通でなかったのは、春子が「他家《よそ》のお父さんやお母さんはまるでお友達のように仲よく遠慮なく暮して居られるのに、どうして私達の母様ばかり」と書いているので明らかである。

しかもそういう夫婦の間柄であったのに、春子は母が自分のことを「誰よりも幸福の者と思って居られた」と言っている。不平不満、嫉妬、怨恨の全くない人だった。そして夫が彼女の裁縫の遅いのを笑うと、姑が「お賢《けん》さんの縫われたものは決してくずれない」と庇ってくれるのだった。夫を神の如く尊うことができるのが、彼女の身の倖せだったのである。世の中には、夫を尊敬できぬために苦しむ女性は決して少なくない。

内村鑑三は母方の祖母についてこう書いている。「彼女は働くために生れた。五十年もの間やめの生活を暮り、女手ひとつで五人もの子女を養育し教育したが、一度として隣人を欺いたことも、借金したこともなかった。彼女は今や齢《よわい》八十四歳、両耳は閉じて、この世の騒音や雑音から遠ざかり、両眼はくぼんでたえず涙に潤いつつ、かくも勇しく戦い抜いた人生から彼女を救い出してくれる死の蔭を、心静かに待っている。『異教』には彼女の場合のような気高い哀感がある」。

この文を彼は、クリスチャンとして米国へ渡り、キリスト教社会の現実に幻滅しつつ書いたのである。だから、こうも述べた。「あの善良な祖母を満足させていた信仰よりほかの信仰を、もし私が知らずにいたなら。祖母の信仰は彼女を勤勉、忍耐、真実ならしめ、彼女が最後の息を引き取るとき、その顔には悔恨のかげすらなかった。彼女の信仰は平安であり、私のそれは懐疑である」。

明治の社会主義文学者として知られる木下尚江《なおえ》は、明治三九年に六八歳の母を喪った時、母の死はすなわち自分の滅亡であると感じた。これは単に母を喪ったことの寂寥を言うのではない。むろん、その意味の空しさもあった。珍しい話を聞いて、これを母に告げて歓ばせようと思った途端、告げる相手がもういないと気づく寂しさ、それは彼も書いている。だが彼の覚えた絶対的空虚感は、自分でも記憶しない幼時の自分を知悉《ちしつ》したる人は母であり、その消滅はまた自分の消滅であるという。ちょっと不思議な実感であった。

彼は母は剛毅な人であったと言っている。彼は五歳の時、母の背に負われて博覧会へ行き、ガラス瓶にアルコール漬けされた双児の胎児を見た。帰りには刑場にさらされている首を見た。その時母は「お前は男だからよく見て置け」と言った。尚江の家は墓地の隣りにあった。経を読む鉦《かね》の音、葬列のしめやかな足音が聞こえると、「ああまた、どこかで貧乏人が死んだと見える」と、糸車を廻しながら、母や祖母が言った。尚江の死についての敏感さは、こんな育ちと関わっていただろう。

しかし彼は母よりも祖母について多く語っている。彼女は竹藪の中に杏の若木を二本見出し、小川の傍《かたわら》へ移し替えた。水をやる祖母を、近所の老婦が「この木の実を喰うまで生きる気か」と笑った。祖母が「孫が食べてくれる」と応じると、「こんな道傍に植えては他人が喰べてしまう」としつこい。「誰の口へでもはいればよい」と答える祖母であった。この二本はその後大木に育って、村人に憩いの蔭を供するようになった。

彼が五歳で大患にかかり医師も見放すと、祖母は黙って外へ出、西の方讃岐の金比羅様を仰いで願を掛け、水垢離《みずごり》を取った。鹿児島の戦争が終わった頃というから、彼が九歳の時であったろう。遠方の叔母の許へ孫の顔を見に行くと出掛けた。一と月ばかり経って、叔母の家から母はまだ来ないと便りがあった。どこへ行ったのかと心配していると、まもなくやっと着いたと知らせて来た。祖母は三百里へだてた讃岐の金比羅神社に御礼詣りに往っていたのだ。汽車などないから、むろん徒歩である。尚江の家へ帰り着くと祖母は言った。「ああもうこれで安心した。孫の生命の御礼詣りを果したから、心残りなく死ぬことができる」。

尚江の母は、尚江が生まれる前に、長女を三歳で亡くしていた。後に彼女は尚江に語った。「児を亡くした一、二年は、世間で小児《こども》が死んだと聞くと、何とは知らず無闇に嬉しいような心がした。女の心ほど浅ましいものはない」。祖母もこの姉のことをよく尚江に語った。「さあ一つ歌えよ」と言うと、「猿が番場で善光寺見れば、御堂《おど》が見えますほのぼのと、テヤキ」とよく廻らぬ口で声張り上げた。

尚江は東京専門学校を出て弁護士になり、長野県の分県問題に関わって投獄された。出獄して母の前に平伏すると、「母は沈んだる厳かな声して予を叱り給うた。この時の予の嬉しさは如何ばかりであったろう」。彼は社会主義運動に投じることによって、さらに母に心配を掛けた。また、尚江に子がないことも母の寂しさのひとつだった。尚江は十分に母を看取ることができた。亡くなる二週間程前、富士が見たいと言うので、負って物干台へ出た。夕陽に輝く富士を母は笑《えみ》を湛《たた》え、うっとりと眺めていた。

この頃の母は、ただ優しいというものではなかった。桂川甫周の娘今泉みねは「むかしの婦人はふだんごくやさしくって、事があるとまるで人が違ったようになりました。お母さんの一言がきけることは非常なもので、いけませんというとブルブルとする、このあじわいは何ともいえません」と言っている。

彼女らの言葉は権威ある一言だった。少し話が古いが、『北越雪譜』の著者鈴木牧之の父は博奕《ばくち》を嫌い、カルタの札の名を一枚でも覚えたら勘当すると、少年の牧之に言い聞かせた。牧之は一枚の名を知っていたので母に語ると、彼女は即座に言った。「一枚位知ったはオレが免《ゆる》す」。徳川時代の女が自分のことをオレと称していたことにも注意したい。

郵政の基礎を作った前島密《ひそか》の母は、越後高田藩士の娘で、越後中頸城《くびき》郡の村落指導者に嫁し、密ひとりを産んだ。父は密が生まれてすぐ病死し、密は七歳の時に糸魚川で蘭法医を営む叔父の家に将来養子となる約束で母とともに移り住んだ。彼は俳句を作ることを覚え、「夕鴉《ゆうがらす》しょんぼりとまる冬木立」という句を得て句会で賞讃されたので、自慢顔で母に話すと、母は色を正して言った。「世には幼弱にして文を解し、書を能くし、人の賞詞を受くる者あり。然れども成長の後は多く凡庸の人と為りて嗤《わらい》を招くもの多し。汝が今日事これに類似せずや。甚だ恐る、汝がこれに自負の心を生じ、他日を誤るあらんことを」。

昔の母はこのように自分なりの信念を固持する人がいた。陸軍軍医制度の創設に与かった石黒忠《ただ》悳《のり》の父は越後国三島郡の豪農の次男で、江戸へ出て代官手付となった。母は同じ手付仲間の娘である。父は川路聖謨に目をかけられ、忠悳も安政二年、一一歳の時川路にお目通りしている。その年に安政大地震が起こり、その直後父は病死した。

翌安政三年、江戸は大暴風に見舞われ、破損した家屋が多かった。偶然前を通りかかった店に、屋根釘が沢山並べて売りに出されている。忠悳は所持していた一朱と五百文をはたいて屋根釘を買った。店主はここに気づくとは恐れ入った智恵者だと賞めてくれた。当時彼は母と親戚の家の二階に同居していたのだが、彼が得々と買い物を披露し、その家の主人も神童と賞めてくれたのに、母は彼と二階に上ると「お前ちょっとそこへ座りなさい」と言い、お叱りが始まった。

お前は昨年父上がご逝去の時、きっとお前を立派な士に致しますと私が父上に誓ったのを忘れたか。紀伊国屋文左衛門にでもなるつもりか。士となろうという者が、町人輩の真似して金儲けを企らむとは何事ぞ。明日大小を売って算盤を買うがよい。そう叱ると母は押入れから彼の夜具を出して階下に投げ落とし、「もうこの室《へや》へ上ることはなりません」と言う。その夜は下の間に寝かされ、翌朝になっても母は食事を共にしようとしない。許しを得たのはやっと三日後だった。この時彼はまだ一二歳だったのである。こういう訓えは身に徹する。彼は生涯清廉であった。

立見尚文は桑名藩の出身。桑名藩主は京都所司代として会津藩主とともに京の治安に任じ、また鳥羽・伏見においては藩兵は先頭に立って戦い、敗戦後は藩主以下越後に在る分領に移って政府軍に抵抗した。当時鑑三郎と名乗っていた立見は若くして桑名軍の隊長となった。のちに陸軍に入り、日清戦争では樊家台《はんかだい》の戦闘で、日露戦争では黒溝台の戦闘で、日本陸軍随一の戦術家という名声を馳せ、大将で退役した。

少年の頃、彼は弟と庭前の畑中で相撲を取り、それが組み打ちに変わって、上になり下になり延々と終わらない。こういう時、母親はとめるものだろうに、彼の母は部屋の中から泰然と見ていた。やがて両方とも疲れて組み打ちをやめると、笑って言うには「勝負なし、勝負なし」。これもこの母が、彼女なりの信条を持って子を育てていたことを証《あかし》する。

もちろん母というものは、当時においても烈母や胆の太い母ばかりという訳でなかったのは言うまでもないことだ。堺利彦は子どもの頃、父の机の引出しから一円紙幣を盗んだことがある。当時の一円は大金である。彼はそれで唐紙と白紙を一〇銭ほど買った。釣りがないというので、代は払わず紙幣は持ち帰った。二、三日あと「母は私を連れて屋敷内を歩いていた。何か母が私にいいたいことがあるのだと直感された。私は非常におそろしくなった。しかし、母の態度は平生より柔しかった。竹藪の片わきの、梨の木の下に来た時、母はいよいよ口を切った。『利《とし》さん、ひょっとお前は―』サア来たと私は思った。しかし母は非常に遠慮がちに、『ひょっと』『ひょっと』を繰り返して、そうならばそうで仕方がない決して叱りはせぬから、とにかく素直にそれを出してくれといった。私は非常な慚愧《ざんき》を感じて、一も二もなく兜《かぶと》をぬいだ」。

この母は後添で、利彦を産んだのは四二歳であるから、非常な晩婚であった。というのは彼女はひどい「ジャモクエ」だったのである。疱瘡《ほうそう》（天然痘）の痘痕のことで、肥後では「グジャッペ」と言う。だが利彦は母を醜いと感じたことはなかった。不器用な人で芸事のたしなみなどもなかったが、山河に対しては「おおええ景色じゃなあ」と嘆声を挙げた。利彦はこの母の嘆声で、風景の美に開眼したと言っている。

『二六新報』の創刊者として知られる秋山定輔にも似た話がある。彼の父は岡山倉敷のしかるべき商家の出だったが、次男なので結婚相手の宇野家のあとを嗣いだ形になった。この宇野家というのが名代の貧乏で、一反の土地もなかった。母親は一晩に三、四十足の足袋を縫い、高機《たかはた》を織って暮らしを立てた。父は他国に出稼ぎし、金も送って来なかった。

定輔は幼時母から一銭銅貨を盗み、餅を買って喰った。しかし、一銭の紛失を母が気づかぬ筈はない。本家の祖母に一銭ねだったが、どうしてそれを母に返したものか。機を織っている母が物差を取っておくれと言う。物差は戸棚の後ろに差しこんである。それを取り出す時その一銭を落として「お母さん、一銭落ちてるよ」と言うと、母は機から降りて定輔に寄り添い「サメザメと泣いた」。「お前が盗んだのではないかと悲しかった。やはりお前じゃなかったのだ」。

最下級の貧乏の中で育って「不幸どころか大の幸福児だった」と彼は言う。なぜなら「母は私ある故に生きてゐたと云ってもよい位だった。私ほど母の愛を受けた者はないと思っている」。

一体に幕末・明治初期の女には豪傑が多かったようである。河上肇は山口県岩国の生まれ（明治一二年）で、父は一九石取りの侍、岩国町長、旧藩主吉川子爵家の家扶を勤めた人である。母はまだ肇が腹の中にいた頃離縁され、生まれた肇は河上家に引き取られ、もっぱら祖母に育てられた。二年後に母はまた縁があって河上家へ帰ったが、肇は祖母に抱かれて寝た。母はその前に短期間河上家に嫁していた女が産んだ子（すなわち肇の異母弟）を抱いて寝る始末。肇がなついて探し求めるので、祖母は風呂にもおちおち入れなかった。

ところがこの祖母は、母が最初嫁入った頃は、若き燕と二人離れで暮らしていた。母は毎日二人に酒食を運ぶのだった。しかも、そのうち若き燕に恰好な女を見つけてやり、結婚させた。式にも立ち会った。これが終わりではない。肇がもう抱かれて寝ることもなくなった頃は、近所の寡夫《やもめ》になっていた男を引き込んで、離れで二人で暮らしていた。街の中も平気で二人で歩いた。肇は「全然世間体というものを無視し、押強く世を渡ったものというべきであろう」と言っている。かと言って、男にだまされて金を取られるようなことはなく、きちんと九六歳まで生きた。

アメリカの徳川時代研究者トマス・C・スミスは言う。「西洋のブルジョワジーとは違って、日本の町人は武家の特権性を疑ったことはなかった。外見的には彼らは第二次的な政治的役割で満足し、金儲け、家族生活、活気のある豊かな都市文化で満ち足りていたように見える」。

このような町家における女の姿をいくつかの例で探ってみよう。大正・昭和の大ジャーナリスト長谷川如是閑《にょぜかん》の父方の家は、四、五軒ある幕府お抱えの棟梁のひとつだった。その最後の棟梁だった祖父は如是閑が五歳の時に死んだが、ひどい無口で、中二階の隠居所に居た時がなく、いつも物置きにこもって何か作っていた。大人の両手に乗るような大八車を作って、如是閑たち孫にくれたこともあった。この人は夫婦喧嘩の仲裁の名人として知られていたが、そのコツは夫婦喧嘩が始まるとその家へ行って、いきなり亭主を殴りつけるのである。そうすると女房が亭主に加勢して、たちまち喧嘩が収まるという次第だった。

父は木場で材木問屋を開いて成功、そのうち友人におだてられて、浅草奥山に「花屋敷」と称して、虎や熊を入れて動物園と植物園を併せたようなものを作った。これは当時評判を取ったが、結局は長谷川家没落の元となる。さて女性たちのことである。

如是閑の幼い頃、家には二人の老女が居た。曽祖母と祖母である。如是閑は母のことより、もっぱらこの二人の老女について書いている。曽祖母は九〇歳を越えていた。加賀の出身で江戸に出て一人娘を産んですぐ夫と死別、その娘を如是閑の祖父に嫁がせたのである。女中部屋の隣の一室をあてがわれ、まだ自炊生活を続ける「負けぬ気の老婆であった」。

祖母について如是閑は言う。「昔は女の酒をのむのはあたりまえのことになっていたが、私の祖母は度外れの酒呑みで、女だてらに一升酒をのむのだった」。呑むと夜更けまで大声で管《くだ》を巻く。家中の者がその管の巻きぶりを怖れて、誰も相手にならない。如是閑が中学時代からその相手をした。夕食が終わると祖母の部屋へ行き、長火鉢を中にしてその管の聞き役を勤めた。これは後年彼が新聞『日本』の記者になるまで続いた。彼が傍《そば》にいないと途方もない大声を出すので、飛んで行かねばならない。「その管はすこぶる理屈っぽいものだったが、あまり間違った理屈ではなかった」と彼は言っている。

一方曽祖母の方はその過去が神秘に包まれていた。実家の職業も夫の職業もわからない。娘の祖母がもの心ついた時、彼女はもうやもめで、祖母も自分の母についてはどういう家の出か一切知らなかった。この人は大の真宗門徒で、夫の遺産から何から西本願寺に入れあげて、娘の家に転がり込んだのである。

如是閑は言う。「屑《くず》屋にものを売って小遣銭《こづかいせん》にしようと思って、箪笥《たんす》をあけては、『三つながら四つながらみな空っぽじゃ。外から入った泥棒ではあるまい』などと大きい声でいっているのを、私はきいた。少しでも小遣を持たせると、少し多いのは本願寺へ納めて、僅《わず》かだと、食べ物や小間物るいを買ってきて、女中達にくれてしまうので、お金は持たせられないと、祖母はいっていた」。

当時の女性は武家だろうと町家だろうと、みな遊芸の一つぐらいは仕込まれたのに、「曽祖母は御説教のほかに、祖母は大酒をのむほかに、母子とも何の芸もないようだった」と如是閑は書き、さらに続ける。

「世間の習俗には絶対に勝てなかった封建時代に、『世間』が何といおうとも、女の子に遊芸ひとつ仕込まずにしまった女があり得たとすると、封建時代の女性の性格の強さを思わしめるものがある。この自由主義の時代でも、それだけの個性の見地と勇気をもっていて、それを貫徹し得る女性がどれだけあるだろうか。今の女性は封建時代の日本の女性の性格を見直すべきであろう」。

『近代美人伝』『旧聞日本橋』の著者、『女人芸術』の主宰者として知られる長谷川時雨の父深造は、幕府・諸大名の御用を達する呉服商人の子として生まれ、若くして千葉周作に入門、日本に初めて生まれた弁護士となった人物である。時雨は深造の母りんの影響を受けて育った。時雨の母はこの気の強い義母の下で、ただ働きに働く人であった。

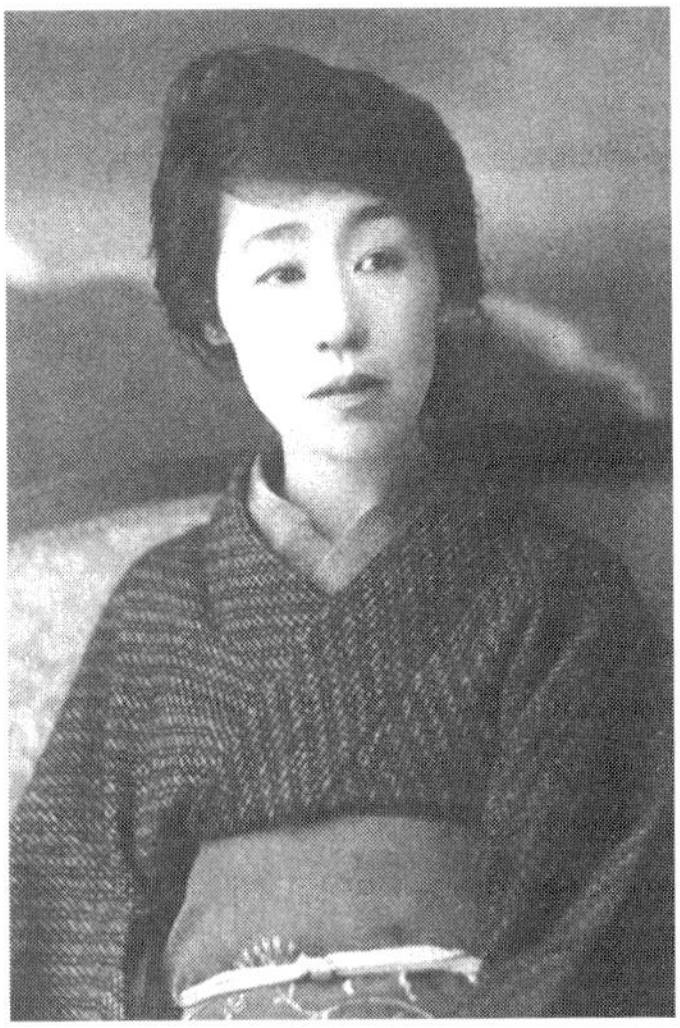

長谷川時雨

りんは伊勢国の生まれで美人だったが、疱瘡《ほうそう》（天然痘）を患って薄あばたになり、婚約していた男から嫌われる前に、自分から縁切りして江戸へ出、呉服商の兄の店の番頭と結婚した。

娘時代に藤堂家の腰元をしていたので、生涯帯は前結び、裾を曳《ひ》いていた。きれい好きで日髪日風呂、背が高く後ろ姿が美しかった。晩酌におちょこ二杯、鰻の中串二本がおきまりで、時雨を連れて料理屋にもよく出かけた。その際お抱えの車曳きの松さんも同席する。うじうじするのが大嫌いで、親戚の若い男が失敗をやらかして裏口から入って来ると、水をぶっかけて「用あらば表から入れ」と叱った。

夕食後近くの弘法大師へお詣りに行く。その癖和讃もお経も「空念仏《から》」と馬鹿にする。車夫の松さんがそれなのになぜお詣りするのか尋ねると、「年寄りは家をあけてやるもんだよ」と答えた。「ぞんざいな者が傍に来ると、近よらないさきから足を踏まれない用心に、あいたあいたと言った」。子どもの時雨は味噌汁が嫌いでいつも残して、りんに睨まれた。時雨を知る人はみな彼女の懍《りん》とした気品に言及する。祖母の姿が彼女に宿ったのである。

徳川期の離婚率は非常に高い。何度か結婚してみて、互いに気に入ったところで落ち着くというのが常態であったようだ。これは明治になっても変わらず、宮本常一は対馬で一八回結婚したという八三歳の老女に一九五〇年頃会っている。全部自分の方から出たので、「ほんとによい男に出会うまでは相手をかえてみることだとそのばあさんはいった」（宮本『女の民俗誌』）。

離婚する際、女は子は連れずに単身で出る。子は家のもので、祖父母がいるし、母が出ても育つのである。だから今日の母子家庭の場合と違い、女は単身だからすぐ再婚できる。またそのために夫は別れる妻に「三下り半」を渡すのである。これは離婚は夫の勝手（わがまま）から起こったので、妻の咎《とが》ではないとするもので、つまりは再婚認可状であった。

幕末・明治初期は変動の時代であるから、特に家庭が崩壊する場合も多かった。それに養子・里子の慣習も広く行われて、親子の関係も近代の家庭のように固定的とは限らなかったのである。

荒畑寒村（明治二〇年生まれ）の家は後には横浜市南区に編入されたが、神奈川県の臼井という農家であった。まずはかなりの自作農で、家族は祖母、両親だけだった。ほかに尾の長い黒猫が一匹。農繁期になると、猫と寒村以外はみな野良に出てしまい、寒村は庭の池で毎日飽きもせず魚釣りをした。釣り上げた魚は、皆が帰って来ると池に戻す。竿をあげた拍子に鈎が茂みに絡まったりすると、大声をあげて叫び続ける。すると野良から誰かが馳せ戻って鈎をはずしてくれるのだった。

「両親の寵愛を一身に集めて頭の抑え手は一人もいなかったから、私の生活は極めて幸福であった」と彼は言う。

月に一度か二度、両親は野菜や薪と一緒に寒村を荷車に乗せて横浜へ行く。そして必ずある家を訪ねる。すると向こうでは菓子だの魚だの御馳走してくれる。ただ寒村が煩《うるさ》くていやなのは、その家の夫婦が彼を抱きかかえて頬ずりしたりすることだった。厭がって逃げると、銀貨で釣ろうとする。寒村は銀貨を引ったくって母親の膝に逃げ帰るのだった。

彼が五歳になった時、妹が生まれた。その時彼は初めて自分が臼井家の実子ではなく、よそから預った里子なのだと知った。その実家というのが横浜のあの家だった。彼の実母は八人の子を産み、乳の出が悪くて長子と末子の外はみな里子に出していたのである。臼井の母はちょうど産んだ娘を死なせたばかりで、乳が余っていた。それが五つになったので、もう引取ってよかろうと言うのだ。

里親は寒村を手放すのが身を切られるように辛いと、泣きながら事情を説明してくれたが、もちろん少年が納得できることではない。「泣いてあばれてさんざん里親をテコずらせたが、結局は生《なま》木《ぎ》をひき裂くようにして実家にもどされてしまった」（『寒村自伝』上巻）。実父母になつこうとせず、女中が背負って「それじゃ田舎へ帰りましょ」と臼井の家の方角に足を向けると泣きやみ、女中がまた実家の方へ向きを変えると、火のついたように泣いた。

里親恋しさはなかなか消えず、一〇歳頃かすかに記憶をたどって臼井家を訪ねたこともあった。

里親は驚喜し、下にも置かぬ歓待ぶりだった。寒村は長じても特に「里の女親」ナオが生みの母よりなつかしく、昭和一〇年になって思い切って訪ねてみたが、ナオがつい昨年七五歳で亡くなったと知り、なぜ一年早く思いつかなかったか、心中地団駄を踏む思いだった。

なお付け加えておくと、寒村の実父は貧乏御家人で、維新後は横浜遊廓内で仕出し屋をやり、やがて引手茶屋を経営した。寒村はこの人の四人目の子で、実家に帰った時はひとつ上の姉しかきょうだいはおらず、あとは奉公に出されたり、里子流れになっていた。実母は心やさしく気の弱い人で、寒村が寝小便して小便じゃない水だと強情を張ると、「ああ水だ、水にしておこう」と言うし、水を小便と言ったのが怪しからぬと駄々をこねると、「ああ水を小便だなんて私が悪かったよ」と謝るのだった。

高橋是清の場合は話がかなりこみ入っている。幕府お抱えの絵師に川村守房という人がいた。八代続く名家である。最初の妻とは死別、後添いに時が来た。四男二女を産んだが、三男要之助が生まれたとき、侍女として北原きんという女を傭った。肴屋の娘であるが、父が生母と別れ後妻を入れたので、叔母りんの所に寄寓していた。きんは美人で気立てもよいので、守房の後妻時も可愛がっていたが、これが妊娠して安政元年男の子を産んだ。むろん守房の手がついたので、彼の第七子に当たる。これが即ち高橋是清である。

守房と時はきんを貰い受けようとしたが、話は纏らず、二百両と衣裳を与えて、心ならず縁が切れた。きんはやがて浜松町の肴屋高橋幸次郎に嫁した。時はきんの婚家を訪ね、きんは心立てよろしき女であるから、くれぐれもよろしくと頼んだ。時に女の妬心が全く見られないのは注目すべきことである。きんは文久二年一女を産んだが、その年の麻疹《はしか》の流行に感染して死んだ。わずか二四歳。

是清はまだ赤児の頃、仙台藩足軽高橋是忠に養子にやられた。彼を愛育したのは養母よりむしろ養祖母喜代子であった。だからまずこの喜代子という女について語らねばならない。

喜代子は相模国の農家の生まれで、行儀見習いのため和泉国岸和田城主岡部家の江戸邸に奉公した。彼女は美女として藩邸で噂になった。藩邸には高橋新治是則という家臣がいてこれも美男で名高く、二人は恋仲になった。是則には郷里に妻子がいた。是則と喜代子は不義は御法度という次第で、藩邸を追放された。

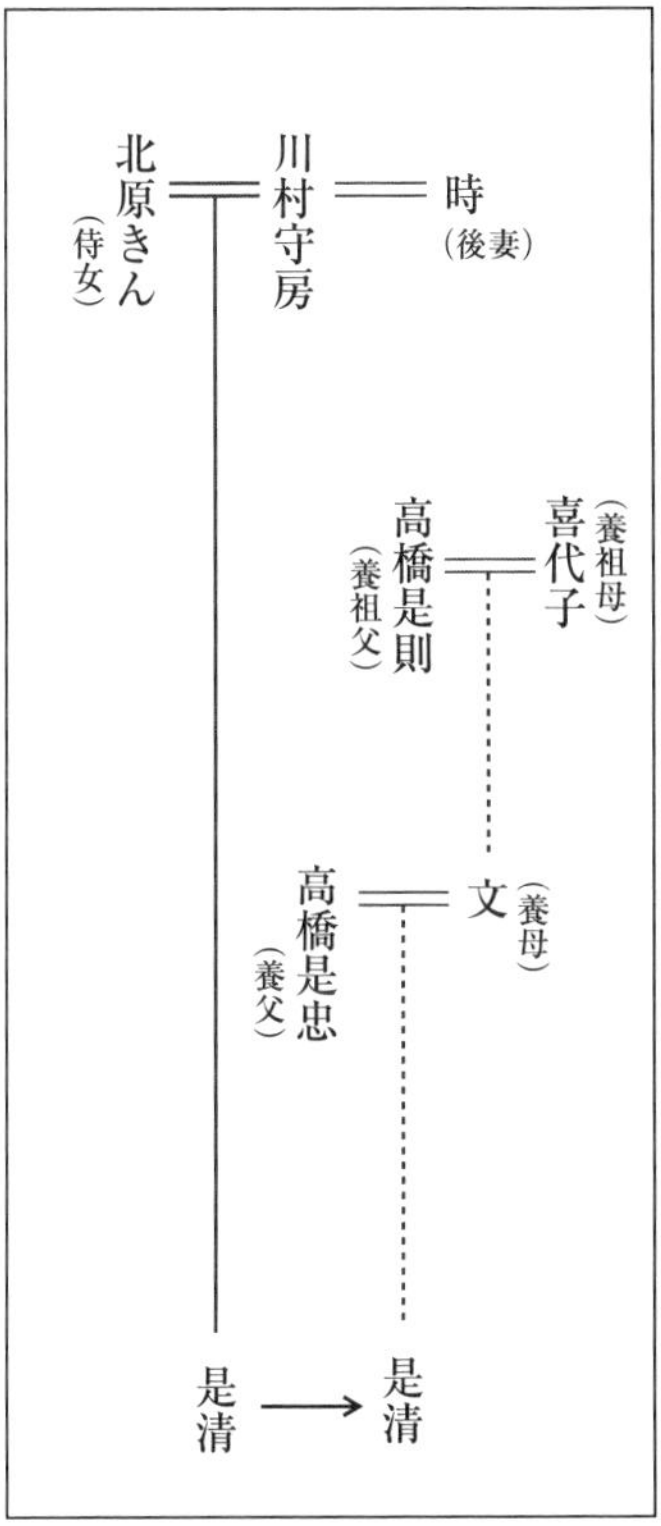

高橋是清関係図

将来を約しつつ、是則は芸州藩の辻番人になり、喜代子は旗本の名家高力家に奉公した。高力家では当主が死に、その未亡人に当主の父が横恋慕した。未亡人は子を残して高力家を去ったが、その際喜代子に高力家の系図を託し、幼児のことを頼んだ。是則と喜代子は諸困難を乗り越えて結ばれ、持参金二〇両を持って、仙台藩江戸定詰足軽の高橋直右衛門の養子となった。是則が岸和田に残した妻子はやがて病没した。

是則夫妻は三人の子をことごとく亡くしたので、浅草の錺職《かざり》の娘文《あや》を養子とし、同藩の堀江家から婿を迎えた。これが覚治是忠で、是清の養父となる。この夫婦には四男二女があったが、そのうち五人は夭逝した。当時の幼児死亡率はこのように高かった。なお一人残っていた訳だが、さらに是清を迎えたのは要心のためか。新治是則は安政元年に没した。

実父の川村は是清に対してサン付けして、少しも自分の子という態度はとらなかったと言う。養父母の是忠・文夫妻は是清が三歳の時、赤坂氷川神社に詣った。その時たまたま是清の生母きんと出会った。文はきんと知り合いだった。きんはこの時一八歳、眉目清秀一見二四、五に見えた。きんは幼児の是清を見て、これがわが子かと「恍《こう》として側を離れ得なかったそうだ」(『高橋是清自伝』)。これが母子が対面した最初の最後で、安政三年の出来事、この五年後にきんは死んだのである。

是清は祖母喜代子に連れられ、実母の嫁入り先の肴屋を訪ねたことがあった。肴屋幸治郎の後妻すずが、きんの忘れ形見のおかね、つまり是清の義妹に乳をふくませていた。すずは男の子を産んだのに、それは里子に出し先妻の子に乳を与えていたのである。是清はこれに感動した。しかし祖母は何を考えてか、是清がこの幼児の兄であることはおくびにも出さなかった。

『瞼《まぶた》の母』や『日本捕虜志』で知られる作家長谷川伸は子どもの頃は「新コ」と呼ばれた。本名は伸二郎である。駿河屋の虎と呼ばれる請負師の次男に生まれた。

駿河屋には二人の主人がいると言われたが、兄の秀造は請負師、秀造の妹のちの夫新造は材木屋であった。新造・のち夫妻の子が虎之助である。秀造は越後生まれで江戸で修業した大工棟梁《とうりょう》で、安政六年横浜が開港した時、妻ふでと養女れむ、それに妹夫妻一家を引き連れ横浜へ移住したのである。

秀造は数々の逸話の持ち主で、川に独力で橋を架け、礼を言われると「あっしが不便だから架けた。礼には及ばねえ」と答えた。また銭湯がないのは不便と言うのでそれも作ったが、その二階に寄席を設けた。だが、さっぱり客が入らない。秀造は「俺が楽しむための寄席だ」と平然としていた。養女のれむが慶応四年、一八歳で死ぬと、妹夫婦のひとりっ子八歳の虎之助を、今からこれが俺のせがれだから、みんなもそう思えと言い渡した。

秀造は七〇歳くらいの時、相州戸塚へ材木の山見に行って帰って来ると、虎之助の嫁を見つけて来たと宣言した。当地の豪家の娘だと言う。秀造の気持ちとしては、虎之助を息子と宣言しているが実は心細く、娘を貰《もら》って虎に縁付けると、虎は自分の娘婿になるというのではなかったか。「俺あその子に惚れ込んだ。倅《せがれ》がもし厭《いや》だというなら俺が娘に貰って婿をとり、俺の跡をとらせるからそう思え」。

虎之助と新妻の間に、秀太郎・伸二郎が生まれた。伸二郎つまり新コの生まれは明治一七年、兄は三つ歳上である。ところが長谷川家には不運の影が差し始めた。秀造が箱根の道路工事を請負ったが、工事に掛ってみると、入札の時の話と違って、切り開くのは巌石だった。これで身代をすってしまった挙句、秀造は朝風呂で脳卒中を起こし廃人になった。そのあとは鬼婆ァの異名を取った秀造の妻（伸はそれがふでなのかあと入りなのか憶えていない）が、新造の妻のちと虎之助の妻（不思議なことに伸はこの実母の名を書いていない）をいじめ始めた。秀造が死ぬと、この鬼婆ァは里へ帰った。しかし今度は虎之助が放蕩を始めた。相手は京都生まれの芸者である。そしてその女を家に入れると言い出した。妻妾同居という訳である。祖母ののちは新コの母が哀れで、虎之助を刺し殺して自分も死のうと思ったという。母は自ら身を引いて家を去った。兄が七つ、新コは四つだった。後に知ったことだが、新コは「大きくなったら馬に乗って迎えに行くよ」と母を慰めたとのことだ。

新コは母の顔を憶えていなかった。祖母ののちが言うには、秀太郎がそっくりだとのこと。兄は女にしてよい美少年だった。新コにとって継母である女が家に入ったころ、新コが往来に佇《たたず》んでいると、人力車が一台来て、乗っていた女客が菓子の入った紙袋を新コに投げてよこした。紫のお高《こ》祖《そ》頭巾が見えただけだったが、あとで兄が「あれがお母さんだよ」と教えてくれた。彼女は家を出たあと、また帰る日もあるかと横浜で仕立て物などしていたが、子どもたちに継母が出来たと知って、国へ帰る気になり、別れに来たのであったろうと、伸は書いている。

兄は母の消息を知っていた。彼は一三歳で生糸屋の小僧となったが、母が再婚した生糸問屋三谷宗兵衛方へ使いに行った時、母の姿を認めたのである。

兄が小僧にゆく少し前のこと、兄がおっかさんに会いに行くかと尋ねる。何と答えたか覚えていないが、まず横浜駅へ行った。おっかさんは神奈川にいるので、そこまで鉄路添いに歩いて行くんだよと兄は言う。長い長い道のりだった。途中で兄が田舎饅頭を買ってくれた。あとで知ったが四キロ半くらいの道のりなのに、八つの新コには十分長かった。門のある家の石段まで来ると、「ここだよ」と兄が言った。門をあけると女中が出て来た。

長谷川伸

「女中さんに何かいっているうちに兄の顔が青くなったのと、女中さんが目を丸くしたのを新コは憶えています。一ぺん引込んだ女中さんがだいぶ経って出て来て、小さい兄弟を門の外に連れ出し、そこで待たされました。何もいわないでいる兄の顔の色が、前より青くなったと覚えています。

やがて人力車が一台、石段の下に来てとまると、車の陰からさっきの女中さんが出てきて、二人に車へ乗るようにいいました。兄は石段を降りて女中さんに何かいっていた。兄が車に乗ったので、新コも女中さんだか車屋さんだかに抱いて乗せて貰った。女中さんが、菓子だか煎餅だかの紙袋を兄の膝にのせました。人力車が輓き出されると、兄がわあわあ泣き出したので、新コも悲しくなって泣きました。母は再縁していたので、夫の許しを得ずに、置いて来た二人の子にそッと会うということをしなかったのでしょう」（長谷川伸『ある市井の徒』）。

このあと新コは兄と母のことを語ったことはなかった。だが、これは後日母と異父弟妹に会ってわかったことだが、兄は母と再会を果たしていたのである。紀元節の雪の降る日に、兄は東京にいた私を探し当てて訪ねて来たと母は語った。義弟の三谷隆信もそれを憶えていた。そのことを新コには全く語らずに兄は死んだ。

新コは昭和八年二月一二日に母と再会した。取り持つ人があって牛込の家を訪ねた。四七年振りの再会であった。三谷家は有名なクリスチャン一家で、長女は名高い教育家三谷民子、長男は一高教授三谷隆正、二男が外交官三谷隆信、二女が三高教授山谷省三夫人、三女が内務省社会局保険課長川西実三夫人。新コが育ち過して来た世界とは全く異なる知的上流家庭であった。母は再婚して倖せだったのだ。

だが、すでに高名な作家になっていた新コは、別に劣等感もなく母が作った家庭にとけこむことができた。つまり三谷家の人びとは暖かい開けた心の持ち主だった。

この母との再会は朝日新聞が報道して、全国の話題となった。何しろ『瞼の母』を始め母恋い記で名を売った作家なのである。しかし伸は単なる母恋いの作家ではない。『相楽総三とその同志』など、幕末維新の本質を底流からの視線で掘り下げた人である。そのことについてはまたあとで触れよう。


幕末から明治にかけての女のありかたを考える上で、妾、芸者、女郎といった一群を抜かす訳にはいかない。むろん、女性が自分の躰を売って生計を営むのは、最古の職業と俗に言われるように、いつの時代にもあったことであるが、明治になってからの元貧乏侍今や成り上り高官たちの芸者狂い妾狂いは、やはり一種の珍現象であった。

山田信道は肥後の尊攘志士で、朝廷に親兵が置かれた時、藩から選ばれて上京した男だが、七卿とともに都落ちし、捕らわれて藩獄で吊り拷問に掛けられた。藩の穿鑿《せんさく》所に勤めていたわずか一四歳の松山守善は、山田の苦痛を忍ぶ有様を見て「さすがは大丈夫志士の態度」と感じた（『松山守善自叙伝』）。

この男が明治四年水戸の裁判所長に赴任、山川菊栄の従姉関口きよ（一七歳）を妻に迎えた。山田夫妻が別の任地に赴くと、山田の娘が熊本から出て来て同居、山田にきよを離別して国許《くにもと》の母

（つまり山田の妻）を呼べと迫り、きよを妻子ある男を欺《だま》したあばずれと罵《ののし》る。きよは何度も逃げ出したが、その都度山田に連れ戻された。山田はほかに内に一人の妾、外に二人の妾を置いていたというから、国許の妻を併せ五人の妻妾を抱えていた訳である。狂気の沙汰と言わずして何と言おうか。これが農商務大臣にまでなった男の実態である（山川菊栄『おんな二代の記』）。

当時、郷里に妻がありながら、京都や東京で出世してまた結婚する例は少なくなかったようだ。宮内官として時めいた伯爵香川敬三がそうで、郷里に妻子ありながら、公卿の香川に入聟《いりむこ》した。重婚などという観念はなかった。

熊本藩の森樸斎という男は若い妾に溺れるままに、妻に男がいるという妾の讒訴《ざんそ》を信じて、抜刀して妻を追い廻し、産褥にある娘の部屋に逃げこんだ彼女を斬殺、娘は発狂して死んだ。この男は何の咎《とが》めも受けず、妾とともに幸福な後半生を送ったと菊栄は書いている。

しかし、明治の大ブルジョアジー渋沢栄一の夫人の父、大富豪として知られた伊藤八兵衛の例をとると（篠田鉱造『女百話』）、蓄妾のまた別な面が見えて来る。八兵衛はもと幾三郎といって武州川越から出て来て、二〇軒もの養子になったと言われる苦労人だが、陶器商の伊藤八兵衛の娘、今の聟になったのが運のつき始め。伊藤の先代はお人好しで、諸藩に金を貸していながら取り立てができない。新たに八兵衛となった幾三郎がその証文を調べてみると、まだ諦めたものでもなさそうだ。厳しく取り立ててみると、一万両の金が返って来た。その後安政二年の地震で大損害を受けながら、水戸藩の金銀貸付所を任されて元の全盛振りを取り戻した。

夫人の今の住居は一二畳が彼女の居間、六畳が仏間、八畳が息子一人娘八人の遊び部屋、大廊下を隔てて二四畳の使者の間、その裏の八畳二間と一〇畳一間が娘たちの部屋。客間、八兵衛の居間等々は省略するとして、九畳二間というのに妾が四人いた。この四人のうち一人が女中二人を連れて毎夜伽に出る。その四人の上に立つのがお妾頭のおかよである。

「誰が恐いといっておかよさんぐらい恐い女《ひと》はないんですから。四人の御妾も、一五人の女中も、おかよさんの前ではビクビクしてロクスッポウ口もきけないんです」。今の八人の娘にはみんな乳母がついている。芸事のお師匠さんがやって来る。芝居見物にも出掛ける。料理は届く。一切の世話をおかよさんが取り仕切っていた。物を落としても拾わない。女中が廊下に落ちておりましたと金の釵《かんざし》を持って行くと「オヤ有難う。お前さんお挿しよ、あげるから」といった具合。妾たちは言っていた。「私たちは大旦那の御妾というより、おかよさんのお腰元なんだよ」。

こうなると妾とは何かと考えざるを得ない。男の玩弄物《がんろう》というより、チームを組んで金持ちを取り込み、生活保障させている図柄が見えて来る。男は夕カられているように見える。しかし彼女らは伊藤八兵衛家という商社の運営に加わっているのだ。しかも正妻の今は八人の娘の母として、別格官幣大社の如く堂々と鎮座しているのである。

芸者の話はあとで、桂太郎の妾として有名なお鯉のところでしたい。幕末から品川が繁昌したのは、柳橋など本来の柳暗花明の地が田舎侍には粋すぎたからである。成島柳北は『柳橋新誌』で薩長の田舎侍の野暮ぶりを嘲笑した。赤坂の繁昌は明治十五、六年からで、これは軍部専用だったと言う。

篠田鉱造の聞き書『明治百話』にはこう語られている。「総体に芸妓遊びといっても意味はなかった。大勢の芸妓を集めて、阿弥陀クジを引かせ、焼芋を買いにやるのを囃子《はやし》立てたものでした。芸をさせて鑑賞をする。酔ったところで、総立ちとなって『鬼ごっこ』をする。ソコへ犬養さんみたいな人が、他の室《へや》から踊り込んで来て仲間入りする。お酌を追い廻す、キャッ〳〵という。他愛もない児戯《いたずら》に均《ひと》しいとこに、面白味があった訳です」。全く意気も粋もあったものではなかった。

遊郭は別な世界であった、もともと京は島原、長崎は丸山を竜宮城のように見なす伝統があった。長崎出島のオランダ人たちは、遊郭が出入りしても不名誉なところではなく、一般人もまるで観光名所の如く考えていることを一致して証言している。遊女は身請けされるか年季が切れれば堂々と結婚できた。妻にするなら、芸者上りよりも遊女上りをとさえ言われていた。その方が所帯持ちがいいという。頼山陽が老母を遊郭に招いて慰労したのは有名な話だ。江戸には仲間して吉原で女郎買いをした町人の女房たちがいた。女郎は吸付け煙草をして、いろいろ苦労話をしたそうだ。

荒畑寒村は若い頃恋人管野すがを幸徳秋水に奪られて、挙銃で二人を撃ち殺そうと思ったことがあるが、女郎出の歳上のおたまさんと結婚して落着いた。山川菊栄はある会合で、中年の女と同席したことがあった。「その人は歌舞伎の舞台から抜け出したような江戸女で、いちょう返しにさんごじゅの根かけ、黒ずゅすの襟のかかった着物、物いい、身のこなし、まったくきっすいの下町っ子で、かつて馬場先生（孤蝶）が『荒畑君の細君はイキな人だとはきいていましたが、なるほど大したもんですなあ』といわれた、その荒畑夫人おたまさんでした」。

大正一二年、寒村は秘密裡に結成されていた日本共産党の使命を帯びて、ソビエトへ旅立った。この時起こったのが、菊栄が書いて有名になったドビン騒動である。寒村は入露のことを妻に告げず、彼女がかねて欲しいと言っていたドビンを買って人に託した。それが小学校の昼食にでも使うような大ドビンで、おたまさんは烈火の如く怒った。自分に告げずに入露したのが第一気に入らない。そこにこの馬鹿げた大ドビンである。寒村を「こっぱみじんにやっつける小気味よさ」、その伝法な江戸弁は「まさに生ける文化財」だったと菊栄は書いている。

河竹登志夫の『作家の家』は、河竹黙阿彌《もくあみ》の跡取り娘糸を主人公に、歌舞伎台本の作者の家がどういうものであったか活写した名作である。糸の養子が高名な演劇研究家河竹繁俊で、登志夫はその子である。この糸についてはあとで述べるが、話の続きとして、糸の家に出入りしていたおそめさんという、遊女あがりの婆さんについて書きたい。

黙阿彌の一番弟子竹柴其水《きすい》の妻で、其水は黙阿彌亡きあと糸の相談相手になった人だから、おそめさんも始終河竹家を訪ねていた訳である。

登志夫が覚えている頃の彼女はもう七〇を越えていたらしいが、元気な婆さんで、台所から上って来ると、「茶の間の敷居をまたいだすぐのところにペタンと坐《すわ》り、ちょっと衣紋をくつろげて、手拭いでハタハタと風を入れ」た。すすめても、それより中に入らない。登志夫の母は坐ってみるとあそこが一番涼しいの、おそめさんはちゃんと知っていたのね、利口な人だったねえと感心していた。腰もシャンと伸びていて、昔はさぞかしと思われる鼻筋の通ったきれいなお婆さんだった。皺がないつやつやした肌で、髪は男のように断髪のオールバックにしていた。

言動も率直でサバサバして、衒《てら》いもへつらいもなく、居直りとも見えるほどだった。自宅では長火鉢の向こうに坐って右膝を立膝にして長煙管で煙草を吸っていた。初代左團次が訪ねて行った時だが、「どなたさんです」と言うので、其水の女房ともあろうものが、俺の顔も知らないのかとムッと来た。「タカハシですー」とけわしい声で言うと、「どこの高橋さん?」。「左團次だっ」と怒鳴って帰ってしまったと言う。しかし、縫物は上手で所帯持ちもよかった。

彼女は品川の有名な女郎屋「土蔵相模」のお職を張っていたのである。其水と「田圃の太夫」と呼ばれた名優沢村源之助が張り合い、其水が勝った。品川の遊郭は宿屋を兼ねていて、置いている女郎も名目は飯盛女《めしもり》である。その中で「土蔵相模」だけは吉原風で女に源氏名をつけていた。登志夫は女郎が傭《やと》い主から受ける虐待について触れ、おそめさんの独立独歩振りも、そういう苦労のうちで培われたものだろうと言っている。坪内逍遥の妻も花紫の名で女郎に出ていた人で、所帯持ちのよさで有名だった。

この邦《くに》に西洋キリスト教諸国のような性の罪悪視が存在せず、性に関して明朗闊達な態度が見られたことは、幕末・明治に訪れた外国人がみな驚きをもって記述しているとおりだ。何しろ春画が公然と店先で売られ、子どもの目にも触れる。お江戸がいかにセクシュアルな街であったかは、年頃の娘が人ごみの中を歩くと、尻がつねられてアザだらけになったという話でもって知れる。

こんな話をいちいちしていたら切りがないが、宮本常一が紹介するところでは、対馬には六つの観音様があり、巡礼者が絶えなかったが、巡礼者たちが宿に泊まると、村の若者たちが行って歌のかけあいをする。いろんなものを賭けて勝負を競うのだが、男は女にからだを賭けさせる。佐護というところの鈴木という老人は、そういう女たちとの歌合戦で負けたことがなく、「巡拝に来たこれというような美しい女のほとんどと契りを結んだという」。これは明治の終わるまで続いた習俗なのである。

夜這い譚《たん》も各所にいろいろとあるが、対馬でのある老人の話では、道で通り合わせた娘に声をかけ冗談を言うと、相手が受け答えすれば気のある証拠、夜おしかけて行けばよいので拒むものではないという。親は納戸に、娘は台所か出居《でい》にいるのが普通。戸に小便をかけると開けるのにきしまない。角帯を巻いて転がし、その上を歩くと音がしない。闇の中で娘と男を見分けるのは何でもない。髪にびんつけ油をつけているから、匂いで女とわかる。布団の中に入ればしめたもの。ズロースなどはいていないのである。

宮本の伝えていることのひとつに、河内国高向村滝畑の左近熊太という老翁の噺がある。昭和一一年に八三歳であった。同じ南河内郡磯長村の聖徳太子廟には旧四月に会式があって、「この夜は男女共に誰と寝てもよかった。……この時はらんだ子は父なし子でも大事に育てたものである」。この風習は明治の終わりまで続いたと言う。これはこの地に限らず、全国に見られた現象である。

赤松啓介は柳田の「常民」概念を批判し、常民から蔑視されるさらに下等の「非常民」の実態を強調した人であるが、播磨国の農村での若者の性教育のありかたを記録している。

薬師さんを祭った御堂で、正月の薬師講の夜、若衆入りした一五歳の若者数名を、四〇過ぎの村の女たちであしらうのである。まず女たちが般若心経を唱えて教え、さらに西国三三カ所の御詠歌をあげる。そして布団を敷いて中休みとなる。一緒に布団に入り気が合って来ると、女は乳をさわらせ、さらに下を擦らせ、開帳して秘所を拝ませる。そして手取り足取りして女の抱き方を教えると言うのだ。

これが「第一工程」で、また仏前に並んで経や御詠歌を上げ、茶を飲み菓子を食べて、その間女の方から猥談の形で性知識を授ける。そして「第二工程」、つまりまた床入りとなる。これで大ていの若者が一人前に仕上ったものだと言う。この話を赤松が聞いたのは昭和の初めの頃である。

もっとも性習俗は処によって変る。金子光晴は六歳から一一歳まで京都で過したが、それまで育った名古屋と違って、「ひどくみだらなことが行われ、びっくりする程平気で、人の口の端にもそれがのぼせられた」と言っている。近所の八歳くらいの少女は光晴とその友人を誘って、「仰臥してきものの裾をひらいた」。友人は卒倒しそうになり、光晴は膝頭が慄えて立っていられなかった。そして二人は代わる代わる少女に自分の体を押しつけた。この町内では「物置小屋で十人位の男女の子供たちが、もつれ入り乱れて、そんな遊びをしていることを知った」(『金子光晴自伝』)。明治三〇年代の話である。

しかし、河竹繁俊の妻みつは、繁俊に嫁したその初夜、繁俊の及ぼうとする行為に驚愕した。夫婦が何をするのか、彼女は全く知らなかったのである。彼女は女学校出で、同級生も大ていそうであったと言う。大正六年になると、明治以来の教育はこういう処女を育てていた訳である。

婚姻制度も各地に招婿婚の残りが見られた。男は女の家に来て盃事《さかずきごと》をし、その彼女の家へ通う。二児《じ》くらい出来ると女は男の家に移り、改めて嫁入りの式をあげる。宮本常一の村(山口県大島)にもその習わしがあったし、高群逸枝も大正初め熊本県富合でそれを見ている。(『火の国の女の日記』)。天誅組で討死した吉村寅太郎は土佐の郷里で行われていたこの風習を禁じた。尊攘志士の民俗に対する規範的意識は、のちの明治政府のそれに通じる。

東北地方の姉家督も、男子専制の新民法以前のすこやかな婚姻の在り方を示す。これは男女を問わず第一子に家を嗣《つ》がせるのである。性に関する前近代の寛潤《かんかつ》さを論ずれば切りがない。挙げたのは数例であり、以て全貌を察してもらいたい。


歌舞伎脚本作家の最後の巨星河竹黙阿彌は明治二六年に死んだ。この時から、彼の遺業たる草稿を含めての脚本類の保存・管理が長女糸に託されたのである。

黙阿彌には四人の子がいた。長男市太郎は文章に全く興味を示さず、商人となって黙阿彌の実家吉村勘兵衛家の六代目となった。黙阿彌は若き日吉村家を飛び出して、遊蕩生活を送り、家は弟が五代目を継いでいたのである。長女糸の下には二人の妹がいたが、いずれも若死していた。

かくして糸は父の遺業を継ぐことになったが、それは継ぐべき者が彼女一人しかいなかったという消極的理由だけによるものではない。彼女は父の熱烈な崇拝者で、自分自身文章の才があり、若い時は脚本も書いているのである。宇治派一中節の名人お静に弟子入りし、二代目お静の名を譲られるような才能もあった。しかし彼女は父の死後、三味線を倉に仕舞いこみ二度と手にしなかった。父の遺業を保存するのがわが一生と思い定めたのである。

彼女の人柄は、孫の登志夫の「他人の指さしをゆるさない、厳然たる姿勢で一生を全うした」という評言、また養子繁俊の妻みつの「とにかく強いのなんたって」という言葉によって知れる。晩年癌に侵され腕を切らなくてはならなくなったとき、医師が麻酔の注射をしようとすると、それだけは勘免《かんべん》してくれと言う。この人、雷と注射が大の苦手だったのだ。それで麻酔なしに切った。その間糸は歯を喰いしばってうめき声ひとつ立てず、医師はこんな強い人は見たことがないと呆《あき》れた。

彼女は生涯夫を迎えなかった。母琴が彼女宛に書いた土地の譲状には「生涯良夫を不迎《むかえず》単身ニテ父母之先途を見届け度段他事なき願ひに付」とある。もって糸の覚悟を知るべきだろう。夫なんぞ持って下手な口出しされたらたまらないという訳である。それで繁俊を養子に取ったのだが、それに至るまではいろいろと経緯があった。

明治三四年一〇月、深川座で『弁天小僧』の公演が、著作権所有者の糸に無断で一二日間行われた。著作権法はすでに明治三二年に成立している。糸は告訴に踏み切り、相手が控訴に及ぶので、とうとう三年かかって大審院で勝訴の判決が確定した。このとき坪内逍遥が同作が黙阿彌の著作たることを立証する「鑑定書」を作成し、それによって糸と逍遥が親密になり、糸が逍遥に適当な養子の周旋を依頼するに至ったのである。

逍遥は慎重に人選を進めた。当時長谷川時雨が劇作家として売り出していたので、これはどうかと持ちかけたが、糸は女ではと断った。二代目左團次が永井荷風が養子入りを望んでいると言って来た。糸はこれは余りに出来すぎた方だと辞退した。逍遥は結局、早大英文科に在籍し、彼が主宰する文芸協会付属演劇研究所員でもある市村繁俊を選んだ。

繁俊は長野県下伊那郡の農家に生まれた。母たる人は繁俊の妻となって市村家を訪ねたみつの回想によると、その時七五の威勢のいい婆さんで、膝に止まった蝿《はえ》を手の平で叩きつぶし、股にすりつけたのを見て肝をつぶしたとある。しかし歌舞伎好きの一家で、長兄の咸人《みなと》は郷土史家になった位だから、教養のある家だったのである。

繁俊は明治四三年七月、逍遥から河竹家の養子話を持ち出され、即答しかねていると、田舎の実家から「ハハキトクスグカヘレ」との電報を受けた。これは実は、四三年五月文芸協会の大阪での試演会、ロスタン作『ファンタスティッシュ』という劇の端役に繁俊が登場したのを、たまたま次兄が見て驚き親に急報した。息子が河原者になっては一大事というので、ニセ電報で繁俊を呼び寄せたのだ。

帰郷すると、役者などもってのほか、朝鮮では教師が大量に求められているから、それに応募せよという。繁俊は朝鮮など行く気になれない。河竹家から養子話があると切り出すと、黙阿彌?誰だそれはということになった。意外にも黙阿彌の名は当時それ程知られていなかったのだ。長兄の咸人が勤め先の学校の辞書に黙阿彌がのっていると調べて来た。逍遥の名はさすがに家族一同知っている。こうして繁俊の養子話はきまったのである。

糸は厳格で自尊心が強く、なかなか難しい人である。「父はいさぎよく、河竹糸女の養子として

『仕え』た。仕える以上、養母を立て、批判がましいことを口にしたり愚痴めいたことをいうことは、許されない」と登志夫は述べている。繁俊にとってこれまで自分が志していた現代劇の世界と余りにも違う、座付作者の世界に適応するのが大変だった。彼は三年を費して名著の名の高い『河竹黙阿彌』を完成することによって、ようやくこの適応をなしとげた。

糸は繁俊が父の遺業を後世に伝える姿勢を取ったことに満足した。人物も気に入ったし、何よりも自分を尊びいたわってくれる誠意がありがたかった。継子として可愛いのだが、これには糸の一生経験することのなかった異性愛も含まれていたかも知れない。

大正六年に結婚するまで、繁俊は糸と同室で寝起きしていた。妻になったおみつが言っている。「つぎの茶の間に寝ればいいのに、それじゃおっかさん気に入らないんだから。ゴホンと咳をすれば起きかえって、かァさんどうしましたってきく。寒いっていえばソバ湯を作って飲ます。煙草へ火をつけてやる消してやる。はばかりっていえばくっついて行く—そんなことを一晩中やっていたんだから、大変だったろうよ」。

繁俊の書生をしていた男も、結婚後のことをこう言っている。「先生はすぐ横になって居られるゴシンサン（糸のこと）の側に寄られて、出先の種々な話などお聞かせし乍《なが》らアンマにとりかかられる毎夜でした。何時までたってもゴシンサンはもうよいとか、ありがとう等と言ったことがありません。ゴシンサンが只《ただ》心地よげに眠りに落ちてしまはれるまで、先生のアンマは続くのでした。

それからはじめて先生は御自分の住ひへお帰りになるのでした。先生はそれで不服そうな態度をしたり、いやな事を言ったり等一度だってありませんでした。先生はすでに一流の大家でした」。繁俊は義母に対して深い尊敬の念と情愛を覚えていたのに違いない。

糸は癌が悪化して大正一三年に死んだ。繁俊は早大教授になり、再び若き日の新劇界への情熱を取り戻す。糸在世中は、彼女が繁俊が就職して外の世界に出るのを厭《いや》がったので、万事外との関わりを控えねばならなかったのだ。

河竹繁俊の妻みつの実家は特異な家庭であって、一般に愛情こまやかで親和的な明治初期の家庭と較べ、特筆に値する。つまり、家長が暴君である場合、家が地獄まがいになる好例なのである。

みつは日本橋両替町の煙草問屋田中亀次郎の三女である。この田中という家は河竹家と血縁はないが、いろいろ因縁があって、黙阿彌は親戚付き合いをし、問題の起こるごとに面倒を見てやっていた。

田中家の七代清左衛門はふしだらな性行で、下女に手をつけたかという女の子を生ませた。このたかを本妻が憎むこと甚だしく、暗くじめじめとした蔵に押し込めてしまった。たかは年頃になるまで、すぐそばの厠《かわや》以外一切外へ出されず、陽の目も見ずに育った。食事も飯の外は豆腐と塩鮭しか知らず、他は毒といって食べさせてもらえなかった。たかはその後黙阿彌の家に預けられた。糸と糸の母琴が何も知らぬたかを、やっと一人前に仕込んだ。何しろ豆腐以外は手をつけず、これは里芋だよ玉子焼だよ、食べられるんだよと教えねばならない。

清左衛門は道楽の末、発狂して死んだ。座敷牢に入れられ、刀を抜いて暴れ廻った末である。あとはたかと結婚していた番頭の亀次郎が嗣いだ。亀次郎は木崎の大庄屋の息子だったが、養子に出された上、田中家に丁稚《でっち》奉公した。あまりの辛さに度々実家に逃げ戻ったが、冷厳な母親に追い返された。亀次郎は勤勉で不屈というだけでなく、頑固一徹、他人にも厳しく容赦のない男に育った。朝は四時半に起き、小走りに家中を見廻り番頭小僧がまだ寝ていると枕を蹴飛ばす。声が低く早口なので、家人や奉公人がよくわからずにいると、こめかみに青筋が膨れ上がり、馬鹿野郎と拳骨《げんこつ》が飛ぶ。

たかは亀次郎との間に五子をなしたが、彼女自身が座敷牢で育ち栄養失調であったから、男子三人はすぐに死に、愛と貞という女児のみ育ったが、これも骨無し子のように四つ五つになっても首が坐らなかった。世間知らずどころか、日常の作法さえわからず、亀次郎が黙阿彌に預けて、教育を依頼したのは前述の通りである。そのたかは明治二三年、父清左衛門の狂死に先立って、コレラで死んだ。

たかが死んで六年して、亀次郎は後妻を迎えた。京橋の酒屋岩瀬与次右衛門の次女照である。三一歳というから晩婚である。両親とも穏やかなしっかり者で、照の娘時代は「春風駘蕩、優雅そのものだった」という。茶の湯、活け花、それに音曲の芸事を仕込まれたのは勿論、芝居の見物にうつつを抜かし、朝顔を洗うとき、「今日はどこへ遊びにゆこうかな」と考えるほどであった。

二三歳の時、米問屋に嫁入って二児をあげたが、夫は米相場に手を出して失敗、粗暴の振る舞いが多くなったので、母は照をすぐ実家に引き取った。そして亀次郎との再婚に至り、翌明治三〇年みつを産むのである。そのときたかが産んだ愛は一一歳、貞は八歳になっていた。つまりみつの義姉たちである。照はさらに七人の子を産み、明治四一年事情あって離縁、四四年にはまた田中家へ戻った。みつたちは母のいない三年間を過ごさねばならなかったのである。

昔の大店《おおだな》というものは、家長を頂点とする独立の封建社会で、隣近所とは全く没交渉、田中家の隣りは有名な小間物屋「下村」だったが、みつは下村の主人やおかみさんを見たこともなかったという。庶民の長屋の近所づきあいなどから想像される世界と全く異なっていた。

田中の家の雰囲気は暗かった。みつの少女時代は冬でも炬燵《こたつ》は許されず、隙間風にさらされながら、暗いガス灯で勉強せねばならなかった。食事も質素で米の飯ばかりたべる。それで家中脚気気味になり、半搗《つき》米にしてやっと元気が出た。照は贅沢三昧に育てられ、家事にうとい。亀次郎がこんな女に家政は任せられないというので、家事万端指図する。自分が叩き上げの働き者だからやたらに厳しい。しかし、みつにとって一番の問題は親の夫婦喧嘩であった。

亀次郎は大酒呑みであったが、女癖が悪かった訳ではない。しかし、日頃抑圧されている照は嫉妬妄想に苦しめられた。それで毎晩夫婦喧嘩が起こる。しかも亀次郎は、みつを生んだばかりの頃、照が夜ウトウトとしていると、酒気を帯びて帰って、照の枕を蹴とばすといった男なのである。毎晩の痴話喧嘩がみつには何よりも忌まわしく辛かった。照の妄想は追々昂進し、忠実な番頭の妻にまで嫉妬の目を向けるようになる。「あることないことを妄想して愚痴をならべる母に、激怒して真青になった父が箸箱を投げつけ、額を割られて血だらけになった母が、番頭に抱きかかえられていく――そんな姿が、みつや君（みつの妹）には地獄絵を見るように、おそろしかった」と登志夫は書いている。

前妻たかの残した二人の女児は、照に辛く当たった。照が三年間家に帰されていた間、家を切り盛りしたのは、まだ家に残っていた妹の方の貞だった。考えてみればこの二人の娘も母の育ちよう、父の気性を考えると哀れな女性たちだったと言える。貞はみつより七つ歳上で、府立第一高女の五年生だった。みつはずいぶん叱られきびしい目に逢ったが、ジャムつきパンを学校から持ち帰って、「これ、おあがり」とくれることもあった。みつは故人となった貞に感謝の気持ちを持ち続けた。

こういう家庭に育ちながら、みつが素直で明るい女性に育ったのは不思議な気がしないでもない。しかし父は厳しすぎるという難点はあっても、真面目な働き者であり、母は万事おっとりと育ったお嬢様だった。二人のよいところばかりがみつに遺伝したのだろう。とにかく、明治の庶民の家庭には、このような問題絡みの家父長制的特色をもつものも存在したのである。

亀次郎は大正一四年七月に死んだ。糸女の死に遅るること八カ月であった。病名は食道癌。臨終まぎわみつにふと洩らしたという。「人生って、つまらないもんだな」。

第九章　默阿彌と円朝

幕末・明治初年の庶民感情について云々するとなれば、芝居と講談、落語の世界に触れない訳にはゆかぬ。つまり端的に言えば、黙阿彌《もくあみ》と円朝に言及せざるを得ないのである。ところで、芝居と言えばむろん歌舞伎であるが、私は歌舞伎を一度も観たことがない。落語も桂米朝を一度聴いたきりだ。勝手が悪いったらないが、何とかやっつける他あるまい。

歌舞伎はむろん演劇であるが、今日の演劇の観念からすれば余程奇天烈な代物である。第一、単一の作者というものがいない。作者部屋というものがあって、立作者、二枚目、三枚目といて、立作者が新作を立案し、座元や主だった役者と相談する。いざ脚本を書くとなれば、立作者が主要な幕を書き、二枚目、三枚目が補助的な幕を書く。そして役者に読み聞かせるが、ここで注文に応じて改変が行われる。いわば一座の合作のようなものになるのだ。しかも、初期は科白《せりふ》は要旨だけで、あとは役者が自由に述べ立てる場合が多く、後に作者が重んじられるようになっても、作者の書いた科白を勝手に言い変えた。

第二に、既成の作品から随意に引用が行われる。今日の常識からすれば、引用というより剽窃《ひょうせつ》・盗作であって、当然著作権侵害である。しかし、著作権なんて観念はないし、先人の作を踏まえて細工することが、むしろ一種の伝統尊重とみなされていた。既存作のいろんな要素を投入するものだから、単一の主題が無駄なくすっきり表現されることがなく、主なテーマにいろんな副テーマが混じりこんだ途方もないゴテゴテが出来上がる。

第三に何と言っても役者の人気に寄りかかった興行であるから、筋立てより役者の見世場を作ることが大事で、その結果作品が通しで上演されず、人気を取った見世場だけ抜き出して上演されることになる。本質的に役者のために書かれる芝居なのである。

第四に、幕府が時事を取り上げることを禁じたものだから、ごく最近の出来事を劇化するのに、鎌倉時代などに仮託せねばならず、これが癖となってとんでもないアナクロニズムが横行し、観客もそれを奇としなかった。

一方、観る方から言っても、芝居見物は日常と全く異なるハレの世界、祝祭の世界にはいりこむことだった。蘭学の本家といわれた桂川家の娘で、安政二年生まれの今泉みねが言っている（『名ごりの夢』）。見物の前夜は興奮して眠れない。午前四時には起きて、衣裳の着付けなど大騒ぎ。船で猿若町に乗りつけると、櫓を高々とあげた三座と茶屋が並び、提灯を掲げた町並みは夢のよう。まず茶屋に丁寧に迎え入れられ、開幕にあわせて劇場に案内される。

舞台は今のように客席と区別された額縁的なステージではない。客席に取り巻かれ、花道というのもある。「その場面場面で自分たちもいっしょにまったく山にいたり野にいたりという風にそれにはいり込んでしまいます」。客は桟敷を借り切って、飲み食いしながら楽しむ。幕合いには茶屋に戻って接待を受ける。その際、衣裳を変える。芸者風にしてみたり、御殿女中のなりをしたり、これがご婦人たちの楽しみ。芝居を観るだけではない。自分たちも観てもらうのだ。次の幕があく前に、また小屋へ案内される。

見せ場では、市川団十郎の大星由良之助が、尾上菊五郎の判官切腹の場にかけつけ崩おれるとき、「見る見るうちに顔色は真青から白くなって、頬の肉がブルブルっと慓《ふる》えるのがよく見てとれた」。「思わずこぶしに力がはいり、からだもしゃっちょこばるように固くなって肩がこります。そのころの人はみんな正直ですから、こんなところを一生懸命見て肩を凝らして帰ったものでした」。しかし次の幕になると、お軽勘平の道行で「小蝶のあそび戯れるように」踊る姿の「美しさ、あかるさはえも言われ」なかったと彼女は言う。つまりは夢の世界だったのである。

黙阿彌は文化一三（一八一六）年、日本橋の湯株を売買する家に生まれた。父はやがて質屋を始めた。だが彼は質屋にせよ何にせよ、堅気の商売に向く性分ではなく、花街を遊び歩き、勘当されて叔父に預けられた。滝亭鯉丈《りゅうていりじょう》の『花暦八笑人』をお手本にしたような毎日であったと伝えられる。仲間と狂句や三題噺、素人芝居に興じる三年間ののち、一七歳で貸本屋になり、芝居小屋にも出入りした。一九歳の時父が死に、家業は弟が継いで自分は若隠居になった。

のちに大南北のあとを継いで五代南北となる鶴屋孫太郎に弟子入りしたのは、天保六（一八三五）年二〇歳の時で、座は市村座、天保の改革によって三座が吉原へ移転する以前で、市村座はまだ葺《ふき》屋《や》町にあった。しかし、体をこわして見習い作者暮らしも半年ばかりで中断、また雑俳の点者など、元の暮らしに戻ってしまう。今度は河原崎座の見習い作者としてまた劇界に復帰したのは天保九年のことである。

だが、天保一一年に弟が死に、家を相続するにはしたが、つくづく家業は性に合わず、家業を整理して、三度目の狂言作者生活に踏み切ったのは天保一二年、これ以後劇界を去ることはなかった。

黙阿彌の作家的地位については、坪内逍遥の「三世紀に亘《わた》る我が近世演劇史」の「最終の集大成者」という評価が有名であるが、茨木憲は「ただ江戸歌舞伎界の殿将であったばかりでなく、……江戸から東京への、重要な中継者」だったと言い、渡辺保に至っては、日本演劇の革新は川上音二郎や小山内薫ではなく、黙阿彌に始まると言う。

彼の第一作は嘉永四（一八五一）年に上演された『えんま小兵衛』である。遊女若草と船頭伊之助が心中しようという所から始まるのだから、誰しもお江戸の話だと思うが、そこに現れるのが何と三位中将平重衡《しげひら》と呉羽の内侍なのである。これでは一二世紀だ。そういうすさまじいアナクロニズムと言い、この二人の持つ百両をねらって川に突き落す仏師えんま小兵衛の悪《わる》と言い、実は若草と伊之助は小兵衛の双生児だったという設定と言い、幕末狂言の典型的なマナリズムを体現した作品であった。

ただ、貧乏長屋の小兵衛の家には作りかけの閻魔の像があり、赤鬼青鬼に仮装した弟子が居る一方、駆け落ちの二人が匿《かくま》われた修行者西念の長屋には極楽の絵が飾られていて、その対照に黙阿彌のただ者ならぬ着想力が示されていた。さらに平重衡一行の登場は、前述のように慣例であるけれども、この場合避けるべき現実の事件がある訳ではなく、だとすればただのマナリズムでしかないが、それが却って、一種のシュールレアリスム的効果をもたらしている点は見逃せない。

安政元（一八五四）年、黙阿彌は『都鳥廓白浪《みやこどりながれのしらなみ》』（忍ぶの惣太）によって、四代市川小団次と縁が出来た。小団次は最初の台本が気に入らず散々注文をつけ、黙阿彌が辛抱強くそれに応じたので、深く信頼するに至った。この後、黙阿彌は専ら小団次のために筆を執り、その関係は慶応二（一八六六）年、小団次が没するまで続いた。『三人吉三《きちさ》』『縮屋新助』『弁天小僧』『村井長庵』など、彼の代表作がこの間に書かれた。

明治の劇評家岡本綺堂は「その筋立ての余り巧妙でないと云ふことは翁に取って頗《すこぶ》る不利益であった。どの脚本の筋立てもいたずらに事件を紛糾させることにのみ努め」と言い、「この薩摩汁のやうなものに箸を着けるのを躊躇する場合が往々ある」とさえ言う。

だが、逆に言えばこれは黙阿彌の筋立ての複雑さが、いかに巧妙入念に仕組まれたものであるかを証するものであって、その入り組んだ奇怪な筋立ての趣向が最も甚だしいのが、『三人吉三廓初買《くるわのはつがい》』である。これが黙阿彌自身の最も自慢の作であったというのは、彼の作劇の努力がどこに集中したかを明白に示している。

彼の作品には、お家に伝わる宝物（例えば刀剣）の紛失にまつわるドラマと、百両、二百両という金が次々に人手に渡って巻き起こす騒動が頻出する。前者は歌舞伎通有のマナリズムであるが、後者は黙阿彌の特徴と言えるだろう。『三人吉三』はその典型である。筋立てを紹介するのはやめる。あまりの複雑さに読者はうんざりするだけのことだろうし、第一手際よく紹介する自信もない。

しかし、その複雑さの一端を示しておくと、話は木屋文蔵という商人が所有する短刀が、源頼朝愛蔵の庚申丸《こうしんまる》だとわかり、海老名軍蔵が出世のためにそれを買い取るところから始まる。庚申丸は安森源次郎が預かっていたのだが、一〇年前、今は土左衛門伝吉と呼ばれる男が盗み出し、そのため源次郎は切腹、遺児は森之助とおもとで、おもとは一重と称して吉原の花魁《おいらん》になっている。森之助の兄は行跡悪しく家出しているのだが、これがお坊吉三なのである。

軍蔵から短刀の代金百両を受け取った木屋の手代十三郎は、八百屋久兵衛の子というが実は伝吉の子なのだ。男女の双生児が生れたので、伝吉は男の子の方を棄てた。これを久兵衛が拾ったのである。久兵衛には男子がいたが、五つの時にさらわれ、旅芸人の女方役者となった。これがお嬢吉三である。

伝吉の娘おとせは夜鷹に出て、父伝吉を養っている。百両の代金を受け取った十三郎は、帰途おとせと出会って馴染むが、まわりにバタバタの騒ぎが起こって、金はおとせの懐《ふところ》へ、これをお嬢吉三が奪い取る。それを目撃したお坊吉三がその金よこせと割って入り、そのいさかいを通り掛った和尚吉三が仲裁して、ここに三人吉三の血盟が成り立つ。

一方、木屋文蔵は一重に執心して吉原通い、結局は破産する。一重は文蔵の子を産んで死ぬが、文蔵の妻がこの子を育てるという話が、これは全体とは独立して語られる。とにかく大人数の人物が登場し、誰々は実は誰々の子といった話が重なって、観客が混乱して訳が分からなくなるおそれは十分にある。それでも彼らは、その場その場のやりとりの面白さに喝采したのであろう。

現代の読者からすれば観どころはふたつということになる。ひとつは双生児の十三郎とおとせの間の恋を、伝吉が黙認する点である。伝吉は今や二人が双生児と知っている。それを言いきかせ、近親相姦を防いでもよいのである。それなのに却《かえ》って二人を寝間に追いやる。薄命で非運な二人が、道徳律に背いても愛し合うことを是認したのである。つまり黙阿彌が是認したのである。ここに激動期の幕末が彼にもたらした自覚の一端を見ることが出来よう。

十三郎は百両の金を取り戻すまでは主家に帰ることができない。伝吉は何とか百両手に入れようとして殺される。この、売り上げの代金を失って主家に帰れないというモチーフは、黙阿彌の作品に頻出する。つまり人の苦労はいろんな因縁から生まれるが、何と言っても金から生まれるのである。彼は明治になって書いた『人間万事金世中』で、「世界は開化に進むほど人が薄情になる」と登場人物に言わせているが、金に纏《まつ》わる薄情は何も開化を待たなかった。この百両二百両という金の、ほとんど生き物と言っていい程の活躍ぶりは、黙阿彌劇の大きな特徴である。

『村井長庵』の主人公は医師であって、その調薬の繁昌振りから言って、事更《ことさら》金に執着せねばならぬ必要はない。とすれば金銭欲は彼の天性であって、無理由の強欲が人間の形をとった怪物の観を呈する。と言って、彼が犯した非道は三件にすぎぬのであるが。

一件は妹婿の重兵衛を殺した。長庵の家はもともと三河国の小百姓で、妹が婿をとって家を継いだ。だが凶作で田畑を質に入れ、流れるのを防ぐには娘を女郎に売らねばならなかった。長庵の家に寄寓して四二両を口入屋から受けとった妹婿を謀殺し、その金を奪い取った長庵は、その罪を知人になすりつけ、知人は獄死する。

さらに一件は、商家の息子千太郎が女郎を身請けしたがっているのに、客の身で身請けすれば何百両とかかるが、親元から掛け合えば売った時の五〇両ですむ、わしが世話してやろうと長庵がいうので、千太郎は五〇両を渡した。ところが長庵はそんな話をしたこともなく、金を受け取ったこともないという。千太郎は泣き寝入りするしかなかった。

夫をなくした長庵の妹が、廓にやった娘に会いたいと田舎から出て来て、長庵の家に寄寓している。長庵はこれが目障りで仕方がない。妹があれこれ穿鑿《せんさく》し出したら、妹婿のこともばれぬでもない。知り合いの三次に頼んで浅草田圃《たんぼ》で斬り殺させた。これで三件。

長庵はお裁きのあと、三次に「地獄で逢はうよ」と言い捨てる。不敵な悪党と言ってよいが、考えてみればただ金が欲しいだけの単純な悪《わる》なのである。何でそんなに金が欲しいのか。別に大金が必要な事情もなく、また何に遣おうという目当てもなく、欲しいから欲しいとしか言い様がない。怪物的大悪党というより、機械仕掛けの金の亡者なのである。黙阿彌は何でこんな作を書いたのか。彼には実は、小悪党に関する深甚な興味があったのである。

加賀の火消人足巳之助《みのすけ》は雷が大嫌い。親分梅吉の妻すがもご同様で、折から鳴り響く雷に思わず二人で蚊帳の中にはいってしまった。それを巳之助の兄貴分の五郎次に密通したと讒訴《ざんそ》され、梅吉の家からすがもろとも追い出された（明治一九年作『加賀鳶《かがとび》』）。これは五郎次がかねがねすがに思し召しがあり、言い寄ったのを手ひどくはねつけられたのを恨んでのことだった。それ以前に三通も、二人の密通を言い立てた無名の手紙を梅吉へ出していたというのだから、やることがたちが悪い。

しかし、五郎次は村井長庵のような根っからの悪と言う訳ではなく、自分のしたことを後悔する小悪党にすぎない。黙阿彌はこの種の小悪党を沢山描いているが、それは彼が作者部屋で、数々の意地悪を嘗《な》めねばならなかった経験のせいだろうか。黙阿彌ならずとも人は、世の中には自分に向けられる悪意がある、いや自分とて他人に悪意を抱いたことがあると知る。彼はこういう人生の陥し穴に敏感だったようである。

　こういう悪意に対して、彼が救いを見出したのは俠気《おとこぎ》と意地だった。俠気といえば好例は『天衣紛上野初花《くもにまごううえののはつはな》～河内山と直侍《なおざむらい》』（明治一四年）であろう。彼はこれを松林伯円《しょうりんはくえん》の『天保六花撰』に依拠して書いたと言われる。伯円は泥棒を主人公にした噺《はなし》を得意としたので、「泥坊伯円」と呼ばれ、またその人気ぶりを「八丁荒し」と言われた噺し家である。

　だが『天保六花撰』と『河内山と直侍』の共通点は、松江侯脅迫の一件しかない。人物にしても、河内山宗俊の性格は伯円の作った通りだが、片岡直次郎は黙阿彌の場合よりずっと薄汚い悪《わる》にすぎず、剣客金子市之丞の性格も全く違う。宗俊が寛永寺の使僧に化けて、松江侯邸から質屋の娘浪路を救い出す一件は、伯円の噺をそっくり戴いているが、宗俊が正体を見破られ居直って言う科白《せりふ》、「そっちで帰《けえ》れと言はうとも、こっちで此儘帰《けえ》られねえ」の名科白は伯円にはない。

　ここが見せ場になったのは、この一句によってなのである。こういう忘れられぬ名科白を作り出す上で、彼には抜きんでた才があった。「知らざあ言って聞かせやせう」（『弁天小僧』）、「問はれて名乗るもをこがましいが」（『三人吉三』）といった名文句は、原作を読まず舞台を見たこともない人々の人口にも膾炙《かいしゃ》するところだ。『月は朧《おぼろ》に白魚の』云々を好例とするつらねの美しさは言うまでもない。彼は言葉の天才で、劇作家としての強みはかかってその一点にあった。

『河内山と直侍』において、二人はゆすりを行うが、それは例え金銭の余得があるにせよ、全く俠気の産物であって、ここに黙阿彌の最もポジティヴな作因があった。直次郎は吉原の女郎三千歳と馴染んでいるが、三千歳の許に通って来る裁縫師もとがいる。その弟で商家に奉公する半七が回収した店の掛金二百両を、悪旗本比企《ひき》の宅で行われている蔭富（私設富籤《とみくじ》）に誘われて欺《だま》し取られる。直次郎は比企家へ乗りこみ、ゆすってその二百両を取り戻してやるのである。

もとの夫幸次郎は、商家づとめの息子の里帰りの日に道路で鯛を拾い、ほくほく顔で家へ持ち帰る。貧乏長屋のこととて、幸次郎が安く買って来たという鯛は評判になる。一両はする代物なのだ。安く買ったと言っても、家賃を何カ月も溜めている幸次郎が買えるはずはない。結局は盗んだに相違ないと疑われ、幸次郎の身が立たぬときに、直次郎が三千歳と訪れる。幸次郎は直次郎が身を持ち崩す以前、少年の日の素読の師とわかった。直次郎は弁じて幸次郎の急を救う。

この鯛騒ぎの一幕は、当時の長屋住まいの連中にとって、鯛がいかに珍品であったか如実に表していて、黙阿彌の筆が一段と冴え渡るところであるが、それは同時に彼の根本的なシンパシーが何処にあったか明白に示している。すなわち彼の原点は、名もなき無力の民の誇りであったのだ。

明治になって、黙阿彌の作品には宿痾《しゅくあ》のゴタゴタからやっと脱して、比較的に統一の取れたスッキリした筋立てを持つものが見られるようになった。『人間万事金世中』（明治一二年）はリットンの小説の翻案であるから、すっきりしていて当然だが、『夢物語盧生容画《ろせいのすがたえ》』（『崋山と長英』・明治一九年）も藤田茂吉の『文明東漸史』（明治一七年）に基いているだけに、よく均斎のとれた作品に仕上っている。

『文明東漸史』には蛮社の獄について要を得た陳述があって、黙阿彌はほとんどこれに基づいて作劇したのであるが、ただ長英の人物像には色づけをした。即ち崋山が誠実一途の人物に描かれ、それだけに単純であるのに対して、長英は逃亡資金を知人からゆすり取るようなふてぶてしい人物とされている。つまり長英には幕府権力の横暴に対して絶対に譲らぬ意地の持ち主として描かれているのだ。そのために長英の遺族から訴えられて困惑したりしたものの、この長英像は黙阿彌のもうひとつの原点、名もなき民の意地を示すものとなっている。

しかし黙阿彌は体制としての幕府に批判的であるのではなかった。芝居に対する幕府の禁令、ことに小団次がそれによって憤死したとされる慶応二（一八六六）年の禁令には反感を持ったが、幕藩体制自体を否定する眼は持たなかった。ことは明治新政府に対しても同様で、「手前などは開化の此結構な世に生れ、物の道理の分るのは、何《いづ》れの果《はて》も学校で子供が教えを受ける故」などと人物に言わせるということはあったが（『島衡月白浪《しまちどりつきのしらなみ》』）、尊攘運動に関心はなく、明治以来の変革の意義についても特に考えるところはなかった。

要するにその点彼は江戸庶民と同様で、もともとは天下国家のことは吾が事ではなかったのである。しかし明治になって彼が閉口したことがひとつあった。それは末松謙澄（伊藤博文の女婿）、依田学海らの従来の実情を無視した演劇改良運動に悩まされたことで、明治一四（一八八一）年引退して名を黙阿彌と改めたのは（それまでは河竹新七）、「以来は何事もだまって居る心にて黙の字を用ひたれど、又出勤することもあらば元のもくあみとならんとの心なり」という書きつけを残しているので知れるように、自分は変らぬぞという抗議の心だったのである。事実、「引退」後もいくつも作品を書いている。

彼は実直丁寧な人柄で、むっつりして少しこわいようなところもあったと伝えられる。写真を見ても、細めたまなざしと言い、への字に閉じた口許《くちもと》と言い、芯のある人物だったことがわかる。

黙阿彌は明治二一年、花井お梅事件に基づいて『月《つき》梅《うめ》薫《かおる》朧《おぼろ》夜《よ》』を書いた。作中お梅の名はお粂《くめ》と変えられている。

晩年の河竹黙阿彌

お梅は高橋お伝や夜嵐お絹と並ぶ「毒婦」とされているが、矢田挿雲は毒婦などという者ではなく、却って彼女に殺された峰吉（作中では巳之吉）の方が「毒男」であったと言う（矢田挿雲『江戸から東京へ』）。つまり役者の沢村源之助に惚れているお梅に横恋慕し、源之助との逢瀬を妨げ、養父にお梅の悪口を吹きこみ、その仲を割いたと言うのである。「癇癪《かんしゃく》玉を破裂させた」お梅は、出刃包丁で峰吉を刺殺した。明治二〇年のことだ。

お梅は癇癪持ちの酒飲みにすぎぬというので、懲役一五年。出獄した後もまだ美しく、浅草奥山の汁粉屋の女将になって大評判を取ったが、自棄《やけ》酒を呑む癖は直らず、没落してからは、旅廻りの役者をして峰吉殺しを自演する迄になり、出獄七年目かに病死したと言う。

黙阿彌の芝居では、巳之吉はお梅の経営する待合茶屋の帳付けで、客が当てにする女将のお梅がいつも外出勝ちなので、これでは商売が続かないというので、始終お梅に苦言を呈している。一方お梅からすると、女将とは名ばかりで会計は父親が握っていて面白くない。もともと待合は父親が言い出して始めたので、自分は芸者の方が自由でよかったと言う。それにしてもお梅の不平不満振りは異常で、家を飛び出しては飲んで遊び歩き、五日も六日も家に帰らない。巳之吉がいつも口喧しく咎《とが》めるものだから、それが癪の種である。

あまり長く家を空けたのでさすがに帰りにくく、巳之吉を呼び出したが、たまたま情人丹次郎と訳あって別れた余憤から、自死しようという気もあって、お梅は包丁を買って帯の間に差している。巳之吉と言い合ううちに包丁を見咎められ、争って思わずそれを巳之吉の腹に突き立ててしまった。

お梅はとにかく気儘でアル中で、癇癪持ちの女でしかないように見える。しかし、お梅がそうなっているのは、明治の女の一人として自分の生き方を発見したかったのに、それが出来なかったからだと渡辺保は言う（『黙阿弥の明治維新』）。これは卓見であろう。黙阿彌は遂にそういう女性を描く処にまで到達した。

黙阿彌には小篇も含めるなら三百数十という作品がある。また、普通論じられるのは世話物であるが、彼の面目は時代物にあると言う人もいる。その全貌を尽くすのは到底私如きの任ではないが、重要なのは彼が明治二六年に死ぬまで書き続けていたということだ。つまり彼は坪内逍遙、森鷗外、尾崎紅葉、幸田露伴の同時代作家なのである。逍遙が『当世書生気質』を書いた明治一九年には、『加賀鳶』と『崋山と長英』を、二葉亭四迷が『浮雲』を書き始めた明治二一年には『花井お梅』を書いているのだ。そのことを忘れないようにしたい。

三遊亭円朝はそれまでの講談の領域を拡張して、世相を反映した語り物を確立し、その語りの巧みさもあって大評判を取った人物で、明治に人となった作家たちで、若き日円朝を聴いた思い出を語っている者は非常に多い。この人はその出自からして、自分が作った噺《はなし》さながらである。

彼の祖父大五郎は前田備後守に仕える出淵家の長男であったが、妾腹であったため正妻の憎しみを買い、この儘《まま》では命さえ危ういというので、乳母が連れて南葛飾郡新宿に逃げた。大五郎はそこで農家の子として育ったが、自分が武家の出ということを片時も忘れず、長子長蔵が生れるに及んで、出淵家の当主十郎右衛門を訪ね、長蔵を彼の一人娘の婿とする約を結んだ。

しかし、厳格な十郎右衛門と長蔵の仲がしっくり行かぬのを見取った、出淵家の親族で酒井雅楽頭の家臣出淵伊惣次という馬術の達人が、長蔵を引き取って馬術を仕込もうとしたが、長蔵はそれを嫌がって家出し、新宿の左官の弟子となった。

結婚して湯島に家を構えた長蔵は、左官という職人稼業に付きものの遊蕩の味を覚え、出淵十郎右衛門に度々無心したが、余りに度々のこととて縁を切られ、切羽詰って当時の名人三遊亭円生の門に入って、橘屋円太郎と名乗るに到った。やがて妻が身籠もり、天保一〇年四月一日に生まれたのが治郎吉、すなわち後の円朝なのである。

父円太郎は真打ちとなり、弟子も何人かいた。その中で育った治郎吉は、自然に噺を聞き覚え、七歳になった弘化二年、初めて寄席で語り、子供の噺し家は珍しいと評判になった。だが、母のおすみはそれを喜ばなかった。おすみは円太郎とは再婚で、それ以前糸商人に嫁して一子を生み、その子が玄正と名乗って谷中日暮里の禅寺の役僧になっていた。この異父兄の玄正が母のおすみに奨めて、治郎吉が高座に上るのをやめさせ、寺子屋に通わせた。

それでも、持って生まれた才能を惜しむ周囲の声に抗し難く、父円太郎は遂に師匠の円生の家に治郎吉を預けたのである。こうして噺家円朝が誕生した。九歳の時であった。名乗りは小円太である。

一一歳の時、彼は師匠の家を出てわが家に帰ったが、父円太郎は旅に出勝ちで旅先から送金せず、母子は暮らしに窮した。見兼ねた玄正が世話して、下谷の両替商に二年間勤めたが病いを得て退職。父は旅から帰っても家に寄りつかず、妾と暮らす有様。遂に禅寺の住職になっていた玄正に引き取られた。この寺で彼は玄正から、座禅を組むつもりで噺を語れと教えられ、本堂で修業を重ねた。円朝と名乗って三遊派再興を誓ったのは、安政二年一七歳の時である。弟子も出来た。

円朝は初めいわゆる鳴物噺とて、いろいろな道具を使って、例えば浪の音のような様々の鳴物を聞かせていたのだが、明治五年になって、一切の道具を一番弟子に譲り、素噺《すばなし》を専らとするようになった。師の円生は円朝を快く思わず、いろいろと意地悪をしたが、円朝はひたすら師を奉り、晩年孤独に陥った円生の最後を看取った。

三遊亭円朝

彼の創作噺の第一作は、安政六年に語られた『累ヶ淵《かさねがふち》』である。これは『やまと新聞』（明治一九年創刊）に連載されたというが、現物は発見されていない。全集には『真景累ヶ淵』として収録された。真景は神経に掛けたので、幽霊は神経作用という開化の説に拠ったのである。文久二年には『牡丹燈籠』、明治一一年には『鹽原《しおばら》多助一代記』が出来た。もちろん高座で語ったのであって、活字になったのは当時流行り始めた速記術によってであって、明治一一年に刊行された『鹽原多助』は一二万部売れたと言う。当時としては驚くべき売れ行きであった。

円朝の噺は複雑な物語構造を持っていて、分析に値する。『怪談牡丹燈籠』にしても、例のカランコロンの「怪談」の部分は発端に過ぎず、基幹部分は怪異とは何の関係もない。つまり、亡霊になって恋い慕うというロマンティックな趣向は話の糸口で、実体はリアルな欲望と情念の物語なのである。ミュッセではなく、バルザックだと敢えて言いたい。

処女作の『真景累ケ淵《しんけいかさねがふち》』は初めは累後日譚として語られた。累というのは寛文一二（一六七二）年、下総国羽生村で起こった憑き物事件の主人公である。夫与右衛門から川に突き落して殺され、怨みから与右衛門の娘菊にとり憑き、菊が狂乱し苦悶した。事件より二六年後のことである。羽生村の近くの弘経寺の所化僧祐天が、累の怨霊を祓って評判を取った。

円朝の話は主人公新吉が人殺しをして、江戸から羽生村に移って悪行を重ねるというもので、累とは何の関係もない。累という女も出て来るが、これはたまたま名が同じというだけのこと。ただ主人公新吉を怨んで、妻を持てば七代までとり殺すという女が出てくるのが、累の怨霊譚を踏まえている。とにかく最初から最後まで陰惨な噺で、南北・黙阿彌の修羅の世界そのままなのである。

話は複雑を極めているから、大筋だけ言うと、宗悦という鍼医者がいて小金も貸している。安永二（一七七三）年の暮れ、深見新左衛門という三五〇石取りの旗本の家を訪れ、三〇両の貸金を取り立てようとして斬り殺された。新左衛門はその後役向きの事で殺されるが、遺児に新五郎（一九歳）と新吉（二歳）がいた。一方、宗悦には志賀（一九歳）、園（一七歳）の二人の女児がいた。

深見家没落のあと、新五郎は下総屋という質屋に奉公することになったが、そこに園も女中勤めをしていて、新五郎は彼女に思いを寄せいろいろ親切にするが、園は虫が知らせるというか新五郎を嫌っていて、新五郎は思い昂じて、園を手籠めにしようとして誤って殺す。剣道の師がいる仙台に高飛びしたが、三年後江戸へ帰って召捕られ刑死した。

それから一九年経って、新吉は下谷で煙草屋をしている勘蔵の甥ということになっている。勘蔵は深見家の門番で、身寄りのなくなった幼い新吉を引き取って育てたのである。近所に豊志賀という富本節の師匠がいて、新吉は弟子になって通っているうちにいい仲になり、旦那面して家にはいりこんだ。豊志賀は宗悦の長女で、新吉より一八歳上である。

弟子にお久という娘がいて、新吉と仲よく見えるので妬けてならない。お久に辛く当たるが、お久は義理の母から日頃苛《いじ》められているので、家にいるより豊志賀の所へ稽古に来る方がいい。豊志賀は顔に腫れものができてすごい面相になり、ますます二人の仲を妬く。妬かれるようなことはしていないのに、嫉妬のほむらで焼かれるように豊志賀は死ぬ。書き置きに、新吉の妻は七代呪い殺すとあった。

新吉とお久は、お久の親戚がいるという下総国羽生村へ駆け落ちするが、思わぬ事故で新吉はお久を殺してしまう。羽生村で新吉は大百姓三蔵の妹累に惚れられて夫婦になるが、そのうち名主惣右衛門の妾お賤といい仲になり、新吉に虐待された累は赤子を抱いて死ぬ。お賤に唆かされて、新吉は惣右衛門も殺害、二人で江戸へ逃げた。三蔵は実は深見新左衛門の下男で、宗悦の死骸を始末させられ、その礼金で故郷の土地を買い、大百姓になっていたのだった。新吉・お賤は方々放浪の末、お賤は新左衛門の妾お熊の娘、つまり新吉の異母妹とわかり、二人は自殺する。

噺は惣右衛門の息子のことになり、その息子が殺されて敵討ちの話といった具合に延々と続くが、それはもうよかろう。肝心なのは円朝が、黙阿彌と全く変わらぬ小悪党の金と女に纏《まつわ》る因縁話から出発したということである。

『怪談牡丹燈籠』は二二歳の旗本の伜飯島平太郎が、酒に酔って悪絡みする小出侯の家臣黒川孝蔵を斬り殺す所から始まる。無論お咎《とが》めはなく、家督を相続して父の名の平左衛門を継ぎ、嫁を迎えて一子お露を得た。しかし妻は早死し、お国という女中に手がつき、これが妾となったが、お露との間がうまく行かない。平左衛門は家内の波風を厭《いと》って、柳島に寮を買い、お米という女中をつけてお露を別居させた。

ここで先廻りしてお国の素性を述べると、黒川孝蔵には妻りゑがいたが、孝蔵の日頃の行いに呆《あき》れた兄がりゑを離縁させ、四歳の子孝助を引き取った。りゑは里の越後の村上へ帰り樋口屋五兵衛という者と再婚したが、先妻の子に五郎三郎とお国がいた。五郎三郎はよい子であったが、お国は幼くして性悪で、ともすれば波風を起こそうとするので、江戸の旗本家、つまり飯島平左衛門家に奉公に出したのである。お国は父五兵衛の死に際しても何の消息もせず、兄の五郎三郎も今や見放す有様だった。そういうお国にしっかり者の飯島平左衛門が手をつけたのも合わぬ話だが、男に関してはは気をそらさぬ魅力たっぷりの美女だったという事だろう。

さて、根津に貸長屋を持ちその上りで暮らしを立てている萩原新三郎という美男の浪人者がいた。二一歳で独身である。知人に志丈というお幇間《たいこ》医者がいて、こいつが亀戸の臥龍梅を見物し、自分の知り合い飯島平左衛門の別荘にも寄りましょうと、到々新三郎を誘い出した。この時新三郎とお露の間に、一見して電撃的な恋が発生したとされる。新三郎が辞去する際、お露に「また来て下さらねば死んでしまいます」と言われたというのだから尋常ではない。ところが、ふとしたことで病みついたお露が急死し、看病疲れでお米も死んだ。

話換わって、飯島家に孝助という若い男が仲間として傭《やと》われた。方々奉公したが皆続かず、剣術を習いたい一心に飯島家に望んで傭われたと言う。平左衛門は真影流の達人なのである。平左衛門がなぜ剣を学びたいか尋ねると、親の仇《かたき》がとりたいと言う。その親というのが自分が斬り殺した黒川孝蔵と知って、彼はいずれ討たれてやろうという気になった。

この孝助が噺の主人公である。『牡丹燈籠』は恋心の余り亡霊となって恋人にとりつく女の話ではない。それは挿話にすぎず、親の仇であるはずの平左衛門に対する孝助の真心の美しさがこの噺のテーマなのである。一方平左衛門も「汝の奉公に参りし時から、どう云ふ事か其方が我子のように可愛くてなァ」と述懐する。主従の理想とも言えるが、主従だからかくあるべきだと言うのではない。二人の主従を超えた心の通い合いこそ人性の善なのである。円朝はそれを描きたかった。

お国は隣家の旗本の二男源次郎と通じていて、平左衛門に源次郎を飯島家の養子に奨めるが、源次郎がのらくら者と知る彼は承知しない。そこで源次郎と計って平左衛門を亡き者にする計画をめぐらす。孝助はそれを知って心を痛めている。

一方、萩原新三郎はお露が死んだと聞いて、毎日念仏三昧、体調も崩してしまっていたが、盆の一三日の夜、カランコロンと下駄の音がする。見ると生け垣の外を牡丹の図柄の燈籠を提げた年増のあとに一七、八の娘が通りかかった。おやお米さん、おや萩原様という訳で、二人は家にはいりこみ、お国が邪魔を入れて、お露に新三郎は死んだと言い聞かせ、一方新三郎にはお露は死んだと聞かせたと互いに事情を打ち明け、二人はそのまま泊まり、新三郎はお露と結ばれて、七日の間毎晩逢瀬が続いた。

新三郎の持家の長屋に伴蔵という者が住んでいて、妻のおみねと共に何かと新三郎の世話をし、それで暮らしも立てている。近頃、夜新三郎の家で話し声がするから、妙に思い覗《のぞ》いて腰を抜かした。女はこの世の者ではなかったのである。

伴蔵は同じ長屋に住む人相見の白翁堂の許に駆け込み、新三郎の家へ毎晩来る女には足がないと訴える。白翁堂は早速新三郎の人相を見て死相を認めた。それから新三郎は調べ廻ってお露の墓も確認し、蒼《あお》くなって白翁堂に相談すると、新幡随院の良石和尚に頼めと奨める。良石は海音如来という金無垢の持仏をお守りに持たせ、方々にお札を張って、雨宝陀羅尼経という経を読めと言う。その夜二人の亡霊はいつも通りやって来たが、お札が張ってあってはいれない。諦めて帰った。

しかし亡霊は伴蔵のもとに現れ始めた。裏窓にお札が張ってあってはいれない、それを剥がしてくれと言うのだ。伴蔵がうんと言わぬものだから、亡霊は毎晩やって来る。女房のおみねに礼金に百両持って来いと言えばよいと知恵をつけられた伴蔵がその通り言うと、翌晩亡霊は百両持って来た。それだけでなく、海音如来も邪魔だと言うので、伴蔵夫妻は新三郎の件《くだん》の秘仏を同じ重さの瓦の仏像と取り替えてしまった。この秘仏は百両では売れる。併せて二百両あれば、一生喰うに困らない。悪の動機はこういう切ない欲心にあったのである。この伴蔵夫婦の悪心と、孝助の善心との対比が、この一篇の読み処なのだった。

飯島家では百両が消えてしまったので詮議《せんぎ》が始まった。使用人の持ち物が調べられる。女中の葛籠《つづら》を調べると春画が出て来る。平左衛門は「ハハア大層ためたな。着物が殖《ふえ》ると云ふから宜《い》いわ」と笑う。春画を箪笥《たんす》に入れておくと着物が殖えるというのは当時の俗信であった。お国は抜かりなく孝助の文庫に、紛失した百両がはいっていた胴巻を入れて置いた。孝助は手討ちにされる騒ぎになったが、その際はお国と源次郎の密《みそ》か事を暴露するつもりだった。事情を呑みこんだ平左衛門は、百両紛失したというのは思い違いだったと場を収める。

伴蔵がお札を剥がした裏窓から、二人の亡霊は新三郎の家へはいりこんだ。翌朝新三郎宅を伴蔵がのぞくと、新三郎は苦闘の相露わに虚空を摑んで息絶え、脇には髑髏《どくろ》と骨が新三郎にかじり付いていた。

ここで円朝はいったん語り止めているが、ずっとあとの方で、実は伴蔵が新三郎を蹴り殺し、墓場から拾って来た骨をばらまいて置いたのだと語り継いでいる。これは重要な発言で、だとすると殺意が芽生えた動機は、百両にはなろうという金無垢の秘物以外にあるまい。伴蔵は徐々に悪党になって行くのだ。

孝助は釣りに事寄せて平左衛門を殺そうと、お国と源次郎が企んでいるのを知り、その前夜お国の部屋へ忍ぶ源次郎の脇腹に槍を突き立てた。ところが源次郎と思ったのは主人の平左衛門だった。平左衛門は孝助の心の内を知り、わざと源次郎のなりをして孝助に親の仇を取らせたのだ。そしてそのまま源次郎を討ち取ろうとして返り討ちにされた。お国と源次郎は金目のものを拐帯し逐電した。

孝助は主人の奨めで、御家人の相川新五兵衛の一人娘お徳の婿となることになっていたが、これを機にお徳と祝言を挙げ、平左衛門の仇討ちに旅立つことになる。

伴蔵とおみねは中山道栗橋へ身を隠し、荒物屋を開いて成功した。懐ろが温くなった伴蔵は土地の料理屋笹屋の酌取女に入れこむ。この女がお国で、彼女は旅の途中、源次郎が平左衛門を殺す際に受けた足傷が痛んで、二人ともども栗橋で暮していたのである。伴蔵がお国に狂って金を注ぎこむのを妬いたおみねは、伴蔵に刺殺される。おみねの怨霊は女中について、あらぬことを口走る。一方、足の癒えた源次郎は高飛びするのに、旅費を伴蔵からゆする。伴蔵は店をたたんで江戸に逃げ戻り、捕われて処刑された。

一方孝助は、方々仇を尋ねたものの見当たらず、一旦江戸へ帰って白翁堂に運勢を尋ねるが、そこで計らずも実母のりゑと出会い、親子とわかって名乗りを上げる。りゑはお国と源次郎を、宇都宮のわが家、つまりりゑの義理の子でお国の兄に当たる五郎三郎の店に仕方なく匿まっていることを明かし、自分の手引きで仇を討たせてやると言う。

しかし、孝助を伴って宇都宮の家へ帰ったりゑは、お国が義理ある夫の遺児であることを思い返し、二人を逃して自分は喉を突いたあと、孝助に二人の逃げ道を教える。孝助は追跡し、山中で鉄砲を持って待ち構える二人を討ち取る。

このように梗概を辿《たど》れば、この話が怪談に尽きるものではなく、それはむしろ聴き手を惹きつける手立てで、本筋は義理と人情、人間の悪徳と美徳の葛藤を描いた写実的物語であることが明らかになるだろう。その点、円朝は黙阿彌によく似ている。しかし会話にせよ地の文にせよ、黙阿彌と違って口語である。彼の噺《はなし》が活字になった時、折から模索されていた言文一致体にヒントを与えたのは当然であった。坪内逍遥は『浮雲』の文体に悩む二葉亭四迷に、円朝の語りのように書けばよいと助言した。

円朝は明治九年に、画家の柴田是真から、本所相生町に昔一代で財を成した鹽原《しおばら》太助という男がいたという話を聞き、強い関心を抱いた。是真は鹽原家に纏《まつわ》る怪談を語ったのだが、円朝は太助の成功譚の方に興味を持ち、出身地の上州沼田へ度々調査に出かけてこの名作を完成させたのである。この点彼は今日のノンフィクションライターに甚だ似ている。

『鹽原多助一代記』は多助が江戸へ出て辛苦する話よりも、彼の親や姻戚に纏《まつ》わる因縁話の方がはるかに長い。その因縁話は複雑を極めていて、その点入り組んだ話を仕組むのを好んだ黙阿彌によく似ている。だがそこは、円朝の方がずっと自然でリアルである。これは円朝の方が二三歳も若いのだから、歌舞伎特有のゴテゴテ趣味に禍いされず、近代リアリズムのセンスがあったということだろう。事実調査の労を取ったのもそのセンスからである。

鹽原角右衛門というのがいて、阿部伊豫守の家来で八〇〇石を取っていたが、訳あって退身し、今は夫婦で上州沼田の山深いところで暮している。角右衛門の妻の妹おかめは、角右衛門の家来岸田右内と密通して駆け落ちし、本郷春木町に店を構え、右内は岸田屋宇之助と改名している。

宇之助は主人はどうしているやら気になるし、また駆け落ちの詫びもしたいし、商用を兼ねて沼田を訪れる。えらい山の中であったが、運よく角右衛門夫妻を訪ね当てることができた。夫妻には八歳の子がいて、これが多助である。積る四方山《よもやま》話の末、宇都宮の藩中に伝手《つて》があって、五〇両あれば仕官が適《かな》う、宇之助に何とか工面できないかという相談。もちろんそんな金の工夫がつく訳がない。

ところが宇之助は帰途、茶店で大金を持参している近在の大百姓に出会った。金にひかれた宇之助は跡をつけ、山中でその百姓に五〇両の借金を申しこむ。いきなりそんな申し出を受けた百姓は相手を強盗と思いこみ格闘になる。ちょうど通り掛ったのが猟に出た角右衛門で、鉄砲を持っていたから、遥か彼方に白刃をかざした男が相手に馬乗りになっているのを認めて、鉄砲で打ち殺す。駆けつけてみると、殺したのは義弟の宇之助であった。

百姓は嘆き悲しむ角右衛門の家を訪ね、事情を聞いて、その五〇両は自分が出そう、代りに自分には子がいないから多助をくれと言う。聞けばこの百姓は五〇〇石からの大土地持ちで、名は同じ鹽原角右衛門と言う。つまり同族であったのである。かくして多助は百姓の角右衛門の子となるが、彼は実はお前は里子に出していて八つになったので引き取るのだと言い聞せた。

円朝は調査の結果、鹽原多助の実の親も養い親も、名が同じ角右衛門であるのを知ったが、なぜそうなのか説明せねばならぬから、一連の噺を考え出したのであった。それにしても逞しい想像力である。

侍の角右衛門は五〇両のお蔭で、宇都宮城主戸田家に随身し、主家の転封に従って肥前島原へ移るので、以後の物語に関係はない。一方、宇之助の妻おかめは、七つになるおえいを背負って、帰って来ない夫の探索に出かけるが、旅の途中、おかく・小平の悪者親子におえいをかどわかされ、自分自身は悪者の手に掛ろうという所に通りかかった百姓角右衛門に助けられ、夫宇之助の最期も知らされて、角右衛門の家に世話になっているうち、彼の女房が死に、おかめが後妻に据わることになる。

角右衛門は所用で江戸に出たところ、大火事に出あい、逃げ惑っているうちに、身投げしようとしている娘を救う。母から預った大事な包みを騒ぎでなくしたから死ぬと言う。

事情を聴くと、母というのは養母で日頃から辛く当たるとのことだ。よくよく尋ねると、これがさらわれたおえいであった。角右衛門はおえいを連れて帰り、おかめ・おえいの母子の再会ということになる。その後おかくと小平が因縁をつけておえいを取り戻しに来る。もともと芸者か女郎に売ってしまう積《つも》りであったのだ。しかし角右衛門はゆすられるような玉ではない。逆におかくに一札書かせて追い払う。そのうち角右衛門は死を迎え、死際に多助とおえいを祝言させる。従兄妹同志の結婚である。

多助はおえいと夫婦になったものの、珍事が生じた。二人が養父の墓参りの折、小平が仲間と出て来ておえいをさらおうとする。そこを助けてくれたのが、土岐伊豫守の家中原丹治と丹三郎の親子である。それを機に親子は多助家をしばしば訪れるようになった。

円朝の言うことには、おかめは「家来右内と密通して家出するくらいの浮気もの」であるから、丹治といい仲になり、そのうち多助が邪魔になり、おえいを唆かし丹治の息子丹三郎と密通させた。

多助は馬稼ぎをするので家を空けることが多く、色も真黒に焼けて「日向臭い」。丹三郎は江戸風で男振りもいいので、おえいも夢中になり、「多助が実に厭《いや》で邪見にする事全《まる》一年」。その間共寝も拒むようになった。

円朝は多助を、何を言われ何をされようが、黙って忍ぶおとなしい男として描いている。多助は辛抱し通すつもりだったが、それは角右衛門の恩義に酬《むく》い、家を潰さぬためであった。しかし、おかめが自分の殺害を計っていると知るに及んで、江戸へ逃れる決心をする。殺されては、おかめと丹治が潰すであろう家を再興できぬからである。

この時の愛馬アオとの別れは有名で、知らぬ者はあるまい。多助が泣くとアオも泣いて、その涙に多助が気づいて「おゝ青、汝《われ》泣いて呉れるか」という所を語る時、円朝も泣き、場内啜り泣きの声で満ちたとは、当時を知る人の証言するところだ。

江戸に出てからの多助の働きぶりは、ただの正直勤勉ではなかった。彼は川に飛び込み自殺を図るのを引き止めてくれた炭問屋山口善右衛門の所に奉公するのだが、命の恩人というので給金を貰わない。代りに店中のすたり物を拾い集め、空いている納屋に溜め込む許しを得た。

店には奉公人が多いから、履き捨てられる草鞋《わらじ》だけでも大層な数になる。それを拾い集めて修理して売る。その金は主人に預け、運用して貰って利を生ませる。かくして多助の預金は数年にして何十両に及び、あとは殖えるだけである。

彼の考えでは、金は銭箱に溜めてはならない。稼いで来いと尻をぶって追い出さねばならない。そうすると痛いものだから金は出かけて稼いで帰る。有利な投資こそが資産形成の途だと言っているのだ。まさに資本主義の精神である。しかも、稼ぐのは「天地への奉公」である。正直に働けば自然と儲《もう》かるのである。となればこれは、ウェーバーの「プロテスタンティズムの倫理と資本主義の精神」を地で行くものではないか。

彼は店とは遠く離れた青山信濃殿町の悪路を、自分の金で買った石で舗装させる。独立すると、それまで溜め込んで置いた七二〇俵の粉炭《こなずみ》を元手に、炭屋を始めたが、炭屋と言っても粉炭を味噌《みそ》漉《こし》一杯五文で売るので、貧乏人の女房たちが押し掛ける。つまり人助けなのだ。このようにして多助は、本所で二四カ所の地所持ちとなり、沼田の角右衛門家も再興するに至る。

円朝はこの作品においても、この世の煩《わずら》いは金銭と情欲から生ずると語っている。しかし、それを救うのは「智」だと彼は言う。彼が多助に於て表現したのは、人間は金銭という厄介なものを、「天地への奉公」のために運用する智を持っていると言うことであった。多助はずっと昔に死んだ人物だから、彼の商道徳がどんなものか判《わ》かったはずはない。すなわち彼の独特の商人道は円朝の創作なのだ。つまり彼は明治の新しい人間像を多助に託したのである。

黙阿彌や円朝の作品から、当時の庶民の生活感情や欲求を読み取ろうとすると、案外落し穴に陥る危険があるのかも知れない。要するにそれは当時要求された娯楽読み物なのである。現代のエンタテインメント小説の猟奇性を以て、直ちに現代の世相・人心とし難いのと同様である。小説を歴史叙述の史料とすることの危険については、ピーター・ゲイが『小説から歴史へ』(二〇〇四年刊)において力説した所であった。

もちろん、金銭や情欲に因を発する人生の生き難さは、黙阿彌や円朝のように誇張された形でなくとも、当時の人びとも日常体験したことであろう。なぜなら、それは人生の常であるからだ。この点ではよく幕末動乱期の頽廃的気分が云々されるが、一般庶民はこの動乱の結果としての物価高には鋭く反応したものの、開国対攘夷の血なまぐさい争闘にはほとんど無関心で、ごく平常心でこの大変動を迎えたようである。それは二七〇年にわたって幕府が、政治向きの事柄への発言を禁じて来たことの結果とも言えるが、幕末の彼らが別に終末的あるいは退廃的な気分に陥ちこんでおらず、ごく普通な日常生活を過ごしていたことには数々の証言がある。

高村光太郎の父で明治彫刻界の大立物光雲は、嘉永五(一八五二)年の生まれであるが、幕末の世相についてこう言っている。

「どうもこの頃の職人の生活などはすこぶる呑気なもので、月に一両二分(一円五十銭)あれば親子五、六人は大した心配もせず、寝酒の一合ずつは飲んで行けた。一日の手間が、下駄屋とか印判屋とかいう居職で三匁《もんめ》、三百五十文、つまり今の三銭五厘、大工左官という出職《でしょく》は照り降りを見るから三匁七分五厘、四百十二文で少しばかり割がよかった。そばが十六文に寿司が八文という御時世だ。職人なんかの住む九尺二間の棟割《むねわり》長屋、今のバラックのお隣りのようなものではあるけれども、一月八百文（八銭）出せば大屋のはげ頭などはビクともいわせなかった」（『戊辰物語』）。

光雲の幼名は中島光蔵。父の兼松は病身であった父の代りに幼くして一家の面倒を見、手に職をつけることも叶わず、それを一生悔いていた。だから光蔵が一二歳になると、仏師高村東雲方に徒弟に出した。その時兼松は、一旦師の元へ行けば一〇年の年期と一年の礼奉公があけるまで、正月・盆のきまりのほか家へ帰ることはできぬ、もし帰れば足の骨をぶち折ると言い渡した（高村光雲『幕末維新懐古談』）。

事実その後、東雲の許で修業しているうちに、親が苦労しているのに自分は親方の許で楽にしているのが心苦しく、辞めて家の手伝いをしようという気を起こし、ふらふらと家へ帰ったが、兼松怒るの怒らないの、まさに光蔵の足をぶち折りかねなかった。

東雲方での修業は、仏師としての腕を磨くという点では容易ではなかったが、親方夫妻はいい人で、商家勤めのような苦労はなかった。ある日遊び心に鼠を彫り、主人から用を言いつかって棚の上に置き忘れたが、留守中店を訪れた僧侶が気に入って二分で買って帰った。光蔵が帰宅すると、一家は蕎麦の御馳走の最中、二分が蕎麦に化けたのであった。

光雲は当時の浅草について、一軒一軒軒並みに商家を紹介している。いずれも名高い店なのである。使いに出されて毎日の様に通った町並みは、少年の記憶に焼きついていた。その商家の多彩なこと、当時の江戸の繁華振りを偲ばせる。何せ女主《ある》じが立膝をしているというので、店が賑わったという呑気な時代である。昔の女は下穿《したば》きははいていないから、立膝をすると秘所がちらつくという他愛もない話なのだった。また、無銭飲食した者には、罰として井戸水を汲ませる店もあった。開国とか攘夷とか、時局の話が彼らに無縁だったのは言うまでもない。『戊辰物語』はこう述べている。「高村光雲翁の話によると、特に町人など呑気なもので、朝湯などで、流し場へ足をなげ出して、手拭を頭の上にのせながら、『近い中《うち》に公方様と天朝様との戦争があるんだってなア』というような話でも仕合う位のものである。これから、どうしようなどということは考えを持つ者もなかった」。

「明治六年に寅歳《とらどし》の男が徴兵に取られた。それはそれ切りのことと思って念頭にもなかった」と光雲は言う。ところが明治七年九月に、子《ね》の歳の者も徴兵すると役所から言って来た。光雲は子の歳生れ、二三歳だった。彼は当時東雲の下で一人前の仏師の仕事をしていて、これが兵隊に取られたら東雲も痛い。親があって戸主として養っているのなら取らぬと言う。東雲は姉の悦が独身なのを幸い、光雲を悦の養子にし戸主に立てて、徴兵を免れさせた。これは「徴兵養子」と言って当時広く行われたが、当人たちには罪の意識は全くなかった。光雲が高村と姓を変えたのはこれに拠《よ》る。

長谷川伸に『足尾九兵衛の懺悔《ざんげ》』という作品がある。京都の大きな商家に生まれたのに、いろいろと境涯の変化を蒙り、生まれつき負けん気の強い男であったので、博徒の親分となった。その一生を叙した小説であるが、これは内容からして小説というより、修飾はあるにしても九兵衛からの聞き書きと思われる。この九兵衛の述懐にも、当時の庶民がいかに天下国家の事とは関わりなしに、自分たちの世間のうちに生きていたか、生き生きと語られている。

二七歳から二九歳まで、つまり慶応元年から三年、明治元年の直前まで「格別これという騒動も起さず」暮らしたと前置きして言うことには、「この間にいろいろ世間の動きは大きかった。米騒動があったり、長州攻めの徳川様の兵が敗けたとか。……明治天皇が御践祚《ごせんそ》になる……さまざまなことがある間に、あちらこちらで暗殺がある、斬りあいがある、けさも往来に血溜りができていた、橋の上に血のついた草履があった。鴨川の河原に刀の鞘《さや》が三本も棄ててあった、こんな話が三日にあげずでした。そうした世にいてわたしどもは、指の先を綺麗にして、口の贅沢をどうやらさせて、賽の目を争いこそすれ、佐幕と勤皇の啀《いが》みあいのどっちがいいやら知ろうともせず、異人さんが日本へ渡ってきていると聞いても、珍しいと思うだけで何という気も起らず、相変らず仲間同士で顔が立つ立たないと、それだけを大切がっていました」。

また言う。「河原町の油屋という家の二階で、浪士が二人暗殺されたと、噂を、その朝すぐ聞きましたが、それが坂本龍馬と中岡慎太郎だということを、聞いたやら聞かぬやら、聞いたにしろ、ホウそうかと言うぐらいのもの、どういう人物で、どういう事件やらわたし共は知りません。知ろうとする気がないから、よくそれまでにもあった勤皇佐幕の喧嘩《けんか》だと思っただけでした。……自分の鼻の頭の蠅を払うことしか知らない者には、大きく世の中が変る矢先が一向に苦になりません」。

[著者略歴]

渡辺京二（わたなべ・きょうじ）
一九三〇年、京都市生まれ。
日本近代史家。二〇二二年十二月二十五日逝去。

主な著書『北一輝』（毎日出版文化賞、朝日新聞社）、『評伝宮崎滔天』（書肆心水）、『神風連とその時代』『なぜいま人類史か』『日本近世の起源』（以上、洋泉社）、『逝きし世の面影』（和辻哲郎文化賞、平凡社）、『新編・荒野に立つ虹』『近代をどう超えるか』『もうひとつのこの世——石牟礼道子の宇宙』『預言の哀しみ——石牟礼道子の宇宙Ⅱ』『死民と日常——私の水俣病闘争』『万象の訪れ——わが思索』『幻のえにし——渡辺京二発言集』『肩書のない人生——渡辺京二発言集2』『〈新装版〉黒船前夜——ロシア・アイヌ・日本の三国志』（大佛次郎賞）『渡辺京二×武田修志・博幸往復書簡集1998～2022』（以上、弦書房）、『維新の夢』『民衆という幻像』（以上、ちくま学芸文庫）、『細部にやどる夢——私と西洋文学』（石風社）、『幻影の明治——名もなき人びとの肖像』（平凡社）、『バテレンの世紀』（読売文学賞、新潮社）、『原発とジャングル』（晶文社）、『夢ひらく彼方へ　ファンタジーの周辺』上・下（亜紀書房）など。

小さきものの近代 1

二〇二二年 七 月三十日第一刷発行
二〇二四年 三 月三十日第二刷発行

著　者　渡辺京二
発行者　小野静男
発行所　株式会社　弦書房
（〒810・0041）
福岡市中央区大名二—二—四三
ELK大名ビル三〇一
電　話　〇九二・七二六・九八八五
ＦＡＸ　〇九二・七二六・九八八六

組版・製作　合同会社キヅキブックス
印刷・製本　シナノ書籍印刷株式会社

ISBN978-4-86329-248-2 C0095

7

未踏の野を過ぎて

現代とはなぜこんなにも棲みにくいのか。近現代がかかえる歪みを鋭く分析、変貌する世相の本質をつかみ生き方の支柱を示す。東日本大震災にふれた「無常こそわが友」、「社会という幻想」他30編。

2000円

8

近代をどう超えるか　渡辺京二対談集

江戸文明からグローバリズムまで、知の最前線の7人と現代が直面する課題を徹底討論。近代を超える様々な可能性を模索する。【対談者】榊原英資、中野三敏、大嶋仁、有馬学、岩岡中正、武田修志、森崎茂

1800円

9

幻のえにし　渡辺京二発言集

「自分が自分の主人公として独立する」とはどういうことなのか。さらに、谷川雁、吉本隆明、石牟礼道子らとの深い絆についても語られており、その言葉にふれながら読者は今どうすべきなのかを考えさせてくれる、慈愛に満ちた一冊。

2200円

10

肩書のない人生　渡辺京二発言集②

昭和五年生れの独学者の視角は限りなく広い。その終わりなき思索の旅から紡ぎ出される言葉をくり返し、聞いてみたい。**◆一九七〇年十月〜十二月の日記**も初収録。三島由紀夫事件、最初期の水俣病闘争、日々の読書録等、渡辺史学の源を初めて開示する。

2000円

11

小さきものの近代 1

『逝きし世の面影』『江戸という幻景』に続く日本近代素描。国家次元のストーリーではなく、近代国民国家建設の過程で支配される人びと＝小さき人びとが、維新革命の大変動をどう受けとめ、自身の〈近代〉を創り出すために、どのように心を尽くしたかを描く。新たな視点で歴史を読む刺激に満ちた書。

3000円

12

小さきものの近代 2

明治維新以後、昭和の敗戦まで日本は一人一人が国民的自覚を強制された時代だった。そのような時代に、天皇制国家の中で抵抗し、国家や権力と関係なく自分を実現しようと考えた人達がいた。一人一人の維新を鮮やかに描く比類なき叙述。

◆本書第二十章「激化事件と自由党解党」で絶筆・未完

3000円

13

【新装版】黒船前夜　ロシア・アイヌ・日本の三国志

ペリー来航以前、ロシアはどのようにして日本の北辺（蝦夷地）に接近してきたのか。国家を持たない民・アイヌの魅力を浮き彫りにしながら、通商と防衛の両面でそのアイヌを取り込もうと駆け引きをする日露外交を双方の人物たちを通して描いた名著。**◆第37回大佛次郎賞受賞**

2200円

14

渡辺京二・武田修志 博幸 往復書簡集 1998〜2022

一九九八年に名著『逝きし世の面影』を刊行した頃（六八歳）から二〇二二年十二月二五日に逝去される直前（九二歳）までの書簡二二〇通を収録。「身近なものにはあまり語ることのなかった、父の晩年の想いを知ることができる」（山田梨佐「あとがき」から）

2200円

＊表示価格は税別

◆弦書房の本

対談　【新装版】ヤポネシアの海辺から

島尾ミホ＋石牟礼道子　ユニークな作品を生み出す海辺育ちの二人が、消えてしまった島や海浜の習俗の豊かさ、南島歌謡の息づく島々と海辺の世界を縦横に語りあい、島尾敏雄の代表作『死の棘』の創作の秘密をも明かす。
〈四六判・２２０頁〉**２０００円**

セルタンとリトラル　《ブラジルの10年》

三砂ちづる　90年代のブラジル北東部ノルデステ（セルタンとリトラル）で、公衆衛生学者の眼がとらえた、多くの示唆に富んだ出色の文化人類学的エッセイ。近代化以前の共同体を守ろうとした「カヌードスの乱」が起こった独特の風土を語る。
〈四六判・２９６頁〉**２０００円**

橋川文三　日本浪曼派の精神

宮嶋繁明　名著『日本浪曼派批判序説』（一九六〇）が刊行されるまでの前半生。丸山眞男、吉本隆明、竹内好らとの交流から昭和精神史の研究で重要な仕事をなした思想家・橋川文三。その人間と思想の源流に迫る評伝。
〈四六判・３２０頁〉**２３００円**

橋川文三　野戦攻城の思想

宮嶋繁明　野戦攻城を続けるごとく思索の旅を続け、ナショナリズムの解明に正面から取り組んだ思想家の後半生。戦後をどのように生き直せばよいのかを日々考え続けた。独自性の高い精神史を紡ぎ出した足跡をたどる力作評伝。
〈四六判・３８０頁〉**２４００円**

天草島原一揆後を治めた代官　鈴木重成【改訂版】

田口孝雄　一揆後、疲弊しきった天草と島原で、戦後処理と治国安民を12年にわたって成し遂げた徳川家の側近・鈴木重成とはどのような人物だったのか。重成が実行した特異な復興策とは。
〈Ａ５判・２８０頁〉**２２００円**

＊表示価格は税別